Nachdem 1492 die Europäer Amerika erreicht hatten, nahm man an, eine neue, eigenartige Welt entdeckt zu haben, die sich von der »alten« Welt unterscheide. Die Autorin zeigt in ihrer Wirtschafts- und Kulturgeschichte, daß es schon sehr früh wechselseitige Beeinflussungen gegeben hat, die *beide* Kontinente massiv verändert und eine neue atlantische Welt geschaffen haben.

Zuerst beschreibt die Autorin die Voraussetzungen in Europa, die zu Expansion geführt haben: Die Aussichten auf Beute und Landgewinn, Missionseifer und Konkurrenzdenken waren die ausschlaggebenden Motive.

Es folgen die Veränderungen der »neuen Welt« durch die Europäer mit einem chronologischen Überblick über die Gründung und Entwicklung der Kolonien, anschließend eine detaillierte Beschreibung des europäischen Einflusses auf die amerikanische Tier- und Pflanzenwelt sowie der Auswirkungen auf die von der Kolonisation betroffenen Bevölkerungsgruppen (Indianer, Weiße, Schwarzafrikaner). Schließlich leitet die Autorin über zur Veränderung Europas durch die entdeckten amerikanischen Gebiete.

Mit ihrem Buch stellt die Autorin die weit verbreitete Annahme in Frage, daß die »neue Welt« einseitig durch das angeblich kulturell höher gestellte Europa beeinflußt worden sei. Sie stellt demgegenüber fest, daß durch den Export von Zucker, Mais, Kartoffeln und Tabak einerseits und andererseits durch die Ausbeutung des Landes und der Menschen Amerikas Impulse für die gesellschaftliche Veränderung der »alten Welt« in einem Ausmaße gegeben worden sind, die bislang nicht immer hinreichend berücksichtigt wurden.

Claudia Schnurmann, geboren 1957, Historikerin. Sie studierte Geschichte, Germanistik und Kunstgeschichte in Köln und Göttingen, umfangreiche Archivstudien in den Niederlanden, USA, in Großbritannien, Belgien, auf Jamaika und Barbados. Lehrt als Privatdozentin nordamerikanische, karibische, englische, niederländische und deutsche Geschichte der Frühen Neuzeit an der Universität Göttingen.

Europäische Geschichte

Herausgegeben von Wolfgang Benz

Konzeption: Wolfgang Benz,
Rebekka Habermas und Walter H. Pehle

Europäische Geschichte

Claudia Schnurmann

Europa trifft Amerika

Atlantische Wirtschaft in der Frühen Neuzeit 1492–1783

Fischer
Taschenbuch
Verlag

Originalausgabe
Veröffentlicht im Fischer Taschenbuch Verlag GmbH,
Frankfurt am Main, Dezember 1998

Redaktion: Karolin Marhencke
Gesamtherstellung: Clausen & Bosse, Leck
Printed in Germany
ISBN 3-596-60127-4

Gedruckt auf Munken Print Extra der Papierfabrik Munkedal AB, Schweden

Inhalt

Europa expandiert

Die Grundlagen

Die Impulse für das Treffen zwischen Europa und Amerika gingen von Europa aus. Nicht die Bewohner des Doppelkontinents zwischen Atlantik und Pazifik suchten Kontakte jenseits ihrer Küsten, sondern die Europäer reisten nach Westen und ergriffen die Initiative, indem sie sich zu Entdeckern und Herrschern der neuen Welten aufschwangen. Die Bemerkung, daß Amerika erst und nur durch europäischen Aktivismus in das Gesichtsfeld der Europäer trat, mag wie eine Binsenweisheit klingen – in der langfristigen Perspektive betrachtet, jedoch legten die europäischen Erkundungsfahrer, Krieger, Piraten, Fischer, Schatzsucher, Händler, Missionare und Siedler an der Wende vom Mittelalter zur Neuzeit die Grundsteine eines vielschichtigen Prozesses, den man lange Zeit als Europäisierung der Welt bezeichnet hat. Je nach Mode und ideologischem Standort wurden diese Entwicklungen als Kolonialismus, als Imperialismus, als Überseegeschichte oder als außereuropäische Expansion bezeichnet. Welchen Begriff man wählt – gemeinsam ist allen die eurozentrische Blickrichtung: Stets werden die Einwirkungen Europas auf Amerika betrachtet; es dominiert traditionellerweise der Blick von Ost nach West, von der Alten Welt auf die Neue Welt, wobei die Neue Welt überwiegend als passives, im besten Fall reagierendes Objekt dargestellt wird. Die Beschäftigung mit der Einflußnahme in umgekehrter Richtung fällt merklich bescheidener aus. Erste Erkenntnisse einer Amerikanisierung Europas finden sich 1917 mit dem Kriegseintritt der USA, die ihren früheren Kolonialherren gegen Deutschland zu Hilfe eilten und somit die politisch-militärischen Verschiebungen in der internationalen Konstellation unmißverständlich demonstrierten. Unübersehbar wurde die Gewichtsverlagerung von Europa nach Amerika und der

Autoritätsverlust der alten europäischen Großmächte spätestens nach 1945. Nicht zufällig sprach man vom Dollar-, Yankee- oder Coca-Cola-Imperialismus; das Erfrischungsgetränk galt als das Symbol US-amerikanischer Vormachtstellung auch gegenüber Europa. Es entbehrt nicht der Komik, daß gerade dieses als typisch US-amerikanisch empfundene Getränk eine Synthese indianischer, afrikanischer und europäischer Elemente darstellt.

Im folgenden sollen nicht nur die Veränderungen in Amerika im Rahmen der europäischen Vereinnahmung, sondern auch Aspekte der Einflüsse Amerikas auf Europa innerhalb der Frühen Neuzeit (1492–1783) skizziert werden: Der Kontakt der »schönen Europa« mit der ebenso »schönen Amerika« veränderte beide Kontinente. Dieser wechselseitige Durchdringungsprozeß soll hier vorgestellt werden. Seine Ursprünge wurzeln in Europa, und entsprechend beginnt die Betrachtung der Kontaktaufnahme zwischen Europa und Amerika in Europa selbst und bei den dortigen Gegebenheiten.

Die europäische Expansion, der Vorstoß von Europäern in ihnen unbekannte Gebiete und deren Vereinnahmung kann auf eine lange Tradition zurückschauen. Kolonisation, also Landnahme; Kolonialismus, also die Herrschaft einer Gesellschaft über eine andere, sowie die Schaffung von Kolonien, also die Gründung eines Personenverbands in einem bestimmten Rechtsverhältnis zur Obrigkeit, finden sich lange vor der außereuropäischen Expansion innerhalb Europas und in den europäischen Randgebieten. Der gemeinsame Nenner aller drei Begriffe, Kolonisation, Kolonialismus und Kolonie ist die Auffassung, daß eine Gesellschaft ihren Herrschafts- und Geltungsbereich räumlich erweitert: Sie reicht über ihre angestammten Grenzen hinaus.[1]

Mehrfach verließen Europäer in Europa ihre Einflußsphäre und wurden als Kolonisatoren tätig: In der Antike waren dies die Griechen (750–550 v. Chr.) in der Ägäis und in Süditalien bzw. die Römer (etwa seit dem 3. Jahrhundert v. Chr.) auf Sizilien, Sardinien, Oberitalien, Spanien, in Gallien oder in Germanien, wo die römische Expansion im 1. Jahrhundert n. Chr. gestoppt wurde. Seit dem 4. Jahrhundert setzten sich germanische Völker in Bewegung, überrannten Herrschafts- und Kulturgrenzen und schufen ihrerseits als Machthaber neue Herrschaftsräume, wie die Ostgoten in Italien oder die

Westgoten in Spanien. Im 7. und 8. Jahrhundert wurden Teile Europas zum Ziel außereuropäischer Kolonisatoren: Die Araber, angestachelt im Glauben an die neue, junge Religion des Islam, suchten Europa zu erobern. Vor allem im Mittelmeerraum kollidierten Christentum und Islam, trotz oder vielleicht gerade wegen ihrer gemeinsamen Wurzeln im jüdischen Glauben. Der Expansionsdrang führte die islamischen Truppen über den mediterranen Bereich hinaus. Erst 732 wurden arabische Truppen durch Karl Martell von den fränkischen Kernlandschaften nördlich der Loire abgehalten. Seinem Sohn, Pippin den Jüngeren, gelang es in den 750er Jahren, den Gegner nach Süden zurückzudrängen. Der Spanienfeldzug Karls des Großen im Jahre 778 mit der im Rolandslied verherrlichten Schlacht von Roncevaux bot einen Vorgeschmack auf die Vertreibung der Mauren durch christliche Herrscher. Die Portugiesen machten Mitte des 12. Jahrhunderts den Anfang und setzten sich gegen die Mauren durch, verdrängten sie oder vermischten sich mit ihnen. Die kastilischen Herrscher schlugen wenige Jahre später in die gleiche Kerbe, indem auch sie militärische Maßnahmen gegen die kulturell überlegenen Araber ergriffen. Die sogenannte *Reconquista*, die christliche Eroberung von Teilen der Iberischen Halbinsel, endete 1492 mit der Eroberung Granadas durch die spanischen Monarchen Ferdinand von Aragón und Isabella von Kastilien.

Nicht nur die Iberische Halbinsel, auch das übrige Europa des Hoch- und Spätmittelalters kannte Formen eines europäischen Kolonialismus mit einer starken Akzentuierung des religiösen Elements. Christliche Europäer unterschiedlicher Länder, Sprachen, Stände, Altersstufen und beiderlei Geschlechts verließen seit 1096 ihre enge Heimat und zogen auf der Suche nach geistigem und weltlichem Heil aus, um Jerusalem, das ideelle Zentrum der Christenheit, aus den Händen der Ungläubigen, den seldschukischen Türken, zu befreien. Initiator dieser »gerechten Kriege«, der Kriege gegen Ungläubige zugunsten der römisch-katholischen Kirche, war der Papst. Die Kreuzzüge (»Kreuzzüge« deshalb, weil sie im Zeichen des Kreuzes, des Symbols der Erlösung geführt wurden) waren eine Mischung aus echter Frömmigkeit, Heilssehnsucht, Pilgertum, Abenteuergeist, Kriegszug, materiellen Begierden (Landhunger, Profite, Handel) und Fernweh. Sie führten direkt zur Gründung europäischer Herrschaften im östlichen Mittelmeerraum: Es entstanden Gebilde wie das Königreich Jerusalem oder das Fürstentum Antiochia. Die Europäer kamen nicht nur auf den Geschmack, Herrscher über außereuropäisches Gebiet zu sein. Mit den neuen Erfahrungen ging langfristig die Erweiterung des europäischen Horizonts einher, insofern als die christlichen Europäer nun das irdische Jerusalem, das Zentrum ihres Glaubens und ihres Weltbildes, konkret erlebten und besaßen. Das neue Selbstbewußtsein der Europäer trug mit zur Gründung neuer Glaubensorganisationen bei, z. B. der Ritterorden. In ihnen verbanden sich mönchische Forderungen (Armut, Keuschheit und Gehorsam) mit dem Glaubenskrieg. Ihr Ideal war der *miles christianus,* der christliche Ritter und Glaubenstreiter. Einer jener Orden, der Deutsche Orden, entstand 1190 aus einer Bruderschaft für Krankenpflege in Akko. Er sollte im 13. Jahrhundert in Europa selbst als Kolonisator aktiv werden: Unter seiner Kontrolle vollzogen sich Eroberung, Christianisierung und Besiedlung Preußens (1226–1283). Zu diesen Beispielen exterritorialer Kolonisation und Kolonisierung, die gerade die See- und Handelsmacht Venedig im östlichen Mittelmeer perfekt beherrschte, gesellte sich interne Kolonisation in Form von Landgewinnung und Landnutzbarmachung. Dies geschah in größerem Umfang im Deutschen Reich, in Niederburgund oder in England durch Trockenlegung von Mooren, Rodungen von Wäldern oder Eindeichungen.

Die innereuropäische Kolonisierung und Entstehung europäischer Herrschaften und Handelsstützpunkte in Gebieten, die per Landweg oder über das Binnenmeer der Alten Welt, das Mittelmeer, zu erreichen waren, bildeten die erste Phase europäischer Expansion, die gut 2500 Jahre umfaßt und von den Etruskern bis zum Deutschen Ritterorden reicht. Mit dem Vordringen Rußlands nach Sibirien seit dem 16. Jahrhundert pflanzte sich der Prozeß weiter nach Osten fort.

Die überseeische Expansion, der Weg über bedrohliche, unerforschte Gewässer an den Rändern Europas ließ länger auf sich warten: Auf diesem Sektor fungierten die Bewohner der nordwestlichen Peripherie Europas als Pioniere. Während der skandinavischen Expansion (850–1050) entstanden Wikingerniederlassungen auf Island (um 870) und auf Grönland (um 980). Um 1000 segelte der Norweger Leif Eriksson nach Westen und überwinterte in einem Land, das er »*Vinland*« (Weinland) nannte. Wo Eriksson landete und welches Gebiet er *Vinland* taufte, ist noch immer in der Forschung umstritten. Einige Forscher vermuten ihn auf Cape Cod in Massachusetts, in Maine, auf Labrador oder Neufundland. Einige Indizien sprechen für Neufundland: Dort, in l'Anse aux Meadows, konnte bei Grabungen zwischen 1961 und 1968 eine Wikingersiedlung mit Häusern, Sauna, Bootsplätzen und Fundstücken aus der Zeit um 1000 nachgewiesen werden.[2] Ein anderes Ziel überseeischer Expansion war Irland, das seit dem 12. Jahrhundert englischen Königen als koloniales Pilotprojekt diente.[3]

Tragende und wirkungsvolle Impulse zur dauerhaften Ausdehnung der Europäer über ihren Kontinent und die umliegenden Gewässer (Mittelmeer, Nordsee und Irische See) hinaus blieben noch Mangelware. Wie schon früher waren es die Südeuropäer, die die Initiative ergriffen. Allerdings verlagerten sich im Verlauf des 14. und 15. Jahrhunderts die Gewichte. Zwar blieben Italiener nach wie vor als Kapitalgeber, Händler, Seefahrer und als diejenigen, die über das nötige nautische Know-how verfügten, aktiv, doch allmählich beteiligten sich auch die Bewohner der Iberischen Halbinsel an der Ausweitung Europas. Zunächst konnten die Bewohner des kleinen, wirtschaftlich relativ unbedeutenden Portugals einen beträchtlichen Vorsprung vor den stärker besiedelten, jedoch intern zerstrittenen spanischen Herrschaften herausholen. Aus diversen Streitigkeiten auf der Halbinsel gingen die Monarchen Portugals und Kastiliens/Aragóns gestärkt hervor. Zugleich verstärkten sie ihren Einfluß auf Nordafrika, stritten sich leidenschaftlich um die im 14. Jahrhundert entdeckten Kanarischen Inseln, die strategisch und wirtschaftlich von großer Bedeutung waren, und gewannen dank ihrer Flotten an militärischer Schlagkraft. Hierzu trugen Verbesserungen im Schiffsbau und in der Navigation wesentlich bei.

Durch den vorübergehenden Frieden mit Kastilien 1411 verfügte der portugiesische Hof über freie Kapazitäten, die er prompt in die überseeische Expansion steckte. Von Beginn an war die portugiesische Übersee-Expansion Angelegenheit der Krone. Sie steuerte und organisierte die Expeditionen, in denen Eroberungen und Entdekkung eng verzahnt waren. Die Eroberung von Ceuta, die reiche marokkanische Handelsstadt an der Straße von Gibraltar 1415, markiert die Geburt der Kolonialmacht Portugal. In den folgenden Jahren erfuhren portugiesische Seefahrer die Routen an den Westküsten Afrikas, entdeckten und vereinnahmten Madeira, die Azoren und die Kapverdischen Inseln (1456) oder erforschten Westafrika. Angeregt wurden die portugiesischen Vorstöße nicht nur von weltlichen Motiven wie dem Drang nach Macht, Gold und Gewürzen; auch die Suche nach dem legendären Priesterkönig Johannes, den man irgendwo im afrikanisch-asiatischen Raum vermutete, bildete einen wichtigen Antrieb: In der raumgreifenden Auseinandersetzung mit dem Islam konnte Portugal jeden Verbündeten gebrauchen.

1474 kam es erneut zu Differenzen zwischen den Kronen von Kastilien/Aragón und Portugal – der Konflikt mündete 1479 in den Vertrag von Alcaçovas. Beide Mächte einigten sich, die gegenseitigen Interessensphären beziehungsweise Kolonialgebiete zu akzeptieren. Spanien erhielt die Kanarischen Inseln; Westafrika wurde zum Tummelplatz der Portugiesen. Damit befanden sich Isabella und Ferdinand gegenüber Portugal deutlich im Nachteil. Zwar hatte ihr Nachbar ihre Thronfolge akzeptiert, doch im Hinblick auf verheißungsvolle Gebietsvermehrung hatten sie ein Etappenziel verpaßt. Nur acht Jahre später verbuchte Portugal einen weiteren Erfolg, durch den Spanien erneut ins Hintertreffen geriet. 1488 umsegelte der Portugiese Bartolomeu Dias das Kap der Guten Hoffnung an der Südspitze Afrikas und fand damit eine überaus wertvolle Alternativroute zu den begehrten Gewürzen und Luxusgütern Asiens. Bislang waren diese Produkte durch die Vermittlung arabischer und italienischer Händler nach Europa gelangt, jedoch störten die eroberungsfreudigen Osmanen den Nachschub. Die Entdeckung der Seeroute nach Asien via Afrika bewirkte langfristig den Niedergang der italienischen Handelszentren und der *Levante* als Drehscheibe der Wirtschaft der Alten Welt; zugleich förderte sie die neue Handelsmacht Portugal, sehr zum Verdruß ihres traditionellen Rivalen Spanien. Die Tatsache, daß die spanischen Monarchen schließlich 1492 auf einen neuerlichen Antrag des Italieners Cristofer Colon (Christopher Columbus) eingingen und ihm Kapital, Schiffe und Personal für seine Reise auf der Westroute nach Indien zur Verfügung stellten, offenbarte die Frustrationen, die sich mittlerweile in Spanien angesichts der portugiesischen Erfolge eingestellt hatten.

Mehrere Herrscher, darunter auch die spanischen Monarchen, hatten Columbus' wiederholt vorgebrachte Vorschläge zu einer Westfahrt nach Indien abgelehnt; allen erschien diese Idee, die keineswegs Columbus' eigenen Gedankenblitzen entstammte, recht dubios. Schon mehrere Dekaden zuvor waren portugiesische Seefahrer und italienische Gelehrte aufgrund der Kugelgestalt der Erde, die im maritimen Alltag kaum zu übersehen war, auf die Idee gekommen, westwärts nach Asien zu segeln – das Projekt war aufgrund der damaligen Unsicherheit über die Berechenbarkeit der Reisestrecke nicht realisiert worden. Im Frühsommer 1492, mit dem endgültigen Sieg über die Araber und der Konsolidierung ihrer Autorität im Inneren hatten die Monarchen Isabella und Ferdinand den Rücken frei für eine neuerliche Herausforderung Portugals. Sie wollten nicht tatenlos den Portugiesen ein großes Stück des lukrativen Asienhandels überlassen. Ihre Finanzierung der Columbusfahrt zeigt deutlich, daß gewiefte Realpolitiker mit Profitsinn agierten. Die Furcht, das Rennen um die Schätze Asiens zu verlieren, siegte über engstirnige pekuniäre Bedenken.

Die Erkenntnis, daß Columbus nicht die ersehnte Westroute nach Asien, sondern bis dahin in Europa unbekanntes Land und unbekannte Menschenrassen gefunden hatte, sickerte langsam in das allgemeine Bewußtsein ein. Der Umgang mit einer »Neuen Welt«, neu im Sinne von fremd, verlangte Entscheidungen und Verhaltensweisen seitens der Europäer, in denen sich Tradition und Moderne mischten. Die Konfrontation mit einer Welt, die man nicht in gewohnte Kategorien einordnen konnte, weckte gleichermaßen Ängste und Hoffnungen, Sensationslust und wissenschaftliche Neugierde, Spekulationen und Habgier. Antike Ideen der Inseln Atlantis und Antillia verbanden sich mit Mythen fremder Länder und prägten nachhaltig europäische Vorstellungen über die Lebewesen in einem neuen Kontinent.[4] Wie sollten sich die Europäer angesichts der neuen Situation verhalten?

Sollten sie in Amerika so vorgehen wie in Europa, Asien oder

Abb. 1: Christoph Columbus betritt amerikanischen Boden (San Salvador). Indianer empfangen ihn mit Geschenken. (Stich bei Theodor de Bry, America Pars Quarta, Frankfurt 1594)

Afrika? Sollten sie sich mit etwaigen dort lebenden Menschen arrangieren, eventuell nach traditionellen italienisch-portugiesischen Vorbildern Handelsposten errichten, gelegentlich nach jeweiligem Gusto in die lokalen Machtverhältnisse eingreifen, prinzipiell jedoch weniger in den außereuropäischen Gesellschaften präsent sein? Sollten sie die Gebiete als gleichrangige Kulturen und deren Bewohner als gleichwertige Partner betrachten, oder sollten die amerikanischen Territorien als Objekte europäischer Interessen behandelt werden, als nicht gleichrangig, sondern vielmehr als Gegenstände einer Kolonisierung?

Dieses Fragenbündel wurde von den Europäern relativ schnell beantwortet: Amerika stand zur Disposition der Europäer, jedenfalls aus Sicht der Europäer. Ein Argument, das diese Haltung erleichterte, war die feste Überzeugung, Amerika »entdeckt« zu haben.[5] Amerika wurde gewissermaßen erst durch die Wahrnehmung der Europäer existent: Die Namensgebungen sprechen eine deutliche Sprache. Der Italiener Amérigo Vespucci war es, der 1502 als einer der ersten den vierten Kontinent als »*Mundus novus*«, als »Neue Welt«, im beziehungsreichen Gegensatz zur »Alten Welt« bezeichnete.[6] In der Alten Welt bildeten die Europäer im Vergleich zu den Hochkulturen Asiens und Afrikas die Nachhut; gegenüber der Neuen Welt jedoch sahen sie sich als die gereiften Kulturbringer, als die kulturell Höherstehenden. Aus dieser Anschauung heraus glaubte man die amerikanischen Gebiete europäischen Herrschafts- und Machtansprüchen unterwerfen zu können. Die Entdeckung der beiden Amerikas stellte die Europäer vor völlig neue, völlig unerwartete Sachverhalte, auf die, wie Helga Schultz es formuliert, die europäischen Staaten in Abhängigkeit zu ihrem jeweiligen sozialen Charakter reagierten.[7] Eine neue Situation insofern, als man diese Kontinente anfangs als außerhalb bekannter Ordnungen, Normen und Moralvorstellungen stehend empfand.

Schon um 1500 betrachteten die Europäer aus der hohen Warte der Alten Welt Amerika als »*tabula rasa*«, als ein geschichtsloses Land. Geschichte jedoch bedeutete für den frühneuzeitlichen Menschen Tradition, Herkommen und Legitimation. Das erklärt die zeitgenössische Begeisterung für Familiengeschichte oder die weitverbreitete Vorliebe der Renaissance, den eigenen Stamm, den

Clan oder die Volksgruppe auf antike oder biblische Vorfahren zurückzuführen, um so durch Verankerung in der Vergangenheit Prestige, Autorität und Daseinsberechtigung zu erfahren. Geschichte bedeutete gleichermaßen Kontinuität und Recht – beides sprachen die Europäer indirekt den Amerikanern (erstmalige Bezeichnung des neuen Kontinents als »America« 1507 auf den Weltkarten zweier Geographen; vgl. S. 158) ab, die somit – aus europäischer Sicht – in einem rechtsfreien Raum lebten, der beliebig mit europäischen Vorstellungen gefüllt werden konnte.

Angesichts der wachsenden Bedeutung von Recht und Ethik für das öffentliche Leben und das Herrschaftsverständnis gab man sich jedoch nicht mit der Realisierung dieser Vorstellungen zufrieden. Der Besitzanspruch der Europäer auf Amerika wurde ausformuliert und schriftlich fixiert. Die Hinwendung zum Recht entsprang keinem Rechtfertigungszwang gegenüber den »Entdeckten«, sondern resultierte aus Unsicherheit und Mißtrauen unter den europäischen Herrschern. Mit einigen Abstrichen kann man die europäischen Begründungen zur Aneignung Amerikas auf zwei Konzepte reduzieren: zum einen das iberische Modell, das 1493/1494 etabliert wurde, und zum anderen das Modell der Kanalanrainerstaaten England, Frankreich und der Niederlande, das sich spätestens in der ersten Hälfte des 17. Jahrhunderts durchsetzte.[8] Die Argumente geben Aufschluß über europäische Normen, Einschätzungen und Motive. Gemeinsam ist beiden Auffassungen, daß die Begründung der Landnahme eng mit der europäischen Beurteilung der amerikanischen Einwohner verwoben war. Amerikanisches Land definiert sich über den dort lebenden Menschen und seine Einschätzung durch Europäer, die sich mit der Beanspruchung dieser Beurteilung anderer Gesellschaften von vornherein auf eine höhere Stufe stellen.

Das iberische Modell

Das iberische Modell fand seinen unmittelbaren Ausdruck in der Papstbulle von 1493 und im kastilisch-portugiesischen Vertrag von Tordesillas des Jahres 1494.[9] In seiner Urkunde von 1493 fungierte der Papst als Schiedsrichter zwischen den konkurrierenden Mächten Kastilien/Aragón und Portugal. Der Papst zog durch den Ozean 480 Kilometer westlich der Kapverdischen Inseln in Nord-Süd-Richtung eine gedachte Linie, die künftig den atlantischen Raum in eine portugiesische und eine spanische Einflußzone trennen sollte. Der Papst propagierte nicht nur Interessensphären – der Papst verteilte Eigentum. Er fungierte als Lehensherr, der seinen Vasallen, dem portugiesischen König und den spanischen Königen Isabella und Ferdinand, Gebiete übergab. Bei der Bulle von 1493, die gewissermaßen Europa über Europa hinaus in ein neues, global orientiertes Zeitalter führen sollte, handelt es sich um eine päpstliche Schenkung in bester mittelalterlicher Rechtstradition. Papst Alexander VI. bezog sich in den Formulierungen seiner Bulle von 1493 unmittelbar auf die sogenannte »Insel-Theorie« seines Vorläufers Papst Urban II. von 1091. In Anlehnung an die Konstantinische Schenkung (8./9. Jahrhundert) verfügten die Päpste über die Vergabe der mediterranen Inseln; dieses Interesse stand in unmittelbarem Zusammenhang mit der islamisch-christlichen Auseinandersetzung in Südeuropa. Papst Alexander VI. konnte sich um so mehr auf diese Rechtsauffassung berufen, als man zu diesem Zeitpunkt sowohl in Rom als auch in Spanien nur von Inseln wußte, auf die Columbus 1492 gestoßen war.[10] Der Papst fungierte als Vertreter des Weltenherrschers Christus auf Erden: In diesem Sinne konnte er Gebiete verschenken, allerdings nur zum Zweck der christlichen Mission. Der Besitz war kein Selbstzweck, sondern ergab sich erst als Folge des Missionsauftrags. Die Nutzung des Landes und des Meeres besaß nicht die Priorität, vielmehr stand die Mission im Vordergrund, und die Nutzung der Gebiete sollte die Mission ermöglichen, sprich: finanzieren. Der Umstand schließlich, daß der Papst hier Raummonopole vergab, die Gebiete exklusiv den iberischen Monarchen zukommen ließ, zielte darauf ab, das Missionswerk nicht zu gefährden.

Was sagt der Missionsauftrag von Papst Alexander VI. an die iberischen Mächte über die Einschätzung der betroffenen Amerikaner seitens der Europäer aus? Ein wichtiger Fakt besteht darin, daß jener Papst aus einem spanischen Adelsgeschlecht stammte und gerade dem Hause Aragón eng verbunden war. Seine Rolle in diesem Vertrag war nicht die eines unabhängigen Initiators oder neutralen Richters, vielmehr fungierte er als Marionette der katholischen Könige, die hier einen wichtigen Sieg über den portugiesischen Kontrahenten erzielten. Der portugiesisch-spanische Vertrag von Tordesillas des Jahres 1494 kam vor allem den spanischen Herrschern zugute. Grundsätzlich betrachteten die spanischen Könige die Amerikaner durchaus als Menschen. Auch Papst Paul III. sah sich 1537 veranlaßt, ausdrücklich auf das Menschsein der Indianer hinzuweisen. Spanische Gesetzeswerke, wie die Gesetze von Burgos 1512 oder die Neuen Gesetze von 1542, legten dies eindeutig fest, forderten die humane Behandlung der Indianer (Begriff erklärt auf S. 33f.) und verboten deren Versklavung. Dennoch sahen die katholischen Obrigkeiten die Indianer als Heiden, die durch ein unglückliches Schicksal nicht in den Genuß des Evangeliums gekommen waren. Sie galten als schutzbedürftige Vasallen der Krone, die der Leitung, Erziehung und Fürsorge bedurften und denen man aufgrund dieser Unmündigkeit das Verfügungsrecht auf Land absprach. Dieses Recht lag vielmehr bei der katholischen Kirche und dem Papst, der dieses Land in seiner Funktion als Sachwalter Christi für sich beanspruchte und darüber verfügte.

Die spanische Landnahme (die Conquista) in Amerika stand in vielen Bereichen in der Tradition der Reconquista, jedoch aus christlicher Sicht mit dem Unterschied, daß die Mohammedaner als unbelehrbare Irrgläubige in militanter Kreuzzugsmanier nur mit dem Schwert überwunden worden waren, während die Amerikaner als unwissende Heiden friedlich zum Christentum bekehrt werden sollten. Theoretisch waren die Indianer rechtlich den Spaniern gleichgestellt, auch wenn sie de facto nach ihrer Christianisierung oder Hispanisierung nicht wieder in den Genuß ihres Eigentums kamen. De jure waren sie Untertanen der spanischen Krone und nahmen vom sozialen Prestige her etwa den Rang ein, den in Spanien die Bauern innehatten. Spanisch-Amerika (vgl. S. 68ff.) bildete ein dem Mutterland gleichwertiges Element im spanischen Staatsverband. Die Realität bot ein anderes Bild. Mittelalterliche Theologie, antike Philosophie und zeitgenössische Kolonialpraktiken trugen dazu bei, die Indianer zu Menschen zweiter Klasse zu degradieren, um so ihre allmähliche Entrechtlichung und faktische Versklavung allen staatlichen Schutzmaßnahmen zum Trotz zu ermöglichen. Dabei half auch das Instrument des *requerimiento*: Verweigerten die Indianer ihre friedliche Unterwerfung unter die spanische Krone und ihre Bekehrung zum katholischen Glauben, so erwiesen sie sich aus spanischer Sicht als verstockte Ungläubige, vergleichbar den Mauren, die folglich wie die Mauren bekämpft, getötet oder versklavt werden durften. Fazit: Das iberische Modell zur Begründung der Landnahme stand und fiel mit der Einschätzung der Indianer als soziale und religiös empfindende Lebewesen: Missionieren konnte man nur Menschen, jedoch keine Sklaven, die keinerlei Rechte besaßen. Folglich beharrte die spanische Krone auf den Vasallenstatus der Indianer, um so die Inbesitznahme der amerikanischen Gebiete unter Berufung auf den päpstlichen Missionsauftrag zu rechtfertigen.[11]

Das Modell der Kanalanrainerstaaten England, Frankreich und Niederlande

Auch bei Franzosen, Engländern und Niederländern erfolgte die Begründung der amerikanischen Kolonisierung über das Verhältnis zwischen Land und indigener Bevölkerung. Auch diese Europäer sahen die Indianer als Heiden, die der Mission bedurften. Sie sahen die Indianer aber auch als nackte, verräterische Wilde, die außerhalb jeder zivilisierten Gesellschaft standen, wie ihr Mangel an Kleidung, dem Ausdruck und Gradmesser für sozialen Status, augenfällig bewies. Da mit der Reformation der Papst seine Autorität als Rechtsinstanz bei den Protestanten eingebüßt hatte, die englische oder niederländische Indianermission im 17. Jahrhundert nicht bis kaum existent war, litten Engländer wie Niederländer unter einem Rechtfertigungsmanko. Ein probates Mittel bestand darin, ihre Vorstöße nach Amerika als antispanischen Aktivismus, als Kampf der guten protestantischen Kräfte gegen die finsteren Mächte des Katholizismus, der Inquisition und der Menschenverachtung darzustellen. Von daher feierte die antispanische Propaganda, die sogenannte »*leyenda negra*«, die »schwarze Legende«, bei den eingefleischten Gegnern Spaniens seit dem späten 16. Jahrhundert besonders große Erfolge. Obwohl das konfessionelle Element im katholischen Frankreich nicht in dem Maße gegen Spanien ausgespielt werden konnte wie in den mehrheitlich protestantischen Ländern England und den Niederlanden und der französische König Franz I. dennoch seine spärlichen Vorstöße in die Neue Welt wie seine spanischen Kontrahenten notdürftig mit dem Mäntelchen der Mission behängte, kam die »schwarze Legende« der traditionell antispanischen Einstellung der französischen Herrscher entgegen. Die »schwarze Legende«, die Spanier als extrem sadistisch und brutal darstellte und deren Ausschreitungen selbst die ansonsten ihrerseits keineswegs zimperlichen Zeitgenossen abstießen, war stark durch die Schrift des spanischen Geistlichen Bartolomé de Las Casas »Brevísima relación de la destrucción de las Indias« (1552) genährt worden. Seine Abhandlung, das leidenschaftliche Pamphlet eines Augenzeugen gegen die unmenschliche Behandlung der Indianer durch die Spanier, avancierte zu einem Bestseller des 16. Jahrhunderts. Innerhalb kurzer Zeit wurde sie in mehrere Sprachen übersetzt und erschien an Verlagsorten wie Paris oder Antwerpen. Die Franzosen sahen sich 1565 in ihrer Furcht vor Spaniern bestätigt, als eine hugenottische Siedlung in Florida von spanischen Truppen zerstört und die ansässigen Franzosen brutal getötet wurden. Die Niederländer erlitten spanische Machtpolitik, als im November 1576 meuternde spanische Truppen über die reiche Scheldemetropole Antwerpen herfielen, die Stadt plünderten und deren Bevölkerung drangsalierten. Diese unmittelbaren leidvollen Erfahrungen bestärkten die Westeuropäer in ihrer Abneigung gegenüber Spaniern, verfestigten die Positionen in den Konflikten und trugen wesentlich zur Untermauerung der »schwarzen Legende« bei.[12]

Die Verteufelung Spaniens reichte ebensowenig zur Rechtfertigung der englischen, französischen oder niederländischen Expansion nach Übersee wie der im entstehenden Völkerrecht propagierte Grundsatz der Erstentdeckung. Nur wenige Entdeckungsreisen in Nordamerika erfolgten im offiziellen Staatsauftrag der Kanalanrainer, wie z. B. die Reise des Genuesen Giovanni Caboto 1497 in englischen Diensten, des Florentiners Giovanni da Verrazzano 1524 oder Jacques Cartiers 1534 im französischen Auftrag oder des Engländers Henry Hudson, der 1609–1611 im Sold der niederländischen Ostindienkompanie, der *VOC*, die Westpassage nach Asien suchte und dabei den später nach ihm benannten Hudson-Fluß erkundete. Obwohl die betroffenen Staaten diese Reisen als Basis ihrer Rechtsansprüche auf amerikanisches Territorium betrachteten und sich wie die iberischen Mächte auf das Entdekkungs- oder Finderecht beriefen, besaßen diese Argumente in der kolonialen Realität wenig Durchschlagskraft. Die Niederländer argumentierten gelegentlich damit, daß sie als Bürger der ehemaligen Burgundisch-Habsburgischen Erblande in der Rechtsnachfolge Habsburgs stünden und somit Anspruch auf die von Spanien »entdeckten« Gebiete erheben könnten: Diese Überlegung wurde jedoch nur selten angewandt, offenbar konnte sie auch die Niederländer selbst nicht wirklich überzeugen. In Ermangelung überzeugender völkerrechtlicher Kriterien kaprizierten sich speziell die Nieder»länder« und Eng»länder« auf die Kategorie, die ihnen besonders am Herzen lag: das Land selbst.

Aufgrund ihrer topographischen Bedingungen hegten gerade die Niederländer ein besonders inniges Verhältnis zum Land. Für sie war Land nichts selbstverständlich Gegebenes. Für Holländer und Seeländer, Bewohner der führenden niederländischen Provinzen in der überseeischen Expansion, bedeutete Land etwas schwer Erarbeitetes – eine Kostbarkeit. Zu Hause mußten sie ihr Land mühsam dem Meer abringen; dem Schutz der Polderlandschaft widmeten sich Deichgenossenschaften.

Die Gleichheit aller vor dem Meer, das jederzeit das Neuland bedrohte, verstärkte die zarten Triebe einer demokratischen Gesinnung, die sich allerdings auf das wohlhabende Bürgertum und die Bauernschaft beschränkte. Die Wertschätzung des Landes beeinflußte die niederländische Kunst. Erst in der niederländischen Malerei des 16. und 17. Jahrhunderts wurde die Landschaft zum eigenständigen Sujet: Sie fungierte nicht länger lediglich als Bildhintergrund, sondern entwickelte sich zum eigentlichen Bildthema.[13] Auf einer anderen Ebene, aber ähnlich intensiv gestaltete sich das Verhältnis der Engländer zum Land. Im Königreich England war Landbesitz die entscheidende Grundlage für politische Partizipation. Die Größe und der Ertrag agrarwirtschaftlicher Nutzflächen entschieden über den Grad politischer Präsenz, etwa über das aktive und passive Wahlrecht. Die Folge davon war, daß das englische Parlament in der Frühen Neuzeit das Parlament englischer Landbesitzer war, und zwar in Gemeinschaft mit der Krone als dem größten Eigentümer. Herrschaftskompetenz und Landbesitz als Kontrollmöglichkeit über die Nahrungsressourcen bildeten in England eine enge Einheit. Entsprechend argumentierte man angesichts des Landreichtums in Nordamerika, um so mehr, als Land in England knapp geworden war. 1583 wies der Engländer George Peckham in bester biblischer Manier auf den Sinn und Zweck von Land hin. Gott habe das Land geschaffen, damit es kultiviert und bebaut werde. Man solle in der Landwirtschaft Güter produzieren, die Menschen für ihre täglichen Bedürfnisse brauchten.[14] Folglich war im Umgang mit Amerika und der dortigen Bevölkerung entscheidend, ob die Indianer dem göttlichen Auftrag nachkamen, ihr Land nutzten und be»saßen«. Das Recht auf Landbesitz wurde in englischen Vorstellungen mit der Forderung der permanenten Besiedlung und Nutzung gekoppelt. Aus der Bearbeitung des Landes erwuchs der Besitzanspruch auf das Land im krassen Gegensatz zu dem iberischen Modell, bei dem erst aus der geistigen Auseinandersetzung mit den Landbewohnern ein Nutzungsrecht auf das Land entstand. Nun praktizierten viele Indianerstämme in Nordamerika jedoch landwirtschaftliche Anbautechniken, die von den auf Dreifelderwirtschaft fixierten Westeuropäern häufig nicht als solche erkannt wurden oder erkannt werden wollten. Ähnlich verhielt es sich mit den indianischen Siedlungsformen in den Gebieten, in die Westeuropäer anfangs vorstießen. Die Europäer ließen in Anlehnung an den Grundsatz der ständigen Besiedlung allein feste, beständige europäische Siedlungsformen gelten – die mobilen indianischen Wohnformen akzeptierten sie von daher ebensowenig wie die unübersehbaren Hinweise auf langfristige Niederlassungen wie indianische Grabanlagen, Vorratsspeicher und Landwirtschaft. Die Europäer betrachteten folglich amerikanisches Land als herrenloses Land, über das sie nach Belieben verfügen konnten.

Die Landnahme, die Unterwerfung und der Aufbau abhängiger Gesellschaften innerhalb Europas und in den europäischen Randgebieten gehörten zu den kollektiven Erfahrungen der Europäer – sowohl aus der aktiven als auch aus der passiven Perspektive.

Dank unzähliger Vorbilder und Erfahrungen verfügten die Europäer in dem Moment, als sich ihre Welt nach Westen öffnete, über einen reichhaltigen Motivations- und Legitimationsfundus: Das Spektrum reichte von altruistischen Beweggründen wie dem Missionsgedanken über die Kreuzzugsidee bis hin zu reiner Beutegier und Machtpolitik.

Die europäischen Ausgangspositionen beim Start der transatlantischen Expansion

Obwohl die südeuropäischen Länder Portugal und Spanien die Vorreiter spielten, während Westeuropäer neiderfüllt nachhinkten und erst im 17. Jahrhundert als Koloniegründer Erfolge verzeichnen konnten, die Phase der eigentlichen Kolonisation also gut 100–200 Jahre umfaßte und teilweise noch in das 18. Jahrhundert hineinreichte, gibt es erstaunliche Ähnlichkeiten, was den internen Zustand der Kolonialländer und die internationale Konstellation in Europa anbelangt. Offenbar mußten gewisse Kombinationen von Faktoren und Ausgangspositionen gegeben sein, ehe außer Fischern und Seeleuten auch andere europäische Personengruppen das Wagnis von Transatlantikfahrten eingingen. Denn eine Fahrt über den Atlantik in Schiffen des 16., 17. oder 18. Jahrhunderts bildete ein beträchtliches Risiko. Nicht grundlos machten Passagiere und Besatzungsmitglieder vor Fahrtantritt ihr Testament oder schickten nach ihrer glücklichen Ankunft Briefe nach Hause, in denen sie mit bewegten Worten Gott für ihr Überleben und seinen Schutz dankten. Man flog eben nicht in klimatisierten, sauberen Flugzeugen, gut versorgt mit Speis und Trank, in wenigen Stunden über den Atlantik, im relativ sicheren Wissen um Zielort und Ankunftszeit. Man hockte bestenfalls drei bis vier Wochen, im schlimmsten Fall zwei, drei oder vier Monate auf einem stinkenden, schwankenden, knarrenden Segelschiff in drangvoller Enge mit anderen verlausten, ungewaschenen, seekranken Menschen, litt unter Skorbut, lebte von faulem Wasser und vergammelnden

Lebensmitteln ohne Garantie, ob, wo und wie man schließlich das sichere Ufer erreichen würde. Abgesehen von den unerquicklichen Transportbedingungen, der höheren Toleranzgrenze der frühneuzeitlichen Menschen in Hinblick auf persönliche Hygiene und den langen, unkontrollierbaren Reisezeiten, trugen auch Piraten, das Wetter und das Meer selbst nicht gerade zur ungetrübten Freude des Reisens bei. Das Meer galt als ein übler Ort, den man nach Möglichkeit mied. Es war überaus gefährlich, unmeßbar und von daher unkalkulierbar. Nicht grundlos wurden Schiffe getauft, frönten die Schiffer einem tiefen Aberglauben oder schmückten ihre Schiffe mit Devotionalien. Das Meer war ein Ort der Teufel und Seeungeheuer; Seekarten vermitteln einen Eindruck der Vorstellungen, die man über solche Monsterwesen hegte. Die Bibel, speziell das Alte Testament, diente als Quelle prägender kollektiver, angstbesetzter Bilder.[15]

Trotz dieser Ängste gingen die Europäer auf die Risiken der Seefahrt ein und wagten sich in zunehmendem Maße aus der scheinbaren Geborgenheit der Küstensicht auf die hohe See hinaus. Diese wachsende Risikobereitschaft dürfte nicht von ungefähr gekommen sein. Offenbar versprach man sich Erfolge, für die man jede Gefahr in Kauf nahm.

Erstens: Eine wichtige Vorbedingung der überseeischen Expansion, die gegeben sein mußte, damit Europa Amerika treffen konnte, erscheint banal, erweist sich jedoch wortwörtlich als wegweisend. Entscheidend war die geographische Lage. Man mußte Atlantikanrainer sein, und man mußte den Atlantik als Verkehrsraum, als Transportweg und als Kommunikationsmittel nutzen können.

Zweitens: Mit dem Typ der hochgebauten Karavelle, einem zwei- oder dreimastigen Segelschiff, entstand seit dem 14. Jahrhundert ein Schiff, das die speziellen Anforderungen der Atlantikfahrt besser erfüllte als die flache, durch Ruderer betriebene Galeere, die in der Mittelmeerschiffahrt eingesetzt wurde. Hinzu kamen die Fortschritte der Seekartographie, der Astronomie und der Navigation dank des kombinierten Gebrauchs von Astrolabium, Quadranten, Jakobstab, Kompaß, Lot und Log.

Drittens: Es mußten Menschen vorhanden sein, die nicht nur das Wagnis der Überfahrt, sondern auch das der Begegnung und Aus-

Abb. 2a und 2b: Meeresmonster. (Anonyme Holzschnitte aus: Gessners Fischbuch, 1598)

einandersetzung mit einer neuen Welt eingehen wollten. Es mußte also entweder ein Bevölkerungsüberschuß vorhanden sein und/oder ein Potential an Menschen, die aus welchen Gründen auch immer durch die Maschen der alteuropäischen Gesellschaften fielen oder denen die altweltlichen Verhältnisse nicht länger genügten. Der Katalog möglicher Beweggründe gestaltete sich reichhaltig. Denkbar waren wirtschaftliche Motive und Ursachen wie Goldgier, Karrierismus, Landmangel, Verschuldung, Arbeitslosigkeit infolge von Bevölkerungswachstum, Inflation oder die Krise der Agrarwirtschaft infolge der Kleinen Eiszeit des 16. und 17. Jahrhunderts. Denkbar waren religiös-politische Gründe wie Unterdrückung, Verfolgung, Widerstand oder die Sehnsucht, soziale Utopien zu realisieren.[16] Denkbar waren aber auch Neugierde, Erkundungsdrang, Abenteuergeist, Pioniermentalität oder Fatalismus. So vielfältig wie die Zahl der Auswanderer, so vielfältig dürften auch die Motive und Ursachen gewesen sein, die Menschen in die Neue Welt aufbrechen ließen.[17]

Viertens: Es mußte Kapital zur Finanzierung der Expansion vorhanden sein und Nachfrage nach jenen Dingen bestehen, die man zu finden hoffte, wie wertvolle Gewürze, Stoffe oder Edelmetalle. Die Finanzen für die nötigen Mittel wie Schiffe, Besatzungen, Truppen, Verpflegung etc. konnten von den Monarchen stammen. Sie konnten aber auch vom Adel oder, und das war der Regelfall, vom Bürgertum aufgebracht werden. Ein finanzstarkes und finanzierfreudiges Bürgertum, frühkapitalistische Finanz- und Wirtschaftstechniken, Nachfragestrukturen und Konsumbereitschaft, die Ausweitung der Geldwirtschaft und des Kreditwesens bildeten elementare Voraussetzungen der europäischen Expansion.

Fünftens: Ein wichtiger Faktor lag in den innenpolitischen Machtverhältnissen. Es ist auffallend, daß alle Länder, die expansiv tätig wurden, kurz zuvor einen tiefgreifenden internen Prozeß durchlaufen hatten. Interne Konflikte hatten zur Konsolidierung der Herrschenden geführt, wodurch die Schaffung von Nationalstaaten begünstigt wurde.

Im Portugal des Spätmittelalters hatte sich die Monarchie mit diversen Erbstreitigkeiten und Thronfolgerproblemen herumschlagen müssen. Die Folge war eine Revolution des Adels und des Bürgertums; dieses Bündnis unterstützte den illegitimen Halbbruder des früheren Königs, der 1385 dank der von unterschiedlichen Gruppen getragenen Intervention den Thron besteigen und kastilische Thronfolgeansprüche abwehren konnte. 1411, nach erfolgreicher Absicherung der Dynastie, begannen die portugiesischen Eroberungen.

In Spanien widmeten sich Monarchen, Adel und andalusisch-kastilische Fernhändlerschaft anfangs gemeinsam der Expansion. Die Monarchen unterstützten die nautischen Unternehmungen weniger aus wissenschaftlicher Neugierde, sondern mehr aus wirtschaftlichen Erwägungen und aus ihrer Rivalität zum portugiesischen Nachbarn heraus. Isabella und Ferdinand wagten den Schritt nach Übersee gerade in dem Moment, als ihre Position in Spanien selbst gesichert schien und potentielle interne Gegner und Gruppen, die von den katholischen Königen als Risikofaktoren beurteilt wurden, vertrieben oder unschädlich gemacht worden waren. Zu diesen vermeintlichen Gegnern gehörten zum einen die Mauren, zum anderen die sephardischen Juden, die zur Konversion gezwungen oder ausgewiesen wurden. Langfristig sollte sich der Exodus dieser beiden ebenso finanzkräftigen wie innovativen Gruppen negativ auf die spanische Wirtschaft auswirken. Zum einen, weil ihr deren Kenntnisse und Kapitalien verlorengingen, zum anderen, weil viele sephardischen Juden eine neue Heimat bei den Gegnern Spaniens, den Niederländern in Europa und Amerika, finden sollten.

In Frankreich verhinderten erst die habsburgisch-französischen Differenzen, dann die ebenso zahlreichen wie langjährigen Religionskriege zwischen Hugenotten und Katholiken, die Adelsfehden der Häuser Valois, Guise und Bourbon während des 16. Jahrhunderts die planvollen, erfolgreichen außereuropäischen Aktivitäten einer geschwächten Monarchie und des krisengeschüttelten Bürgertums. Die kolonialen Experimente unter französischer Regie waren nur in Ausnahmefällen, etwa bei Giovanni da Verrazzano oder Jacques Cartier, offizieller Natur. Lange blieb die Neue Welt die Domäne der Widersacher der katholischen Krone Frankreichs – die französischen Protestanten, die Hugenotten, ergriffen die Initiative und gründeten ohne staatlichen Rückhalt Siedlungen in den Territorien, die von den iberischen Mächten exklusiv beansprucht wurden. Erst mit der inneren und äußeren Konsolidierung Frankreichs unter dem Bourbonenkönig Heinrich IV., einem ehemaligen Hugenotten, keimte erneut königliches Interesse an staatlichen Kolonialprojekten, was prompt ab 1603 zur Gründung kanadischer Niederlassungen führte.

England unternahm seine ersten kolonialen Gehversuche in einem Moment der Unsicherheit. Die erste englische Kolonie auf amerikanischem Boden, Roanoke im späteren North Carolina, entstand 1585, zu einer Zeit, als die Tudorkönigin Elisabeth I. zwar nicht ernsthaft bedroht war, jedoch mit internen Gegnern, verkörpert in der Person ihrer Cousine, der schottischen Königin Maria Stuart, und äußeren Widersachern fertig werden mußte. Die elisabethanischen Vorstöße in die Neue Welt waren relativ halbherzig unternommene Projekte, dienten dem königlichen Geldbeutel und standen noch ganz im Zeichen spontaner Piraterie. Das änderte sich im Laufe des 17. Jahrhunderts. Seit 1607 entwickelte sich die Expansion zu einem Betätigungsfeld finanzstarker Gruppen von Privatpersonen, die mit königlicher Akzeptanz Land- und Kolonialgesellschaften gründeten. Als sich der Staat der Expansion annahm und in der Person des »Lordprotektor« Oliver Cromwell aktiv wurde, war dies der Versuch, durch außenpolitische Erfolge von internen Mißständen abzulenken. Der gegen Spanien gerichtete *Western Design*, der englische Beutezug in der Karibik, begann 1655, als der Stern Oliver Cromwells, der aus dem englischen Bürgerkrieg von 1642–1649 siegreich über König Karl I. hervorgegangen war, allmählich sank. Das hochgejubelte Cromwellsche Kolonialprojekt scheiterte schmählich; statt des reichen Santo Domingo, Kuba oder Puerto Rico, die ihr Ziel gewesen waren, mußten sich die englischen Truppen mit der Eroberung des schwach verteidigten und wirtschaftlich wenig verheißungsvollen Jamaika begnügen.

Der fünfte im Bunde schließlich, die niederländische Republik, hatte ebenfalls eine lange Phase interner und externer Krisen durchlaufen, woraus sie als neugeschaffener, souveräner Staat hervorging, bevor sie sich außereuropäischen Zielen zuwenden konnte. Die Opposition der politischen Eliten und des Bürgertums gegen den Landesherrn der Niederlande, den spanischen König, veränderte sich im Laufe der Zeit. Sie schlug in den ersten Jahrzehnten des 17. Jahrhunderts in einen Konflikt innerhalb der niederländischen Führungsgruppen um. Diese Auseinandersetzung endete um 1619/20 mit dem Sieg der militanten Oranierfraktion und den Befürwortern einer aggressiven Kolonialpolitik zu Lasten des Dauerfeindes Spanien. Spätestens mit der Gründung der niederländischen Westindischen Kompanie *(WIC)* 1621 etablierte sich die niederländische Republik als Kolonialmacht auch in der westlichen Hemisphäre.[18]

Die Übersee-Expansion entwickelte sich in allen europäischen Staaten zu einem Element der Außenpolitik. Sie versprach Prestige und erwies sich als ein Instrument, das man in einer Zeit allgegenwärtiger europäischer Kriege, Konflikte und dynastischer Fehden überaus effektvoll anwenden konnte. Auf diese Weise erweiterte sich der Wirkungsraum europäischer Konstellationen. Die Europäer bezogen Amerika ebenso wie Asien oder Afrika in ihre Streitigkeiten ein. Zwar diskutierten Politiker, Theologen und Philosophen wiederholt Konzepte, nach denen die außereuropäische Welt außerhalb europäischer Konflikte bleiben und neutralisiert werden sollte oder – ganz im Gegenteil – europäische Konflikte künftig außereuropäische Schauplätze finden sollten, während Europa krisen- und kriegsfrei gehalten werden sollte. Es blieb jedoch bei diesen Überlegungen.[19] Konflikte europäischer Mächte beschränkten sich seit dem 17. Jahrhundert nicht länger auf europäische Schlachtfelder und Seegefechte. Sie wurden auf Schauplätze in der Neuen Welt, in der Karibik, in Südamerika und Nordamerika ausgedehnt. Dies diente der Ablenkung vom Mutterland, zielte aber auch auf Verletzung und Störung möglicher Ressourcen. Gerade die Niederländer verlegten sich in ihrer Auseinandersetzung mit Spanien erfolgreich darauf, die amerikanischen Grundlagen spanischer Macht zu attackieren.

Mit Amerika erweiterte sich das politische Instrumentarium der Europäer: Die Übersee-Expansion wurde zum Mittel der Politik unter Rivalen. Gleichzeitig dienten politische Rivalitäten als Alibi kolonialer Expansion. England, Frankreich und die Niederlande nutzten ihre Konflikte mit Spanien, um mit der Begründung einer antispanischen Politik das spanische Raummonopol in Amerika zu unterlaufen und an den Schwachstellen in den spanischen Kolonialraum vorzudringen.

Amerika vor der Ankunft der Europäer

Die Beschreibung des voreuropäischen Amerika stößt auf Probleme. Bereits die Eingrenzung des Untersuchungsgegenstandes bereitet einiges Kopfzerbrechen. Die Einwohner des amerikanischen Doppelkontinents kamen nicht alle überall zum gleichen Zeitpunkt mit Europäern in Berührung, so daß das Ende Altamerikas zeitlich und räumlich variiert. Die Periode erster europäisch-amerikanischer Begegnungen erstreckt sich über einen Zeitraum, der im engen Sinne von 1492 bis ins 17. Jahrhundert reichte – im weiteren Sinne jedoch mit den Westfahrten der Skandinavier und Westeuropäer im frühen Mittelalter begann und im 18. Jahrhundert auslief. Um nicht in einer Detailflut zu ertrinken, gehen wir von einer Überlappungsphase aus und betrachten die Jahre zwischen 1492 und circa 1650 als letzte Momentaufnahmen vieler genuin indianischer »Amerikas«, bevor sie die Berührungen mit Europäern für immer veränderten.

Die Dauer des Zeitraums verweist auf ein weiteres Problem. Die Europäer, die mit den Bewohnern der »Amerikas« in Kontakt traten, waren nicht über einen Kamm zu scheren: Es waren Spanier und Italiener, Franzosen und Engländer, Niederländer und Portugiesen, Brandenburger und Schweden, Dänen und Kurländer. Auch gemeinsame Nationalitäten garantierten kein national konformes Verhalten in der Neuen Welt: Nationale Denkweisen konnten in Amerika oftmals leichter abgeschüttelt werden, als es den sich betont national gebärdenden Mutterländern lieb war. Hinzu kamen die Wechsel der Generationen, der europäischen Mächtekonstellationen ebenso wie die Bewußtseinsänderungen in Europa gegenüber Expansion, Kolonien und den Amerikanern: Die Spannbreite europäischer Beurteilungen der Indianer reichte vom Heiden und unbelehrbaren Ungläubigen, den »Wilden Mann«, über die brutale Bestie, die es auszutilgen galt, das unvernünftige Tier bis hin zum »edlen Wilden« der Aufklärung eines Jean-

Jacques Rousseau im 18. Jahrhundert. Letzte Spuren des edlen Wilden finden sich noch in den bürgerlichen Trivialromanen des 19. Jahrhunderts, etwa bei Karl May.

Wie die Europäer waren auch die »Amerikaner« keineswegs alle eines Geistes Kind. Die Indianer formten keine homogene Gemeinschaft. Die Einheitlichkeit, die der Sammelbegriff »Indianer« suggeriert, ist irreleitend: Es gab keine einheitliche indianische Kultur oder Rasse: Statt dessen fand sich eine Fülle von Rassen, Ethnien, Kulturen und Sprachen. In beiden Amerikas existierten circa 100–150 Sprachfamilien. Auffallend sind die kulturellen Variationen. Das Spektrum der indianischen Kulturen umfaßte Extreme wie Gesellschaften von Jägern und Sammlern, Nomaden oder hochzivilisierte Stadtstaaten und Territorialstaaten. Ähnlich weitgespannt zeigt sich der Bogen der Religionen. Hier reichten die Gegebenheiten von Naturreligionen, deren Anhänger jedes natürliche Objekt und Lebewesen als von Göttern beseelte Wesen betrachteten, bis hin zu Herrschern, die als menschgewordene Götter verehrt wurden. Wo auch immer indianische Völker sich selbst in ihren Beziehungen zu höheren Wesen, Geistern, Göttern oder den Planeten einordneten, viele von ihnen hatten wie die Europäer eine Vorstellung davon, daß sie nicht allein auf der Welt waren. Wie die Europäer pflegten auch die Altamerikaner Mythen von Lebewesen jenseits des Meeres. Während Europäer jedoch einerseits glaubten, irgendwo jenseits der Meere befänden sich das Paradies, die Insel der Glückseligen und der ewigen Jugend, oder andererseits fürchteten, an den Antipoden auf Monster, Riesen oder bizarre Gestalten zu stoßen, betrachteten viele Amerikaner das Meer als den Ort, von dem göttliches Heil oder göttliche Strafe auf sie niedergehen könnten. Kurzum: Mögliche neue Welten besaßen für Indianer den Wert, Herkunftsgebiet überirdischer Wesen zu sein; für die meisten Europäer vermittelten neue Welten eine krude Mischung aus Träumen und Ängsten von irdischen Geschöpfen.

Angesichts der reichen Vielfalt altamerikanischer Lebensformen sollte man den Einheitsbegriff »Indianer« mit kritischer Distanz benutzen. Die Bezeichnung basiert auf frühneuzeitlichen Irrtümern. Sie entstand aus der falschen, aber festen Überzeugung Christopher Columbus', er habe Asien entdeckt. Für ihn war die Bezeichnung »Indias« bzw. »Indio« durchaus logisch: Er glaubte, auf Inseln vor Indien gelandet zu sein, und folglich nannte er deren Bewohner »Indianer«. Daß man europaweit diesen Begriff beibehielt, sogar nachdem man den Irrtum von Columbus erkannt hatte, beruhte auf einem zweiten Fehler. Dieses Mißverständnis erwuchs aus der Selbsteinschätzung der Europäer. Da sie sich als Maß der Dinge betrachteten und fremde Kulturen nicht als Kulturen anerkennen wollten und konnten, wurde für sie der Begriff »Indianer« zum Sammelbegriff all dessen, was sie als fremd, unverständlich, minderwertig oder verabscheuenswürdig beurteilten. Das Wort »Indio« wurde zum Synonym für »Barbar«, eben der Begriff, den die Griechen der Antike zur Bezeichnung derjenigen Völker benutzt hatten, die nicht ihre, als höchste kulturelle Leistung empfundene Sprache beherrschten. Das Negativimage des Begriffs »Indio« galt über den spanischen Sprachraum hinaus. Die aufmüpfigen Niederländer des späten 16. Jahrhunderts etwa, die sich vehement gegen spanische Zentralisierungsversuche wehrten, bezeichneten sich selbst, in dem Falle, daß Spanien seine absolutistische Politik gegen den niederländischen Partikularismus durchsetzen könnte, als die künftigen »Indianer Europas«. Indianersein war für die bürgerlichen Rebellen gleichbedeutend mit Unterwerfung, Unterordnung und Rechtlosigkeit.[20]

Wie stand es um die Ureinwohner Amerikas, ehe sie mit Europäern zusammentrafen und getreu dem Lichtenbergschen Aphorismus »eine böse Entdeckung«[21] machten? Denkt man in großen zeitlichen Dimensionen, gilt die Bemerkung von Wolfgang Reinhard, daß auch die alten Herren Amerikas, die Menschen, die die Europäer in Amerika antrafen, nicht die eigentliche Urbevölkerung waren. Schon ihre Vorfahren waren nach Amerika eingewandert, auch für sie war Amerika einmal eine Neue Welt gewesen. Die Forschung stimmt mittlerweile der Meinung einiger weitsichtigen Theologen des 16. Jahrhunderts zu, daß die ursprüngliche Besiedlung Amerikas in einer relativ späten Phase der Menschheitsentwicklung von Asien her erfolgte. Bei sämtlichen Knochenfunden auf amerikanischem Boden handelt es sich um Reste von Lebewesen, die bereits der Stufe des Homo sapiens angehörten. Die Besiedlung begann vermutlich im Norden, erfolgte über die Beringstraße während oder nach der letzten großen Eiszeit, circa 50 000 – 13 000 v. Chr. Die Wanderung vollzog sich in mehreren Wellen, und man glaubt heute, daß auch der Rückgang des Eises und die Unterbrechung der Eisbrücke um 8000 v. Chr. weitere Menschenwanderungen nicht verhinderten: So hätten sich die Vorformen der Eskimokultur erst um 1000 v. Chr. von der Beringsee nach Osten Richtung Grönland verbreitet. Die Menschen stießen langsam von Nordwesten nach Nordosten und in südliche Richtung des Doppelkontinents vor. Um 40 000 v. Chr. lebten Menschen in Kanada und im Mittleren Westen. Um 30 000 v. Chr. wurde das Gebiet um die Großen Seen und die Ostküste Nordamerikas besiedelt. Das Gebiet des heutigen Kalifornien, Texas und Mexiko wurde zwischen 30 000 und 22 000 v. Chr. erreicht. Dann scheint der Marsch ins Stocken geraten zu sein. Erst um 16 000 vor unserer Zeitrechnung drangen Menschen in den tropischen Regenwald Guyanas und Kolumbiens vor. Die Pazifikküste Südamerikas und die karibischen Inseln wurden etwa zur gleichen Zeit erreicht. Die Südspitze Südamerikas mußte noch eine Weile warten: Die ersten Fundplätze, die dort auf die Anwesenheit von Menschen hindeuten, werden auf etwa 12 000 v. Chr. datiert. Gefunden wurden Hacksteinwerkzeuge, wie man sie auch in Asien für die gleiche Zeit entdeckt hat. Die ersten Amerikaner waren Sammler von Pflanzen, Früchten und Insekten oder jagten Kleintiere, deren Fleisch durch Feuer gegart und dadurch leichter vertilgbar wurde. Um 13 000 v. Chr. wagte man den Schritt zur Großwildjagd: Gejagt wurden Bisons, Mammuts und pferdeähnliche Tiere, die in jener Frühphase noch auf den amerikanischen Kontinenten lebten.[22]

Um schriftliche Quellen über die Zustände im voreuropäischen Amerika ist es im Vergleich zum Europa jener Zeit schlecht bestellt. Nur wenige Kulturen Altamerikas besaßen Schriftsysteme, die deutliche Unterschiede zu europäischen Schriftsystemen aufweisen. Die Knotenschnüre der Inkas, die *Quipus*, waren keine Schrift, sondern verzeichneten Mengenangaben und Zahlen, wobei die Farbe der Schnur auf die Arten der gezählten Gegenstände verwies. Allein in Mittelamerika entstanden ausgetüftelte Schriften mit voller Textfähigkeit. Hier waren die Maya führend, doch auch ihre Zeichen geben der Forschung noch manches Rätsel auf. Sie entwickelten auf Stein, Pergament, Keramik und Rindenbastpapier eine Hieroglyphenschrift. Insgesamt haben nur wenige mesoamerikanische Bilderhandschriften aus vorspanischer Zeit die spanischen Bücherverbrennungen des 16. Jahrhunderts überstanden. Zu den Schriftdokumenten auf anderen Schriftträgern wie Stein, Keramik oder Leder kommen einige wenige Verwaltungsdokumente aus vorspanischer Zeit sowie indianische oder spanische Texte indianischer Autoren, später ergänzt durch die Übernahme indianischer Texte in Arbeiten europäischer Autoren. Die Verbindung unterschiedlicher Traditionsstränge und Perspektiven gewährt kleine kostbare Einblicke in die Geschichte Mittelamerikas. Die Zeit von 1350 bis 1520 ist angesichts der Knappheit und trotz der Befangenheit der teilweise nachträglich manipulierten Quellen relativ gut dokumentiert; auch für die Zeit davor finden sich vereinzelte Belege, jedoch verliert sich die frühe Überlieferung in Mythen und Legenden. Insgesamt erscheint die Situation der schriftlichen Quellen problematisch, und der Tatbestand, daß ein Großteil der indianischen Texte bzw. Texte indianischer Autoren erst nach der Kontaktaufnahme entstand, dürfte ihren Inhalt und Aussagewert beeinflußt haben. So könnten indianische Zustände vor der europäischen Ankunft nostalgisch verklärt, nachträglich entschuldigend oder anklagend vorgestellt worden sein. Ähnlich schwierig steht es um die Interpretation der Texte europäischer Verfasser: Sie verfolgten oftmals eigene, kirchliche oder staatliche Interessen ohne Gespür für die angemessene Darstellung indianischer Lebenswelten. Echtes, offenes Interesse an indianischen Kulturen besaß Seltenheitswert, allerdings zeichneten sich dabei gelegentlich gerade die häufig geschmähten spanischen Missionare aus. Ein spanischer Franziskaner wie Bernardino de Sahagún etwa erwies sich unbewußt als Vorreiter auf dem noch unbekannten Feld der *oral history*. Er befragte Azteken, um so in mehreren Buchbänden deren Sprache, Kultur und Geschichte festzuhalten.[23] Berichte, Briefe und Verwaltungsunterlagen der Kolonialherren bieten zahllose unmittelbare, ungewollte Informationen, die Aufschlüsse über indianische Kulturen vermitteln können. Von großem Wert sind nichtschriftliche Quellen wie Architektur, Kunstobjekte, Gebrauchsgüter oder Textilien etc., kurzum der ganze weite Bereich der materiellen Kultur, die direkt auf uns gekommen ist oder von Archäologen mühsam ausgegraben, durch Radiokarbondatierungen, Pollenanalysen oder medizinische Untersuchungen mühsam rekonstruiert werden. Auch Luftaufnahmen und Satellitenbilder werden nutzbringend angewandt, um frühere Siedlungsräume aufzuspüren.[24]

Dank der vereinten Bemühungen unterschiedlicher Disziplinen konnten viele Erkenntnisse über den Zustand altamerikanischer Gesellschaften gewonnen werden, dennoch bleiben manche Aspekte im Verborgenen oder geben Anlaß zu hitzigen Forschungsdebatten. Mit Rücksicht auf den schwankenden Boden in diesem Bereich beschränkt sich die folgende skizzenhafte Beschreibung des voreuropäischen Amerika auf jene Gesellschaften, die relativ gut erforscht sind.

Die Karibik

Aufgrund der Wind- und Strömungsverhältnisse im Atlantik, des Kurses und seines Ausgangspunktes bildeten die karibischen Inseln zwangsläufig das Ziel für Columbus. Diese paradiesisch anmutende Inselwelt zwischen Nord- und Südamerika wurde, um eine Formulierung von Pierre Chaunu aufzugreifen, zum »Mikrokosmos« spanischer Kolonialpraxis.[25] Dort vollzog sich zuerst, was später im großen Rahmen den mittel- und südamerikanischen Hochkulturen widerfahren sollte: die Zerstörung altamerikanischer Gesellschaften. Die Bewohner der Karibik standen auf zwei unterschiedlichen Entwicklungsstufen menschlicher Kulturformen: Zum einen lebten dort Stammesgesellschaften und Wildbeuter, zum anderen Rang-Gesellschaften, die Häuptlingstümer oder Kazikenherrschaften. Wildbeuter- und Stammesgesellschaften sind zwei Varianten egalitärer Gesellschaften. In ihnen existiert eine Art Chancengleichheit. Die temporäre Führerschaft einer Person basiert auf persönlicher Autorität entweder aufgrund ihres Alters oder bestimmter individueller Leistungen. Das Wirtschaftssystem der Wildbeuter beruht auf Jagd, Fischfang und dem Sammeln von Pflanzen. Wildbeuter sind zumeist Nomaden, ohne festen Wohnplatz und ohne Fähigkeiten, die notwendigen Bestandteile eines Siedlungslebens wie Hausbau oder Vorratshaltung zu bilden. Diese Lebensform kann jedoch auch Folge der natürlichen Gegebenheiten sein, etwa weil Klima und Boden keinen längerfristigen Aufenthalt an einem Ort und seine Nutzung erlauben. Stammesgesellschaften gehen einen entscheidenden Schritt weiter, indem sie die gegebenen natürlichen Bedingungen verändern und durch eigene Aktivitäten verbessern. Sie betreiben Feldbau und leben in Dörfern.

Bei den Rang-Gesellschaften handelt es sich im Gegensatz zu den egalitären Gesellschaften um anders strukturierte Gemeinschaften. Hier entwickeln sich Macht, Autorität und Ansehen nicht aufgrund persönlicher Fähigkeiten, sondern entstehen aus der biologischen Zugehörigkeit zu einer bestimmten Gruppe. Mehrere Dörfer, verbunden durch verwandtschaftliche Beziehungen, unterstehen einer Familie und deren Oberhaupt, dem Häuptling oder – um einen frühneuzeitlichen spanisch-indianischen Terminus aufzugreifen – dem »*Kaziken*«. Die Stellung des einzelnen wie die der Familien konnte einmal durch die Nähe oder Ferne zur Herr-schaftsfamilie, andererseits durch kriegerische Aktivitäten verbessert werden. Nach Meinung von Ursula Dyckerhoff bildeten Kazikentümer überaus variable Gesellschaften mit ausgeprägter Arbeitsteilung und komplexen Wirtschaftsformen. Die Ernährung basierte primär auf einer intensiven Bodennutzung, während Sammeln, Jagen und Fischen zweitrangig wurden. Mit dem Ausbau der Landwirtschaft ging eine stärkere Betonung religiöser Einstellungen einher. Landwirtschaft und Religion bildeten eine enge Verbindung, personifiziert in der Position des *Kaziken*, der über seinen Einfluß auf landwirtschaftliche Erfolge zum Herren über Leben und Tod wurde und zu einem Abkömmling von Göttern hochstilisiert werden konnte.[26]

In den Jahrhunderten vor Christi Geburt wurden die karibischen Inseln von den Ciboneys besiedelt, die möglicherweise aus Florida kamen. Sie besiedelten vor allem die Großen Antillen, Kuba, Hispaniola sowie Trinidad und die Virgin Islands. Sie gehörten zur Gruppe der Wildbeuter, die von Fisch und Muscheln lebten, ohne selbst landwirtschaftlich oder im größeren Rahmen handwerklich tätig zu werden. Ihre Abfallhaufen ermöglichen diese Einordnung und bestätigen den Wert von Müll als ausgezeichnete Quelle historischer Erkenntnisse. Die Ciboneys kollidierten mit einer zweiten Einwanderergruppe, den Arawaken oder Aruaks. Sie stammten aus dem Mündungsgebiet des Orinokos, und einige von ihnen wurden ihrerseits um Christi Geburt durch andere Menschengruppen vom südamerikanischen Festland auf die karibischen Inseln abgedrängt. Völkerwanderungen und Verdrängungen gehörten somit in Amerika wie in Europa zum kollektiven Erfahrungsfundus.

Zunächst siedelten die Arawaken auf Trinidad, Grenada und den Virgin Islands. Sie bildeten zur Kontaktzeit das Gros der »westindischen« (zeitgenössische spanische Bezeichnung) Bevölkerung: Mehrere Gruppen sind zu unterscheiden, wobei einige ihrer Namen keine Selbstbezeichnungen sind, sondern ihnen nachträglich auferlegt wurden. Auf den Kleinen Antillen und Trinidad lebten die Igneri; auf Puerto Rico, Hispaniola, Jamaika und Kuba die Taino. Sie werden als die »Insel«-Arawaken bezeichnet im Gegensatz zu den »Festland«-Arawaken, die weiterhin in Venezuela und Guyana lebten. Über die Bevölkerungsgröße der Arawaken herrscht weitgehend Unklarheit. So schwanken etwa Angaben über die Anzahl der Arawaken auf Hispaniola zwischen einer und drei Millionen.[27] Um 1490 lebten die Arawaken unter der Herrschaft von *Kaziken* in einer streng abgegrenzten Hierarchie. Relativ gut erarbeitet sind die Strukturen der Taino auf den Großen Antillen. An der Spitze der Taino-Gesellschaft standen die *Kaziken*, die von den Spaniern fälschlicherweise als Könige tituliert wurden. Es folgte der Adel, das gemeine Volk und die Unfreien, die sogenannten Naborios. Sklaverei bzw. Formen von Unfreiheit waren den Arawaken bekannt. Die Taino praktizierten unterschiedliche Legitimationen von Herrschaft: An erster Stelle stand das Geburtsrecht. Herrschaft basierte auf der Blutsbindung an eine bestimmte Familie. Fehlten beim Tod eines *Kaziken* blutsverwandte männliche Nachfolger, dann trat ein quasi demokratisches Element in Kraft. In einer Volksabstimmung konnte ein Mann dank persönlicher Autorität zum neuen *Kaziken* gewählt werden. Aufgrund des intensiven Ackerbaus vereinte der *Kazike* religiöse Aufgaben mit administrativen und militärischen Funktionen. Die Taino betrieben ebenso intensiv wie erfolgreich handwerkliche (Bootsbau, Holzbildhauerei und Keramik) und landwirtschaftliche Produktion. Aus ihrer früheren Heimat Südamerika brachten sie Maniok in die Karibik. Aus dieser stärkehaltigen Wurzelknolle gewannen sie Mehl, das zu einer Art Brot, genannt »*cazave*«, verarbeitet wurde. *Cazave* sollte in Zukunft eines der Hauptnahrungsmittel afrikanischer Sklaven in Amerika bilden. Angebaut wurden daneben Mais, Süßkartoffeln, Erdnüsse und Bohnen, die auf aufgeschütteten Pflanzhügeln gesetzt und mit menschlichen Exkrementen und Holzasche gedüngt wurden. Daneben kannten alle Arawaken Ansätze zur Bewässerungstechnik – sie bewässerten ihre Pflanzstellen durch die Anlage von Kanälen und Gräben. Sie lebten in Dörfern unterschiedlicher Größe. Mal bildeten zwei bis drei Häuser eine Siedlungseinheit, mal wuchs die Zahl auf bis zu 1000 Häuser. Bei den einfachen, aus vergänglichem Material gebauten, einräumigen Häusern unterscheidet man zwischen den Rundhütten des Volkes und den Rechteckhäusern der *Kaziken*, in denen der *Kazike* mit seiner Großfamilie lebte. Bei der Versorgung mit tierischem Eiweiß war man auf die Jagd und den Fischfang angewiesen; als fleischproduzierendes Haustier kannten die Arawaken nur Hunde, die zu ihrem eigenen Unglück nicht bellen konnten.[28]

Als dritte Volksgruppe traten schließlich die Kariben auf den Plan. Auch sie verteilten sich auf einzelne »westindische« (zeitgenössische spanische Bezeichnung) Inseln oder lebten auf dem südamerikanischen Festland. Wie die Arawaken organisierten sie sich zu Rang-Gesellschaften, mit einem *Kaziken* an der Spitze. Bis auf die Sprache und die Trennung der Geschlechter (Männerhaus im Dorfzentrum, Frauenhäuser rundherum angeordnet) unterschieden sie sich oberflächlich betrachtet kaum von den Arawaken, allerdings scheint, abgesehen von ihren leistungsstarken Kanus, die bis zu 50 Personen aufnehmen konnten, bei ihnen alles (Anzahl, Siedlungsgröße, Ackerbau und Handwerk) eine Nummer kleiner als bei den Arawaken ausgefallen zu sein. Noch heute geistert durch die einschlägige Forschung die Auffassung, die Kariben seien extrem aggressiv, kriegerisch und brutal gewesen. Fällt der Name »Karibe«, folgt unweigerlich der Verweis auf ihren Kannibalismus. Die Begriffe »Kannibale« und »Karibe« werden synonym benutzt.

Allein diese Meinung, die ihren gruselig-makabren Niederschlag in unzähligen Romanen, Filmen und Illustrationen gefunden hat, beruht auf einem frühneuzeitlichen Vorurteil, in diesem Fall einer wirkungsvollen Kooperation spanischer Klischees und arawakischer Propaganda.

Der größte Teil der Informationen, den die Spanier über die Kariben erhielten, stammte von den Arawaken, den Rivalen der Kariben. Die Arawaken beschrieben die Kariben als wahre Teufel – allzeit kriegslüstern und gewaltbereit. In der Rückschau erscheint dies als klares Beispiel subjektiver Wahrnehmung. Bei den Arawaken spielte offenbar der Krieg für den Erhalt der sozialen Hierarchie und den individuellen Prestigegewinn keine bemerkenswerte Rolle. Von daher empfanden die Arawaken das andersartige Verhalten der Kariben, die kriegerischen Ruhm als Basis der Führerschaft, kriegsgefangene Frauen und Kinder zum biologischen Erhalt der Gemeinschaft und gefangene Männer als Objekte kannibalischer Rituale und eines späteren Trophäenkults benötigten, als Bedrohung. Aus Angst übertrieben sie eventuell ihre Darstellung, indem sie sich selbst und ihr relativ friedliches Miteinander zum Maßstab nahmen. Die Spanier glaubten den arawakischen Aussagen nur zu gerne. Wie alle Europäer rechneten auch die Spanier, angeregt von Sagen, Legenden und Mythen, in der Neuen Welt auf Menschenfresser zu stoßen. Diese Erwartungshaltung war gegeben – und diese Erwartungen mußten erfüllt werden. Daß dieser Großraum ausgerechnet nach den solcherart abqualifizierten Kariben benannt wurde, ist sicherlich Ausdruck der bizarren Mischung aus perverser Sensationslust, Unverständnis für andere Kulturen und wohligem Entsetzen, das nicht nur für die Mentalität frühneuzeitlicher Menschen typisch war. Kannibalismus ist einerseits ein gesellschaftliches Tabu, andererseits war er als Wahnvorstellung in der Alten Welt allgegenwärtig. Alle vermeintlichen Gegner der Christen wurden des Kannibalismus, des rituellen Mordens, des Essens von Menschenfleisch und im übertragenen Sinne des Hostienfrevels als der Beleidigung des Leib Christi beschuldigt: seien es Juden, Hexen oder Ketzer. Wer als »Kannibale« bezeichnet wurde, stand somit außerhalb des christlichen Glaubens und der Welt des europäischen Rechts. Die Abwertung der Kariben als

»überzeugte« Menschenfresser basierte zum einen auf Mißverständnissen, zum anderen auf gezielter Propaganda und Übertreibung. Indem die Spanier die Kariben als leidenschaftliche Kannibalen bezeichneten, die sich stets und ständig von Menschenfleisch ernährten, konnten sie diese Volksgruppe ohne Skrupel versklaven und ihr Land in Besitz nehmen. Nicht alle Indianer, die in europäischen Texten als Kariben bezeichnet wurden, gehörten tatsächlich zu dieser Gemeinschaft. Wiederholt wurden nichtkaribische Indianer von Europäern bewußt als Kariben bezeichnet, um so deren Versklavung rechtfertigen zu können.[29]

Mittelamerika

Auch in dem Gebiet zwischen den beiden Halbkontinenten war es wie auf den karibischen Inseln bis ins Hochmittelalter hinein wiederholt zu Invasionen, Bevölkerungsverschiebungen und Vermischungen unterschiedlicher Völker gekommen. Hier existierten nebeneinander unterschiedliche Hochkulturen, z. B. die der Chibcha, Maya und Azteken. Erst im 14. Jahrhundert verband sich die multiethnische Bevölkerung auf dem Gebiet des heutigen Staates Mexiko zu einer Gemeinschaft, die aus den Stämmen der Mexica und Tenochca bestand. Der heute übliche Name »Azteken«, der von einem mythischen Ort Aztlan abgeleitet wird, setzte sich erst im 18. Jahrhundert durch. Das »aztekische Reich« bildete nach altweltlichen Vorstellungen genaugenommen kein »Reich«, sondern bestand eher aus einer Ansammlung vieler kleiner, etwa 40 bis 60 Stadtstaaten, die einem Bund dreier Städte, Tenochtitlan, Texcoco und Tlacopan am See von Mexiko und deren Herrschern Tribute leisten mußten. Dieses Tributimperium fügte sich zu einem Staat, der kaum den Ordnungskategorien Europas entspricht. Hanns Prem erklärt, es sei leichter zu sagen, was nicht gegeben war: kein geschlossenes, abgegrenztes Territorium, kein einheitliches Recht, keine einheitliche Verwaltung, kein stehendes Heer, statt dessen eine Vielzahl von Sprachen und Identitäten, wobei sich die aztekische Sprache, das Nahuatl, zur allgemeinverständlichen *lingua franca* entwickelte.[30] Das komplexe Gebilde unter der Führung dreier Stadtstaaten geriet im Verlauf des 15. Jahrhunderts mehr und mehr unter die Kontrolle von Tenochtitlan, das heutige Mexiko-City, und der dort herrschenden Familie Colhua. Ihre Führer waren zwar im lokalen Kontext absolute Herrscher, aber ihre Autorität wurde auf überregionaler Ebene nicht unwidersprochen hingenommen. Sowohl die beiden anderen mächtigen Stadtstaaten als auch aufstrebende Herrschaften in anderen Gebieten des lockeren Verbundes versuchten wiederholt die Entwicklung eines Zentrums und eines alleinigen Herrschers zu unterlaufen. Der unmittelbaren Machtausübung selbst eines so mächtigen Herrschers wie Motecuzoma II. (1502–1520), unter dem Tenochtitlan an politischem und militärischem Einfluß gewann, waren Grenzen gesetzt: und zwar Grenzen der Kommunikation. Die Azteken galten als »Fußgängergesellschaft«, sie kannten weder Last- noch Reittiere: Ochsen, Pferde oder Esel gab es nicht. Das Rad war nicht im Gebrauch. Man kannte es zwar, benutzte es aber nur bei Spielzeug und Kunstobjekten. Die Mobilität der Azteken war beschränkt; den Transport von Menschen und Waren erledigten Träger, die trotz ihrer wörtlichen gesellschaftstragenden Funktion wenig Anerkennung genossen, und Wasserfahrzeuge, die den Verkehr zwischen den Städten am See von Mexiko erleichterten.

Die aztekische Gesellschaft gliederte sich in zwei Schichten: Es gab eine Adelsschicht, die circa zehn Prozent der Bevölkerung umfaßte, und die große Menge der Nichtadeligen. Am unteren Ende der sozialen Leiter standen die Sklaven, die jedoch nicht in Unfreiheit geboren waren oder lebenslänglich in diesem Zustand verharrten, sondern infolge von Verkauf, Verschuldung oder krimineller Vergehen zeitweilig ihre Freiheit verloren oder sogar freiwillig darauf verzichten konnten. Das Volk arbeitete in der Mehrzahl als Bauern oder Handwerker. Der Adel besaß das Land, verfügte über die nötigen Arbeitskräfte, lebte zumeist in großen Haushalten, und seine männlichen Angehörigen frönten im Gegensatz zum monogamen Volk der Polygamie. Der Adel stellte auch die Priesterschaft, die neben Kultämtern politische Funktionen übernahm. Nach aztekischer Vorstellung gab es eine Ordnung des Kosmos, der auch die zahlreichen Götter unterworfen waren. Der Fortbestand der Welt war stets gefährdet, und sie lebte nur fort, wenn sich Götter opferten und sie durch den eigenen Tod im Feuer neuerschufen. Die Götter mußten aber milde gestimmt werden, und zwar durch das wertvollste, das die Azteken kannten: durch das Opfern von Menschen, ihrer Herzen und ihres Bluts. Diese Wertschätzung galt auch bei den Spaniern. Auch Katholiken verehren das Blut Christi in der Gralssage oder in Blutreliquien und Blutwundern. Gerade die Jesuiten, die sich im 16. Jahrhundert besonders intensiv mit der Missionierung der Indianer beschäftigten, entwickelten eine spezielle Form der Christusverehrung, die Herz-Jesu-Frömmigkeit. Derartige Vergleiche wurden jedoch aus verständlichen Gründen nicht angestellt. Ganz im Gegenteil beurteilten die Spanier den Blutrausch der Azteken als Beweis für deren Verworfenheit, Bosheit und Unmenschlichkeit.

Kriege, die Azteken anzettelten, verfolgten mehrere Ziele: Sie dienten nicht nur politischen und materiellen Zielen (Besitzvergrößerung, Bestrafung oder Machtdemonstration), sondern auch kultisch-religiösen Zwecken. Menschen sollten gefangen werden. Kriegsgefangene wurden den Göttern geschenkt, um den Fortbestand der Welt zu sichern. Kriege und Kriegsgefangene hatten für die Azteken sehr spezielle Bedeutungen. Sowohl die Krieger als auch die Opfer konnten besonderes Ansehen gewinnen. In Verbindung mit den wiederholt auftretenden Hungersnöten, die als göttliche Strafen interpretiert wurden, und der Überbevölkerung – allein in Tenochtitlan lebten 150 000 – 300 000 Menschen – machte sich um die Wende vom 15. zum 16. Jahrhundert eine aggressiv-pessimistische Grundstimmung bei den Azteken breit. Man könnte sie als Existenzangst und Weltuntergangsstimmung bezeichnen. Die Folge waren vermehrte Kriegszüge, mit denen man die eigene Furcht und Unsicherheit kompensieren wollte.[31]

Die latente Krisenstimmung bildete den Hintergrund der Regierung des Motecuzoma II. Zwar konnte er seine Position in seiner Stadt und über deren Grenzen hinaus ausbauen, indem er das Gottesgnadentum seiner Herrschaft betonte, aber gerade sein Anspruch, er sei unmittelbar von den Göttern eingesetzt, und seine Dominanz innerhalb des Dreibundes, der als Bündnis gleichrangiger Partner angelegt worden war, vergrätzte seine Kollegen. Sein Eingreifen in Erbstreitigkeiten in Texcoco endete mit einem Kompromiß: Motecuzoma II. konnte 1515 seinen Wunschkandidaten durchsetzen, aber nur um den Preis, daß er sich mit zwei weiteren Kontrahenten abfinden mußte. Innerhalb der aztekischen Eliten schwelten Spannungen, Rivalitäten und Mißtrauen, die den Spaniern ideale Ansatzstellen bieten sollten, um Keile in das aztekische Machtgefüge zu treiben.

Die aztekische Gesellschaft basierte auf Landwirtschaft, deren Produkte in Form von Tributen an den Dreibund gingen. Wie bei den Arawaken und Kariben bildeten auch bei den Azteken Mais und Bohnen die Grundnahrungsmittel. Die Azteken verspeisten Kürbisse, Ananas, Paprikaschoten, Tomaten, tranken »bitteres Wasser«, *xocóatl* oder *chocolatl*, oder delektierten sich an Masthunden, Truthähnen, Enten und Wachteln. Der Absatz der Überschußproduktion konzentrierte sich wie in der Alten Welt in den urbanen Zentren, wobei das Angebot der Nachfrage oftmals nicht entsprach. Hochentwickelte Städte bildeten das Gegenstück zur ländlichen Welt. Aztekische Städte suchten ihresgleichen – europäische spätmittelalterliche/frühneuzeitliche Städte konnten weder in Hinblick auf die Bevölkerungszahl noch in Hinblick auf die Stadtanlagen mithalten: Städte wie Tlatelolco waren großflächig angelegt, relativ reinlich mit gemauerten Häusern, Kanälen und weitläufigen Tempelbezirken mit Ballspielplätzen, die kultischen Zwecken dienten. Hernán Cortés, der spanische Eroberer Mexikos, konnte sich 1519 kaum beruhigen über die Schönheit der aztekischen Städte und erging sich, ansonsten kein Bewunderer indianischer Kultur, in begeisterten Beschreibungen über die Pracht aztekischer Märkte und deren Warenvielfalt.[32] Angesichts der außergewöhnlichen Leistungen der Azteken in der Architektur, der Landwirtschaft und der Bewässerungstechnik ist es erstaunlich, mit welch einfachen Mitteln diese Leistungen erbracht wurden. Hanns Prem vertritt die Meinung, in handwerklicher Beziehung hätten sich die Azteken auf dem Niveau europäischer Steinzeitmenschen befunden: Ihre Werkzeuge bestanden aus Stein bzw. vulkanischem Material; die Metallverarbeitung beschränkte sich auf Gold und Kupfer, beide Materialien wurden nur für Schmuckgegenstände verwandt, standen jedoch auf der Werteskala hinter Federn und Kakaobohnen, die auch als Zahlungsmittel benutzt wurden.[33]

Die zweite Hochkultur Mittelamerikas, das Volk der Maya, befand sich unmittelbar vor Ankunft der Spanier in einem Zustand des Verfalls. Die Maya erlebten ihre Blütezeit im frühen Mittelalter (300–850); damals entstanden die Städte Palenque, Tikal oder Chichén Itzá mit ihren Stufenpyramiden, Kultbauten und Ballspielplätzen. In den Gebieten Astronomie und Mathematik brachten es die Maya zur wahren Meisterschaft: Ihre sakralen Gebäude fungierten u. a. als überdimensionale Kalender, um den zahlreichen Schutzgottheiten termingerecht zu huldigen. Es gab Götter für jede Lebenslage: Die oberste Gottheit war der Sonnengott, seine Gattin war die Mondgöttin. Es gab Götter des Regens, des Windes oder der Landwirtschaft, die schon relativ früh, in der vorklassischen Periode, etwa 500 v. Chr., einen hohen Stand erreicht hatte. Mit einfachen Mitteln und ohne Pflug wurden diverse Pflanzen angebaut, darunter auch Mais, und Überschüsse produziert, so daß die Maya lebhafte Fernhandelskontakte über Hunderte von Kilometern hinweg aufbauen konnten. Die neuerliche Belebung des Fernhandels im Hoch- und Spätmittelalter wird ebenso wie die zunehmende Gewalttätigkeit der Maya auf den Einfluß der expansiven Tolteken zurückgeführt. Ihre religiösen Rituale wurden brutaler, und die Bedeutung der Kriegerkultur wuchs. Kurz vor Ankunft der Spanier hatte sich ein Bündnis bedeutender Mayastädte in einem blutigen Wirrwarr von Feindschaft und Rivalität aufgelöst.[34]

Südamerika

Die Andenregion: Dieser Raum entspricht im wesentlichen den heutigen Staaten Peru, Bolivien, Ecuador und Chile. Will man seine voreuropäische Vergangenheit erforschen, ist man weitgehend auf archäologische Arbeiten angewiesen, die jedoch nach Meinung von Ursula Dyckerhoff noch hinter der Erforschung Mittelamerikas zurückfallen. Seine Geschichte folgt einer speziellen Chronologie, den sogenannten »Horizonten«. In diesem Kontext interessiert der »späte Horizont«, die Jahre 1476 bis 1534, unmittelbar vor dem spanischen Erscheinen. Das Charakteristische jener Phase liegt in der Vormachtstellung der Inka. Die Inka waren Kolonialherren, die um die Mitte des 15. Jahrhunderts unter dem Usurpator Pachacútec Inka (1438–1471) die Initiative egriffen, zahlreiche fremde Kazikentümer unter ihre Herrschaft brachten und mit militärischer Gewalt innerhalb weniger Jahrzehnte ein politisches System etablierten, das seinesgleichen sucht: Seine Längenausdehnung betrug circa 4000 Kilometer, von der heutigen Grenze zwischen Ecuador und Kolumbien bis etwa zum heutigen Santiago de Chile.[35]

Der Staat war seit circa 1470 in vier »Weltgegenden« untergliedert, die nach Ethnien getrennt mehrere Provinzen bildeten. Geleitet wurden sie von nahen Verwandten der führenden Herrscherdynastie, den Inka. Sie herrschten göttergleich als »Söhne der Sonne« über Adel, Volk und Abhängige. Unter ihrer Führung entstand das Mita-System, das die Spanier später aufgreifen sollten: eine Organisation von Zwangsarbeit für Straßenbau, Landwirtschaft, Bewässerungsgräben oder Kriegsdienst. Religion, Wirtschaft und Gesellschaft der Inka zielten darauf ab, ein homogenes Staatsvolk zu schaffen. In diesem Sinne propagierten die Inka landesweit eine *pax incaica*, die bei den Untertanen auf relativ wenig Zustimmung stieß. Viele der unterworfenen Volksgruppen wehrten sich gegen die Dominanz der Inka. Die Folge davon waren auch im Inkareich Unzufriedenheit, Spannungen und Widerstand gegen die aktuellen Machthaber, die kurz vor der Ankunft der Spanier in einen blutigen Elitenkonflikt umgeschlagen waren. Im Gegensatz zu den Azteken litten die Inka jedoch nicht unter religiös und wirtschaftlich motivierten Existenzängsten: Die Wirtschaft scheint relativ gut funktioniert zu haben. Auch die Kommunikation in dem weiten Reich klappte erstaunlich gut; es gab ein Botenwesen. In Ermangelung von Transportmöglichkeiten waren die Stafettenläufer auf ihre eigenen Füße angewiesen. Lamas und Alpacas dienten als Tragtiere, als Fleisch- und Wollieferanten, aber nicht als Reittiere. Grundnahrungsmittel waren wie in Mittelamerika Mais, Bohnen, Maniok, vor allem aber Kartoffeln, die durch Gefriertrocknung haltbar gemacht wurden. Trotz allem Wohlstand und der Leistungen auf dem Nahrungsmittelsektor wurden die Inka als Besatzungsmacht empfunden, die man abschütteln wollte. Auch dort sollten die Spanier ein leichtes Spiel haben: Das Inka-Reich bot die nötige Infrastruktur; es gab genügend Unzufriedene, und die gesellschaftliche Struktur glich in vielem Alteuropa, so daß ein Austausch der Führung den Spaniern kaum Probleme bereiten sollte.

Neben der Hochkultur der Inka gab es in Südamerika noch diverse Stämme, die von der Jagd, dem Fischfang und dem Sammeln von Pflanzen lebten. Schließlich sollten noch die Bewohner der Regenwälder erwähnt werden. Die sogenannten Urwaldindianer Brasiliens und Amazoniens aus den Sprachfamilien der Ge und Tupí waren beileibe nicht die einfachen Nomaden, die von der Hand in den Mund lebten: Auch sie praktizierten effektiven Ackerbau, vor allem produzierten sie Maniok. Insgesamt schätzt man die Bevölkerung Mittel- und Südamerikas, ausgenommen Brasilien, vor der Ankunft der Europäer auf circa 35 Millionen.[36]

Nordamerika

Nordamerika bietet eine solch verwirrende Vielfalt von indianischen Völkern, daß sich die Beschreibung auf eine Auswahl beschränken muß. Im wesentlichen befanden sich die indianischen Völker Nordamerikas vor der Kontaktperiode auf zwei Gesellschafts- und Kulturstufen: Es existierten Wildbeuter- und Sammlergesellschaften unterschiedlicher Größe, und es fanden sich Häuptlingstümer unterschiedlicher Ausprägung, die als territorial engbegrenzte Dorfgemeinschaften mit wenigen Bewohnern oder als größere Bevölkerungsansammlungen auf dem Sprung zur Hochkultur in Erscheinung treten konnten.

Wie in den anderen Kulturarealen Amerikas herrscht auch in Nordamerika weitgehend Unklarheit über die Anzahl der indigenen Bevölkerung Altamerikas. Den Indianern mangelte es an technischen Voraussetzungen demographischer Angaben, den Europäern fehlten sowohl die praktischen Möglichkeiten als auch das Interesse an Volkszählungen. Die wenigen Angaben in europäischen Quellen der Frühen Neuzeit beruhen entweder auf subjektiver Wahrnehmung oder folgen traditionellen Zahlenvorstellungen, wonach man furchteinflößende Menschenmengen mit symbolträchtigen Zahlen belegte. Erwähnten Reiseberichte 10000 oder eine Million Indianer, so bedeutete dies nicht, daß man exakt diese Anzahl Indianer gezählt hatte – es bedeutete vielmehr, daß man eine Menschenansammlung in Zahlen faßte, die im allgemeinen Bewußtsein die Vorstellung von vielen Menschen entstehen ließen.

Man ist also auf spätere Angaben und Schätzungen angewiesen, die aufgrund archäologischer Befunde die Populationszahlen rekonstruieren. Manche Schätzungen, die die Forschung vorgeschlagen hat, dienten nicht allein wissenschaftlicher Erkenntnis. Gerade in den USA geriet gegen Ende des 19. Jahrhunderts die Diskussion über die Größe der voreuropäischen Indianerbevölkerung Nordamerikas in den Sog ideologischer Parteinahme. 1895 entwickelte der US-Historiker Frederick Jackson Turner sein Konzept der »*frontier*«: Danach habe sich seit der Antike die Grenze der Zivilisation von Ost nach West ausgebreitet. Er verstand die Vorgänge des 16. und 17. Jahrhunderts vor allem als Kulturtransfer: Die zivilisierten Europäer hätten die Kultur in das unzivilisierte Amerika gebracht. Die »*frontier*« war die Grenze zwischen Kultur und Unkultur, zwischen beherrschtem Land und unkontrollierter Wildnis. Ohne es zu bemerken, übernahm Turner die Gedankengänge europäischer Theologen und Philosophen der Frühen Neuzeit, die ähnlich argumentiert hatten, um die Expansion zu rechtfertigen.[37] Der Kern war also im 16. wie im 19. Jahrhundert der Umgang mit Land. Wenn man erklärte, Indianer seien Wilde jenseits der Zivilisationsgrenze, sagte man zugleich, sie seien Nomaden, die das Land nicht nutzten und die Wildnis nicht bändigten. Daraus erwuchs der Mythos des »inkompetenten Wilden«, den man aufgrund seiner angeblichen Unfähigkeit zur Seßhaftigkeit und Landwirtschaft als minderwertig beurteilte – minderwertig sowohl im Hinblick auf seinen Intellekt als auch seine Arbeitskraft. Daraus folgerte man, die Indianer seien unfähig gewesen, große Populationen zu ernähren, um so mehr, als die voreuropäische Landwirtschaft vor allem von Frauen erledigt wurde. Turner oder sein Schüler Walter Prescott Webb glaubten, die »*frontier*« scheide die bevölkerungsreichen Europäer von den bevölkerungsarmen Indianern, die auch aufgrund ihrer geringen Anzahl jeden Anspruch auf Landbesitz verwirkt hatten. Angaben über die Größe der indianischen Bevölkerung wurden so zum Mittel nachträglicher Rechtfertigung europäischer Landnahme. In diesem Sinne erklärte der Turner-Schüler Webb, die indianische Bevölkerung auf dem Gebiet der heutigen USA habe vor der Kontaktzeit höchstens 500 000 Menschen betragen. Andere Historiker gingen von rund vier Millionen Indianern aus. Mittlerweile pendeln die Schätzungen zwischen den Extremen zehn und 112 Millionen.[38]

Die indianische Vielfalt Nordamerikas teilt Wolfgang Lindig in mehrere Kulturareale ein.[39] Hier interessieren diejenigen Völker, die im 16. und 17. Jahrhundert mit Europäern dauerhaft in Berührung kamen: die Pueblo-Indianer des Südwestens und die Indianervölker im Nordosten und Südosten des nordamerikanischen Kontinents. Die Pueblo-Indianer auf dem Gebiet der heutigen US-Bundesstaaten Arizona und Neumexiko, die Hopi und Navajo, nehmen in Nordamerika eine kulturelle Sonderstellung ein, insofern als sie die ersten Stufen auf der Leiter zur Hochkultur bereits erklommen hatten. Sie betrieben trotz ungünstiger Umweltbedingungen in Gestalt extrem heißer Sommer, kalter Winter und karger Vegetation eine intensive Landwirtschaft. Ihr Erfolg beruhte auf ausgefeilten Bewässerungstechniken, durch die sie das Potential der an sich guten Böden erschließen konnten. Die landwirtschaftlichen Erfolge der Pueblo-Indianer, vor allem ihrer weiblichen Vertreter, verbanden sich mit der Entstehung komplexer Sozialstrukturen. *Kaziken* herrschten über bäuerliche Großfamilien, die ihrerseits von Frauen dominiert wurden. Bis zu 6000 Menschen lebten in mehrstöckigen, dauerhaften Lehmziegelhäusern. Angebaut wurden Mais, Bohnen, Kürbisse, Tabak und Baumwolle, die gesponnen und zu Kleidung oder Decken verwebt wurde. Die Navajo lebten in Nachbarschaft mit dem ihnen sprachlich engverwandten Volk der Apachen, die sich allerdings auf einem anderen Kulturniveau befanden. Sie fristeten als Wildbeuter unter armseligen Bedingungen ihr kärgliches Dasein und waren weit entfernt von dem hehren Mythos und Ruhm, den Schriftsteller und Filmregisseure um ihren Namen ranken sollten.

Die Indianer des Südostens Nordamerikas, zwischen Appalachen und Everglades, befanden sich mehrheitlich auf der Stufe seßhafter Bodenbauergemeinschaften, die wie die Pueblo-Indianer *Kaziken* unterstanden. Mit primitivem Werkzeug und in mühsamer Arbeit bebauten sie ihre Felder mit Mais, Bohnen und Kürbissen. Durch die Jagd auf Rotwild, Bären und wilde Truthähne komplettierten die Südost-Indianer ihren Speiseplan. Gelegentlich wagten sich einige von ihnen in die Prärien vor, um zu Fuß Bisons zu jagen. Lediglich die Calusa, ein Stamm auf dem Gebiet des heutigen Florida, fielen aus der Reihe: Sie waren der einzige Stamm jener Gegend, der keine Landwirtschaft betrieb und auf die Nutzung naturgegebener Ressourcen angewiesen war. Insgesamt wird die Zahl der südöstlichen Waldindianer für den Zeitraum von 1500 bis 1520 auf knappe 150 000 bis 200 000 Menschen geschätzt.[40] Diese relativ kleine Anzahl gliederte sich in eine Vielfalt von Stämmen wie die der Cherokee, Chickasaw, Choctaw, Creek oder Natchez, die im unteren Mississippital wohnten. Gerade die Natchez vermitteln Hinweise auf interkulturelle Kontakte in Altamerika. Sprache, Kultstätten, rituelle Ballspiele und Religion der Natchez verweisen auf mittelamerikanische Kultureinflüsse. Eventuell wurde dort bereits der Mississippi als Wasserstraße und Kommunikationsweg genutzt. Die freiwillige oder erzwungene Übernahme fremder Kulturen betraf jedoch nicht die Größe der Stammesorganisation – die Natchez bildeten keine Staatsformen nach mittelamerikanischem Vorbild, sondern lebten in Dörfern, die aus den Häusern der Stammesmitglieder und den komplexen Höfen gesellschaftlich höher angesiedelter Familien bestanden. Jedes dieser Dörfer besaß einen Mittelpunkt in Form einer *Plaza* mit den Kultstätten, dem Ballspielplatz und Holzstangen, die Zeichen der Gemeinschaft trugen.[41] Auch die Natchez kannten eine Art Sklaverei, allerdings glich sie kaum der europäischen Form. Sklaverei war eine Folge von Kriegsgefangenschaft, wobei die Betroffenen jedoch nicht ihr restliches Leben in diesem unglückseligen Zustand verbrachten, sondern allmählich in die Gemeinschaft der Gegner integriert werden konnten. Zur »natürlichen Reproduktion« gesellte sich einmal diese Art des Bevölkerungswachstums, zum anderen aber auch eine Möglichkeit, die offenbar bei vielen indianischen Gesellschaften bestand: Fremde konnten von Stammeszugehörigen adoptiert und in deren Familienverband eingegliedert werden. Von der traditionellen Bereitschaft der Indianer, ihre Gemeinschaft Fremden zu öffnen, sollten in der Zukunft manche Europäer, Männer wie Frauen, profitieren.

Diese Haltung fand sich auch bei den Indianern im Nordosten des nordamerikanischen Kontinents. Ihr Lebensraum umfaßte in etwa das Gebiet zwischen dem St. Lorenzstrom im Norden, der Chesapeake-Bay im Süden, dem Mississippi im Westen und der atlantischen Küste. Bis weit in die Kontaktzeit hinein erstreckten sich dort riesige Wälder. In dieser reichlich mit Seen, Flüssen und Bächen durchsetzten Landschaft lebten die Angehörigen zweier indianischer Sprachfamilien: Die Algonkin sprechenden Stämme befanden sich in der Überzahl gegenüber denjenigen Gruppen, die sich des Irokesischen bedienten. Trotz ähnlicher Umweltbedingungen durchliefen Algonkins und Irokesen unterschiedliche kulturelle Entwicklungen. Der überwiegende Teil der Algonkins befand sich noch auf der Stufe einfacher Wildbeuterkulturen. Ein anderer, kleiner Teil durchlief unmittelbar vor der Kontaktzeit eine Umbruchsphase insofern, als diese Algonkinstämme gerade erste Anstrengungen zum Aufbau von Häuptlingstümern unternahmen. Zu den Algonkins gehörten Konföderationen wie die der Abnaki, eine Vereinigung der Micmac, Malecite, Penobscot und Passamaquoddy, oder die weiterhin selbständigen Stämme der Pennacook, Massachusetts, Narragansett, Mohegan, auch bekannt als Mohikaner, und der Delawaren. Sie alle zogen die Jagd dem Bodenbau vor, der mit einfachen Werkzeugen und wenig Begeisterung betrieben wurde. Landwirtschaft trat zumeist als Gartenbau in Erscheinung und fiel in den Zuständigkeitsbereich der Frauen. Auf Düngung wurde weitgehend verzichtet. Nur die neuenglischen Stämme in Küstennähe versahen ihre Pflanzstellen mit Fischresten und Muschelschalen. Fischfang und Jagd auf Kleintiere gehörten hingegen zur Arbeitsdomäne der Männer. Die Wälder wurden wie das Land als Gemeinschaftseigentum empfunden. Der Anspruch auf die Umwelt entstand nur temporär – er war an die aktuelle Nutzung in Gestalt der Jagd oder des Pflanzens und Erntens gebunden. Zur erfolgreichen Jagd gehörte auch ein bestimmtes Maß an Mobilität: Die Algonkins erreichten dies, indem sie sich mit Kanus aus Baumrinde die zahlreichen Wasserläufe zunutze machten. Ihr Nomadentum zeigte sich auch in ihren Wohnformen: Überwiegend lebten sie in Wigwams, die schnell hergestellt, auf- und wieder abgebaut waren, wenn das Jagdglück ausblieb oder die Früchte abgeerntet waren. Hölzerne Langhäuser verwiesen schon auf die Bereitschaft zur Seßhaftigkeit. Entsprechend ihrer egalitären Gesellschaftsordnung, die wenig soziale Unterschiede kannte, gestaltete sich ihre religiöse Welt. Sie verehrten keine Götterhierarchie, sondern glaubten an ein reichhaltiges Arsenal gleichrangiger Geister, die allgegenwärtig sein konnten. Vor allem huldigten sie individuellen Schutzgeistern, den *Manitous*, die sich dem einzelnen Menschen jedoch erst nach harten Kasteiungen offenbarten.

Die Irokesen hatten den Sprung zu komplexen Herrschaften schon lange geschafft. In den drei Bereichen Religion, Gesellschaft und Landwirtschaft entsprachen sie, die auf dem Gebiet des heutigen US-Bundesstaats New York und im Bereich der Großen Seen inmitten der Algonkins siedelten, perfekt dem Modell hochstehender Kazikenherrschaft. Die Huronen, Mohawks, Oneida, Onondaga, Cayuga und Seneca lebten in Großfamilien von 20 bis 200 Personen in einem Giebeldachhaus zusammen, wobei die Frauen in diesen Klans das Regiment führten. Mehrere Klane bzw. Häuser bildeten ein Dorf unter einem Häuptling. Mehrere Dörfer, die ihren Zusammenhalt aus der Abstammung gemeinsamer Ahnfrauen bezogen, bildeten einen Stamm, der von einem Häuptlingsrat geleitet wurde. Ihr ausgeprägtes Hierarchiedenken spiegelte sich in ihrer Religion. Die Irokesen verfügten über einen reichen Pantheon von Gottheiten, zu denen Schutzgeister und Götter gehörten. Wie die Algonkins verfügten auch die Irokesen über ausgezeichnete Fähigkeiten als Jäger und Fischer. Ihren wirtschaftlichen Vorsprung gegenüber den Nachbarn verdankten sie allerdings den landwirtschaftlichen Leistungen, vor allem denen ihrer weiblichen Stammesmitglieder. Deren landwirtschaftliche Produktivität könnte ein Grund für den hohen Rang und das Mitspracherecht der Frauen bei politischen Belangen gewesen sein. Die Irokesen kannten und kultivierten über 200 Nahrungspflanzen, darunter 17 Sorten Mais oder 60 Sorten Bohnen. Da die Böden mit dem Grabstock nur oberflächlich bearbeitet wurden und Düngung den Irokesen unbekannt war, war das Land relativ schnell erschöpft und nährstoffarm. Die Anbauflächen wurden aufgegeben und die Siedlungen verlagert, jedoch blieb man innerhalb eines Gebiets, das man durch die Gräber der Vorfahren als Stammesareal verstand. Bei den Irokesen fanden sich demnach definierte Vorstellungen von Besitz, Gemeinschaft und Geschichte. Das Bewußtsein einer gemeinsamen Identität dürfte durch die wirtschaftlichen Erfolge begünstigt worden sein. Die Lebensmittelversorgung bei den Irokesen erwies sich oftmals als so gut, daß man nicht nur Vorräte für den eigenen Bedarf anlegte, sondern Überschüsse produzierte, die im regionalen und sogar im überregionalen Handel angeboten wurden. Die Flüsse und die ausgezeichneten wassersportlichen Qualitäten der Waldindianer ermöglichten die Kommunikation zwischen räumlich voneinander entfernten indianischen Gesellschaften Nordamerikas. Auch sie kannten weder Reittiere noch Tragtiere. Dank Boots- und Fußverkehr war im voreuropäischen Nordamerika ein weitgespanntes Handelsnetz entstanden. *Wampum* oder *seawant*, Geld aus Muscheln und Meeresschnecken, fungierte landesweit als Handelseinheit und half beim Verkauf von irokesischem Mais, algonkinschen Pelzen und Häuten oder den handwerklichen Produkten der Pueblo-Indianer. Insgesamt scheinen die in vielem so unterschiedlichen Nachbarn Irokesen und Algonkins bis zur Ankunft der Europäer einen modus vivendi gefunden zu haben. Keineswegs erfreuten sie sich idyllischer Harmonie, auch sie gerieten gelegentlich in Hader, interne Konflikte gehörten zur Normalität, und Kampfruhm entschied über die Rangordnung innerhalb eines Volks, doch waren die Streitereien nicht von langer Dauer und führten nicht zur gegenseitigen Verdrängung.[42]

Fazit: Altamerika glich in vielen Bereichen Europa. Unmittelbar vor der Kontaktzeit existierte eine Fülle von Kulturen, Rassen und Völkern, deren Erfahrungen sich in vieler Hinsicht mit denen der Europäer deckten. Altamerika kannte ein weites Spektrum an Gesellschaftsformen, kannte Invasionen, Kriege und Kolonialherren, kannte Freiheit und Unfreiheit, Ausbeuter und Ausgebeutete, kannte Religionen, kannte eine Vielfalt von Herrschaftslegitimationen, kannte interne Spannungen und Elitenkonflikte, kannte Urbanität und Ländlichkeit und übte sich im Austausch von Menschen, Waren und Ideen – kurzum: Das Amerika vor den Europäern besaß Geschichte und Menschen, befand sich jedoch gegenüber Europa auf einer tieferen Stufe technologischer Entwicklung.

Erste Kontakte: Europäer und Amerikaner entdecken einander

Die ersten direkten Kontakte zwischen Menschen unterschiedlicher Kontinente und Kultur besaßen eine eigentümliche Dramatik und Faszination. Zeitgenössische Texte vermitteln noch eine Ahnung dieser besonderen unwiederbringlichen Momente, als Menschen zweier alten Welten aufeinandertrafen.

»Vor langer Zeit, als die Indianer noch nichts wußten von solchen Dingen wie Leuten mit einer weißen Haut, erspähten einige von ihnen ... etwas bemerkenswert Großes, das auf dem Wasser [= Meer] schwamm ... und ihnen noch nie zuvor zu Gesicht gekommen war ... Einige meinten, es sei entweder ein ungewöhnlich großer Fisch oder ein anderes Tier, während andere der Ansicht waren, es müsse irgendein sehr großes Haus sein. Da die Erscheinung sich auf das Land zubewegte, kamen die Beobachter ... überein, daß es ... gut wäre, allen Indianern mitzuteilen, was sie gesehen hatten, und sie zu warnen. Demgemäß sandten sie Boten zu Lande und zu Wasser aus, um die Nachricht ihren im ganzen Gebiet verstreuten Häuptlingen zu überbringen, damit sie ihrerseits von überall her die Krieger zusammenrufen konnten. Letztere kamen in großer Zahl und beobachteten selbst die seltsame Erscheinung ... sie schlossen, es müsse ein großes Kanu oder Haus sein, in dem sich Manitou (das große oder höchste Wesen) selbst befinde, der sie wahrscheinlich besuchen wolle. Unterdessen hatten sich die Häuptlinge ... versammelt und berieten, wie sie ihren Manitou bei seiner Ankunft empfangen sollten. Man hatte alles veranlaßt, um viel Fleisch für ein Opfer zur Hand zu haben; die Frauen waren angewiesen worden, das beste an Lebensmitteln vorzubereiten; Idole oder Standbilder wurden überprüft und in Ordnung gebracht; außerdem dachte man, ein großer Tanz würde Manitou nicht nur angenehme Unterhaltung bieten, sondern auch, zusammen mit dem dargebrachten Opfer, dazu beitragen, ihn zu beruhigen, falls er auf sie böse sein sollte. Auch die Medizinmänner mußten sich an die Arbeit machen, um über die Bedeutung dieser Erscheinung und deren Folgen Auskunft zu geben. Zu ihnen sowie zu den Häuptlingen und den Weisen des Volkes blickten Männer, Frauen und Kinder auf, um Rat und Schutz zu erhalten. Zwischen Hoffnung und Furcht begann ein Tanz.

[Boten erklärten], es handle sich um ein großes, mit verschiedenen Farben bemaltes Haus, das voll von Leuten sei, die indessen eine ziemlich andere Hautfarbe aufwiesen als sie selbst; sie seien auch anders gekleidet, einer insbesondere ganz in Rot, dabei handle es sich wohl um Manitou selbst. Bald darauf wurden die Indianer ... angerufen, doch in einer Sprache, die sie nicht verstanden; sie riefen aber auf ihre Weise zurück. Viele wollten davonrennen in die Wälder, wurden aber von den anderen genötigt zu bleiben, um die Besucher nicht zu beleidigen, die sie hätten ausfindig machen und vernichten können.

Das Haus ... hielt an, und ein kleineres Kanu kam mit dem rotgekleideten Mann und einigen anderen Männern an Land; ... Die Häuptlinge und die Weisen hatten einen großen Kreis gebildet, dem sich der rotgekleidete Mann und zwei weitere Männer näherten. Der Mann in Rot grüßte sie in freundlicher Manier, und sie gaben den Gruß gemäß ihren Gewohnheiten zurück. Sie waren erstarrt vor Verwunderung – Verwunderung ob der Hautfarbe der Weißen und auch ob der Art ihrer Kleidung, vor allem aber ob der Erscheinung desjenigen, der die rote Kleidung trug, an der etwas Glänzendes, ihnen Unerklärliches, befestigt war. Er muß der große Manitou sein, dachten sie, aber weshalb sollte er eine weiße Haut haben? Daraufhin brachte einer der Diener des Manitou einen [Behälter], aus dem eine Flüssigkeit in einen kleinen Becher geleert und dem Manitou übergeben wurde. Er, der Manitou, trank den Becher leer, ließ ihn erneut auffüllen und reichte ihn dem neben ihm stehenden Häuptling zum Austrinken. Dieser nahm den Becher, roch aber nur daran und gab ihn dem nächsten Häuptling, der dasselbe tat ... Man war schon nahe dabei, ihn dem rotgekleideten Mann wieder auszuhändigen, als einer der Indianer, ein beherzter Mann und großer Krieger, aufsprang und der Versammlung eine feierliche Rede hielt über die Ungehörigkeit, den Becher voll wieder zurückzugeben. Dieser sei ihnen von Manitou gereicht worden ... wenn sie ihm aber nun das zurückgäben, was er ihnen angeboten habe, werde dies ihn vielleicht verärgern, worauf er sie vernichten könnte. Und da er der Überzeugung sei, es geschehe zum Wohle des Volkes, daß der Inhalt des angebotenen Bechers getrunken werde, und da niemand willens sei, dies zu tun, tue er es selbst ... Es sei besser, ein einziger Mann sterbe, als daß das ganze Volk untergehe. Worauf er den Becher nahm, der Versammlung Lebewohl sagte und ihn leerte ... er begann alsbald zu wanken, und als er schließlich zu Boden fiel, brachen die Indianer in Klagen aus. Er sank in tiefen Schlaf, und sie dachten, er stürbe. Dann aber wachte er wieder auf, sprang auf und erklärte, er habe sich noch nie so glücklich gefühlt wie nach dem Leeren des Bechers. Der Krieger wünschte mehr von der Flüssigkeit, was ihm gewährt wurde. Die gesamte Versammlung folgte bald seinem Beispiel und verfiel dem Rausche. Nachdem dieser allgemeine Rausch verflogen war, kam der Mann mit der roten Kleidung wiederum zu den Indianern und verteilte Geschenke unter ihnen, nämlich Glasperlen, Äxte, Hacken, Strümpfe usw. Man war nun miteinander vertraut geworden, und die Weißen gaben den Indianern mit Hilfe von Zeichen zu verstehen, daß sie nun nach Hause zurückkehrten ...«[43]

Diese Beschreibung der Entdeckung niederländischer Seefahrer unter der Führung des Engländers Henry Hudsons durch die Delawaren um 1609 korrespondiert mit einem früheren Kontakterlebnis. 1524 segelte der Italiener Giovanni da Verrazzano im Auftrag des französischen Königs nach Amerika. Auf der Suche nach einer Durchfahrt zu den asiatischen Gewürzinseln erkundete Verrazzano die amerikanische Ostküste zwischen den Carolinas und Neufundland. Über seine Erlebnisse bei einem Stamm der Algonkins im Küstenbereich der heutigen Carolinas berichtete er ausführlich seinem Dienstherrn:

»Als wir uns auf eine Viertelmeile genähert hatten, bemerkten wir wegen der großen Feuer, die am Seeufer brannten, daß es bewohnt war ... Wir ankerten vor der Küste und schickten das kleine Boot an Land. Wir hatten viele Menschen gesehen, die an den Strand kamen und, als sie sahen, daß wir uns näherten, flohen, manchmal stehenblieben, sich zurückwandten und uns mit großer Bewunderung anschauten. Wir beruhigten sie durch verschiedene Zeichen, einige von ihnen näherten sich nun, zeigten große Freude, uns zu sehen, bewunderten unsere Kleider, Gestalt und weiße Haut und machten uns durch verschiedene Zeichen darauf aufmerksam, wo wir mit dem kleinen Boot ... landen könnten, und boten freundlich uns von ihren Nahrungsmitteln an ... Wir schickten einen unserer jungen Seeleute schwimmend an Land. Er sollte ihnen einigen Tand bringen, wie Glöckchen, kleine Spiegel und andere Geschenke; [er warf] ihnen die Sachen zu und wollte zurückschwimmen, wurde jedoch von den Wellen so hin und her geworfen, daß er halbtot auf den Strand geschleudert wurde. [Die Leute] nahmen ihn an Kopf, Armen und Beinen und trugen ihn ein Stück weg. Als der junge Mann sah, daß er auf diese Weise weggebracht wurde, stieß er vor Schreck und Entsetzen sehr laute Schreie aus ... Nachdem sie ihn dann ... auf den Boden in die Sonne gelegt hatten, verliehen sie ihrer Bewunderung deutlich Ausdruck, betrachteten die Weiße seiner Haut

... sie nahmen ihm Hemd und Hose ab ... machten neben ihm ein tüchtiges Feuer und legten ihn in die Nähe der Hitze. Da die Seeleute ... das gesehen hatten, glaubten sie, wie es in jeder neuen Lage ihre Gewohnheit ist, voller Furcht, daß [die Leute] ihn braten und essen wollten. Als er wieder zu Kräften gekommen war, erklärte er ihnen durch Zeichen, daß er zum Schiff zurückkehren wolle. Sie blieben mit größter Freundlichkeit und mannigfaltigen Umarmungen immer dicht bei ihm und begleiteten ihn bis zum Wasser, [sie] beobachteten ihn, bis er im Boot saß.«[44]

Bei den Texten handelt es sich um Berichte von Augenzeugen zum einen aus indianischer, zum anderen aus europäischer Perspektive. Sie unterscheiden sich nach der Zeit, dem Ort und im zeitlichen Abstand zu den berichteten Ereignissen, so stand Verrazzano noch unter dem unmittelbaren Eindruck der beschriebenen Vorfälle, während der indianische Bericht bewußt auf den zeitlichen Abstand hinwies. Man muß also davon ausgehen, daß dieser Bericht nachträgliche Veränderungen erfuhr und nicht den unmittelbaren Gefühlszustand der ersten Begegnung reflektiert. Der Gebrauch europäischer Begriffe bietet Indizien dafür, daß bereits eine geraume Weile seit dem beschriebenen Ereignis verflossen sein mußte. Doch trotz dieser quellenkritischen Nachteile sind diese Texte von einem hohen historischen Wert. Sie dokumentieren sogenannte Mikrokontakte: erste Begegnungen face-to-face zwischen Europäern und Amerikanern, die sich hier gegenseitig »entdeckten«. Im Fall des jungen Seemanns ist dies sogar wortwörtlich zu verstehen.

Wie gestalteten sich nun die allerersten Kontakte? Wie nahmen diese Europäer und Indianer einander wahr, wie beschrieben sie sich gegenseitig? Was fiel ihnen an den anderen auf, was hielten sie für erwähnenswert? Zu beachten sind die unterschiedlichen Ausgangspositionen, Erwartungen und Erfahrungen, die unterschiedliche Reaktionen und Verhaltensweisen hervorriefen.

Die Europäer kannten Nicht-Europäer. Sie kannten Menschen anderer Sprachen, anderer Rassen, anderer Hautfarben und anderer Kulturen seit vielen Jahrhunderten oder auch erst seit kurzem, durch fiktive und erlebte Reiseberichte vom Schlage eines Marco Polo oder dank eigener Erfahrungen. Die Kenntnisse aus erster oder auch aus zweiter Hand führten nicht unbedingt zu Toleranz und Weltoffenheit. Das zeigt deutlich das Verhalten der Mannschaft des Verrazzano, die, obwohl »erfahren«, ihrer Fremdenfurcht freien Lauf ließ. Sie rechnete aufgrund tradierter Mythen und Stereotypen mit Kannibalen und deutete prompt aus Furcht das – ganz im Gegenteil sehr menschenfreundliche – Verhalten der Indianer in dieser Richtung. Furcht führte zu Vorurteilen; aus Vorurteilen wiederum erwuchs Furcht, die sie lähmte und die Tötung und Verspeisung ihres Kollegen erwarten ließ.

Allen Ängsten zum Trotz rechneten die Europäer seit den Berichten des Columbus in Amerika auf ein Zusammentreffen mit Menschen. In dem Maße, wie die europäischen Kenntnisse über Amerika wuchsen, reduzierte sich die Erwartung, in der neuen Welt auf nicht-menschliche Lebewesen zu stoßen. An die Stelle bizarrer menschenähnlicher Wesen traten indianische Menschen, die man aus christlicher Selbstüberschätzung als moralisch-kulturell unterlegen und aus männlich-rassistischem Hochmut als beliebig verfügbare Sexualobjekte einstufte. Keineswegs glaubten Europäer in Amerika göttergleiche Wesen zu finden. Urs Bitterli sagt zu Recht, dies wäre ein ketzerischer Gedanke gewesen, der seinen Verfechtern mancherlei Ärger mit der Kirche beschert hätte.[45] Gleichwohl kursierten eine Weile Überlegungen, die Amerika und die dortigen Menschen zumindest in die Nähe christlichen Heils rückten. Gerade der Umstand, daß viele Indianerstämme angesichts ihrer spärlichen oder fehlenden Bekleidung keinerlei Gefühle verletzter Scham zeigten, besaß eine pikante Ambivalenz. Zum einen regte er die sexuellen Phantasien und Bedürfnisse der Europäer an, zum anderen wies er über körperliche Freuden hinaus, indem er Vorstellungen vom biblischen Paradies weckte. Auch Adam und Eva hatten lange keine Probleme mit ihrer Nacktheit gekannt – dies änderte sich mit dem Sündenfall. Folglich diskutierten einige Theologen darüber, ob die nackten, schamlosen Indianer eventuell nicht von Adam abstammten, nicht von der Erbsünde betroffen seien und demnach in einem paradiesischen Zustand lebten. Diese Spekulationen vertrugen sich nicht mit staatlichen Kolonialkonzepten und Begründungen von Kolonisation. Entsprechend schnell verschwanden sie in der Versenkung.[46] Die amerikanische Realität bestätigte Verrazzano in seiner Erwartung, keinen Monstren, sondern Menschen zu begegnen. Aus dem Faktum der zahlreichen Feuer am Seeufer schloß er auf die Existenz von Menschen und konnte sich auf mögliche Reaktionen seitens der Küstenbewohner einstellen. Damit befand er sich eindeutig im Vorteil gegenüber den Indianern, die ihn entdeckten.

Diese Gruppe hatte offenbar keine Erwartungen entwickeln können, da sie nicht mit anderen, nicht-indianischen Vertretern der Menschheit in Berührung gekommen war bzw. eventuelle Informationen über frühere Begegnungen vergessen worden waren. Die Algonkins sahen sich unvermutet, unvorbereitet etwas Undefinierbarem gegenüber, das sich auf dem Meer auf sie zu bewegte, ohne daß aus ihrer Sicht oder ihrem Wissen zu erkennen gewesen wäre, was dieses unbekannte Etwas antrieb. Immerhin verglichen sie dieses Ding mit einem Haus oder einem Kanu, also mit etwas Gemachtem, das ihrer Lebenswelt nahekam. In anderen Beschreibungen erster Blicke von Indianern auf Europäer und deren Schiffe ist von beweglichen Bergen oder Inseln die Rede; die Segel der Schiffe, die man nicht kannte und deren Funktion man sich von daher nicht erklären konnte, wurden mit Wolken verglichen.

Die Algonkins von 1524 ebenso wie jene von 1609 hatten offenbar keinerlei Erfahrungen mit Menschen anderer Hautfarbe machen können. Obwohl sie durchaus die Gleichheit im Körperbau erkannten, waren es die andere Hautfarbe, oftmals auch die Behaarung der Europäer, die Umstände ihrer Ankunft und die europäischen Gegenstände, die sie hinderten, die Europäer als Menschen und damit als ihresgleichen zu erkennen. Sie konnten diese Wesen keiner bekannten Kategorie zuordnen. Diese hellhäutigen, bärtigen oder kahlköpfigen Lebewesen waren in ihrer Welt nicht vorgesehen. Ihr Erscheinen mußte jedoch erklärt und den eigenen Vorstellungen angepaßt werden – dies war die Aufgabe der Weisen und der Medizinmänner, die auch unverzüglich in Aktion traten. Mit der Hinwendung zum Religiös-Kultischen eröffnete sich eine kultur- und epochenübergreifende Alternative: Wie erklärt und versteht man das Fremde, das andere, dasjenige, das dem »Wir« der eigenen Gemeinschaft gegenübersteht? Eine Möglichkeit besteht darin, daß man das Fremde als bedrohlich einstuft, ablehnt und bekämpft. Die andere Möglichkeit besteht darin, daß man das Fremde zwar als etwas Unwägbares, Unkalkulierbares sieht, es aber als positive Kraft interpretiert, bewundert und vergöttert. Indizien dafür können unerklärliche Aktionen, Objekte, Farben, Materialien und Geräusche sein. Ein Schiff, das nicht als Schiff erkannt wird, da Segel den Algonkins unbekannt waren, die rote Farbe der Kleidung Henry Hudsons, eine bei den Algonkins magische, den Geistern vorbehaltene Farbe, und glänzende, unerklärliche Objekte an seiner Kleidung, nämlich ein Messer oder Dolch in seinem Gürtel, reichten aus, um eine Mannschaft ungebärdeter, ungebildeter Seeleute als göttliche Diener und ihren Kapitän als überirdischen Manitou erscheinen zu lassen. In den ersten Augenblicken der Kontaktaufnahme, solange man eine gewisse räumliche Distanz hielt und die Europäer auf das Wohlwollen der Einheimischen angewiesen waren, blieb der Götterstatus der Europäer gewahrt. Auch der Umstand, daß die europäischen Seefahrer getreu ihrem Aberglauben, Frauen hätten auf Schiffen nichts verloren, ihre Entdeckungsfahrten ohne Frauen absolvierten, bewies aus indianischer Sicht die Besonderheit der Europäer. Der Engländer Thomas Harriot berichtete um 1588 über einige Bewohner der nordamerikanischen Ostküste:

»Sie [die Indianer] bemerkten auch, daß wir keine Frauen bei uns hatten und uns nicht für die ihrigen interessierten. Manche nahmen darum an, wir seien nicht von Frauen geboren (und infolgedessen nicht sterblich), sondern als Angehörige eines uralten Stammes zur Unsterblichkeit wiedererstanden.«[47]

Bei den allerersten Kontakten zwischen Indianern und Europäern, ob im 16. oder im 17. Jahrhundert, ob in der Karibik, in Mexiko oder in Nordamerika bot die Vergötterung der Weißen den Indianern zunächst eine Möglichkeit, diese ungewöhnlichen Lebewesen zu erklären und dem eigenen Denkhorizont anzupassen. Bei den Azteken kam es sogar zu Umformungen der eigenen Mythen und Überlieferung, um das unerwartet Neue durch nachträgliche Prophezeiungen in das bekannte Erwartete und damit in einen Teil der eigenen Kultur zu verwandeln. Es gehörte zu den Grundlagen aztekischer Religion, daß alles vorhersehbar war. Zufälle, Abweichungen und Überraschungen vertrugen sich nicht mit den aztekischen Vorstellungen von geregelten Abläufen, so daß die plötzlich präsenten Spanier nicht nur die aztekische Realität, sondern auch das aztekische Weltbild bedrohten.[48] Die Vergötterung der Europäer erfreute sich keiner langen Dauer. Körperliche Verletzbarkeit, biologische Notwendigkeiten und das wenig götterhafte Verhalten der Europäer zerstörten bald die Illusionen. Verehrung konnte umschlagen in Verteufelung. Durch ihre Gier, ihren kulturellen Dünkel, ihr martialisches Auftreten oder ihre Mißachtung allgemeingültiger Spielregeln im menschlichen Umgang verwandelten sich die Europäer in den Augen der Amerikaner in böse Dämonen, die vernichtet werden mußten. So reagierten die Taino 1493 auf Hispaniola, als sie die spanische Siedlung La Navidad zerstörten. So reagierte nach langem, allzu langem Zögern Motecuzoma II., der eigene Zauberer ausschickte, die Kraft der Spanier zu bannen, ehe die Eindringlinge schließlich als das erkannt wurden, was sie waren: sterbliche Menschen.

Die machthungrigen, von Habgier angestachelten Europäer hatten schnell die Möglichkeiten erkannt, die ihnen aus der unverdienten Achtung erwuchsen. Vertreter aller europäischen Länder entwickelten ein reiches Repertoire, um die ohnehin von ihrem Erscheinen überraschten Indianer vollends zu beeindrucken, zu erschrecken und einzuschüchtern. Gleichzeitig interpretierten sie die indianischen Reaktionen auf ihr teilweise plumpes, teilweise billiges Imponiergehabe als weiteren Beweis für deren Minderwertigkeit und Unterlegenheit. Fremd und damit respektheischend waren die beweglichen, glänzenden, farbigen und lärmenden Dinge, mit denen Europäer Amerikaner konfrontierten. Besonderen Effekt erzielten Schußwaffen, Metallartikel, Pferde, farbige Glasperlen, Spiegel, Alkohol und Kleidungsstücke. Die indianischen Namen für die Europäer zeigen ganz klar, worauf es den Indianern ankam bzw. welche europäische Errungenschaften bei ihnen ankamen. Die Narragansetts auf dem Gebiet des heutigen Rhode Island nannten die Europäer »Kleidermänner« oder »Schwertmänner«, die Mohawks am Oberlauf des Hudson bezeichneten die Niederländer als »Eisenmacher« oder »Tuchmacher«. Die Pocumtucks, die im heutigen Maine lebten, nannten die Franzosen »Messermänner«. James Axtell legt überzeugend dar, wie aussagekräftig gerade die indianische Identifikation der Europäer mit Metallprodukten für das Verständnis der einheimischen Bevölkerung war.[49] Abgesehen von Gold, Silber und Kupfer kannten die Indianer keine Metallverarbeitung. Metallene Waffen besaßen somit den Wert des Besonderen und wurden aufgrund ihrer Doppelwertigkeit – Prestigeobjekt, Tötungsinstrument – zum überaus treffenden Namensgeber der Europäer. Makabrerweise gehörten gerade Schwerter zu den ersten europäischen Erzeugnissen, die von den Taino auf Guanahaní am 11. Oktober 1492 berührt wurden. Da diese Dinge ihnen völlig fremd waren, konnten sie nicht mit ihnen umgehen, was Columbus amüsierte und ihn in seiner abschätzigen Meinung über ihre angebliche Kindlichkeit bestärkte: »Sie tragen keine Waffen, und sie kennen sie auch nicht, denn ich zeigte ihnen Schwerter, und sie faßten sie an der Schneide und schnitten sich aus Unwissenheit. Sie haben überhaupt kein Eisen: Ihre Wurfspieße sind Stöcke ohne Eisenspitze ...«[50] Waffen waren als Machtinstrument äußerst wirkungsvoll einzusetzen. Von der technischen Schlagkraft und Zielgenauigkeit her ließen viele der frühneuzeitlichen Kanonen und Schußwaffen zu wünschen übrig; die Waffen der Indianer, Pfeil und Bogen, waren in unwegbarem Gelände, dichten Wäldern und in dem feucht-schwülen Klima der Subtropen und Tropen gegenüber den schweren, sperrigen Waffen mit Schießpulver, das bei Feuchtigkeit schnell an Zündkraft verlor, durchaus im Vorteil. Aber der Krach des Schusses, der Dampf und die Kugel, die unsichtbar über weite Entfernung Tod oder Verletzungen verursachen konnte, waren den Indianern neu. Sie konnten sich die Wirkung nicht erklären und reagierten schockiert auf die Kräfte der Neuankömmlinge. Die Europäer genossen ihre Demonstrationen scheinbarer Stärke und technischer Überlegenheit. »Wir machten Feuer mit Pulver, Stahl und Feuerstein, woraufhin er [ein Delaware] vor Schreck am ganzen Leib zitterte. Und dann feuerten wir einen Schuß ab. Er hielt inne, als ob er erstaunt wäre, und betete ehrfürchtig wie ein Mönch, hob die Finger zum Himmel und wies auf das Schiff und auf das Meer und schien uns zu segnen.«[51] So deutete Verrazzano die erste Begegnung eines Indianers mit europäischer Waffengewalt. Wie furchtbar ein derartiger Eindruck empfunden werden konnte, zeigt ein aztekischer Chronist, der die Ankunft des berühmt-berüchtigten Hernán Cortés 1519 in Mexiko beschreibt. Der gewiefte Machtmensch Cortés ließ in Gegenwart der ohnehin angstschlotternden Gesandten des Motecuzomas II. ein Geschütz abfeuern. Den Azteken »schwanden die Sinne, sie fielen zu Boden und blieben bewußtlos liegen«.[52] Die Folge dieses Entsetzens bestand darin, daß die Azteken die spanischen Kanonen als furchterregende Lebewesen sahen. In Kombination mit dem Lärm der Rüstungen, den in Amerika unbekannten Pferden und dem Rauch der Kanonen entstand somit ein wahres Horrorszenario:

»Erschrocken hörte er [Motecuzoma II.] auch davon, wie die Kanone brüllt, wie ihr Donner trifft, daß man taub und ohnmächtig wird ... Ein Ding wie ein Ball aus Stein fliegt aus ihrem Bauch heraus, sprüht Funken und regnet Feuer. Der Rauch stinkt wie Schwefel oder fauliger Schlamm. Er macht den Kopf benommen, denn er dringt bis ins Gehirn. Wenn die Kugel den Berg trifft, spaltet er sich und birst in Stücke. Wenn sie den Baum trifft, verweht er in Splittern, als ob ein Zauberer in seinem Innern ihn fortgeblasen hätte.«[53]

Die Beschreibung eines spanischen Aufmarsches vermittelt eine Vorstellung des Schreckens, den die Azteken bei dem Anblick verspürten:

»Sie [die Spanier] kamen in Schlachtordnung ... Ihre eisernen Stäbe glitzerten böse in der Sonne ... Großer Lärm erhob sich, wenn sie marschierten, ihre Eisenhemden, ihre Eisenschwerter, ihre Eisenhelme, all ihre Waffen klapperten laut wie Rasseln. Einige waren von Kopf bis Fuß in blitzendes Eisen gekleidet. Diese glänzenden Eisenmänner erschreckten jeden, der sie sah ...« oder: »Sie werden von Hirschen [Pferden] auf dem Rücken getragen, wohin sie wollen ... auf diesen Hirschen sind sie so hoch wie Dächer.«[54]

Die Güter, die bei den ersten Kontakten überreicht wurden, sind der näheren Beachtung wert. Der Umgang mit diesen Dingen wie ihr Stellenwert bei Gebern und Nehmern zeigen deutlich das gegenseitige Unverständnis für die Kultur der anderen. Für die Europäer, die hier teilweise auf Erfahrungen im afrikanisch-asiatischen Raum zurückgriffen, boten die Gaben eine Möglichkeit zur Schaffung einer freundlich-entspannten Atmosphäre. Sie taten das, was sie kannten und zu ihrem Alltag gehörte: Sie suchten die Indianer zu bestechen. Korruption war im europäischen Umgang allgegenwärtig und die beste Schmiere in der knarrenden Maschinerie staatlicher Apparate oder des Wirtschaftslebens. Auch auf seiten der Indianer dienten die Gaben als Bestechung, allerdings Bestechung der Götter, die man sich durch Opfergaben, Tänze und Gesänge gewogen zu stimmen suchte. Solange die Indianer glaubten Götter vor sich zu haben, brachten sie wirkliche Opfer. Die Algonkins stellten zum Empfang des »Manitous« Henry Hudson Opferfleisch und die besten Lebensmittel bereit. Die Azteken brachten den Spaniern ihren kostbaren Federschmuck, Menschenblut und Menschenherzen dar und sahen voll Entsetzen, daß die Spanier diese Opfer nicht wollten und verabscheuten, sondern statt dessen nach Anschauung der Azteken weniger wertvolle Dinge wie Gold, Silber und Edelsteine bevorzugten. Hatte man schließlich den Götterstatus hinter sich gelassen und die Europäer auf den Boden der Tatsachen geholt, glaubte jede Seite die andere zu übervorteilen. Für die Waldindianer im nordöstlichen Nordamerika der ersten Kontaktzeit besaß ein Biberfell zunächst wenig Wert. Biber gab es in Massen, und ihre Beschaffung bereitete erfahrenen Jägern wie den Algonkins keine Schwierigkeiten. Sie konnten nicht verstehen, daß die Eisenmänner für ein simples Fell ein oder zwei Messer gaben. Umgekehrt waren die Europäer überzeugt, sie würden den Gewinn einstreichen, indem sie den Indianern »Tand« oder, wie Columbus meinte, »Dinge von geringem Wert« offerierten.[55] Sie übersahen dabei ein elementares Prinzip von Wertigkeiten: Der Wert eines Objektes entsteht im Auge des jeweiligen Betrachters, er orientiert sich an den Möglichkeiten, an den Gegebenheiten, an der Gewohnheit in einer Gesellschaft: Kurzum, er entsteht aus der Relation von Angebot und Nachfrage. Für Europäer waren Glöckchen, Glaskugeln, Messer, Äxte oder Strümpfe unspektakuläre, alltägliche Dinge, die man mit wenig Aufwand und zu geringen Kosten überall in Europa erstehen konnte – Biberpelze hingegen waren rar und in Europa begehrt. In den indianischen Gesellschaften gehörten Biber zu den alltäglichen Normalitäten; hingegen besaß der europäische »Tand« in ihren Vorstellungen aufgrund seiner Neuheit, des Materials und seiner Eigenschaften magische Qualitäten, die sich auf seine Besitzer übertrugen. Eine besondere Rolle spielte der Alkohol, der den visionären Charakter indianischer Religionen unterstützte und von daher einen besonders hohen Marktwert gewann.

Bei den zunächst friedlichen Tauschkontakten glaubte jeder Part zu profitieren. Die Indianer kamen in den Genuß prestigeträchtiger Güter; die Europäer – unerfahren und unwissend angesichts unbekannter Landschaften und mangelnder Versorgung – waren auf guten Willen, Unterstützung und Hilfe der Indianer angewiesen. Solange die Europäer die Indianer als Nahrungsmittellieferanten, als Wegweiser in der Wildnis brauchten und solange die Europäer eine kleine Minderheit bildeten, blieben die friedlichen Umgangstöne gewahrt.

In den Anfängen der Kulturbegegnung halfen Körpersprache – Berührungen, Gestik, Mimik – und Laute bei der Verständigung. Lächeln, das Zeigen auf sein Herz, Schwenken von Blättern, das Niederlegen der Waffen, gemeinsames Essen und Trinken, wobei Indianer den trockenen europäischen Schiffszwieback als Knochen und Rotwein als Blut interpretierten, reichten aus, um die ersten Hürden der interkulturellen Kommunikation zu überwinden. Nur selten entwickelten sich Erstkontakte zu militärischen Konflikten; Beispiele für Zusammenstöße finden sich auf beiden Seiten. Der unfreundliche Empfang, der Hernán de Soto 1539 in Florida oder den Pilgervätern 1620 in Plymouth, Massachusetts, bereitet wurde, dürfte auf frühere Erfahrungen oder Informationen über negative Kontakte zurückzuführen gewesen sein.

Mit der Beseitigung der Sprachbarrieren wuchsen andere Schranken. In dem Maße, wie die Zahl der Europäer zunahm, ihr Landhunger wuchs und ihre Abhängigkeit von indianischem Know-how verschwand, verlor sich ihre anfängliche Zurückhaltung. Bei den Spaniern erfolgte der Umschwung schnell. Die Konquistadoren, Söhne und Enkel der Kämpfer gegen die Mauren, bedienten sich auf Hispaniola, in Mexiko oder Peru innerhalb kurzer

Zeit der bereits in der Reconquista erprobten militärischen Mittel. Auf Hispaniola praktizierten sie 1494/1495 eine Vernichtungsaktion, die sogenannte »*pacificación*«, die mit der Ermordung von circa 100000 Taino endete. Auf dem Festland halfen interne indianische Konflikte, indianische Kollaboration und die Einnahme urbaner Zentren bei der Herrschaftsübernahme durch die Spanier. Die Engländer, Niederländer und Franzosen, die sich Jägern, Fischern, Sammlern und Bauern in ländlicher Umgebung gegenüber sahen, durchliefen längere Phasen relativer Friedfertigkeit. Andere Bedingungen erforderten andere Verhaltensweisen: In Nordamerika gab es keine städtischen Eliten, an deren Stelle die Neuankömmlinge treten konnten. Die Weite des Landes machte die Europäer hilflos, so daß erst eine Phase der europäischen Konsolidierung erfolgen mußte, ehe die Zeit der indianisch-europäischen Konflikte anbrach. Kulturelle Mißverständnisse und unterschiedliche Rechtsvorstellungen gaben den Ausschlag.[56]

Europäer verändern Amerika: koloniale Herrschaftssysteme

Die europäische Durchdringung Amerikas folgte keinem einheitlichen Muster, sondern zeigte große Variationsbreite. Nicht nur wählten die Europäer unterschiedliche Konzepte, um vor sich, ihrem jeweiligen Gott und ihren Kontrahenten die amerikanische Landnahme und die Behandlung der autochthonen Bevölkerung zu rechtfertigen – auch die Präsenz der Europäer in Amerika nahm vielfältige Formen an und bewirkte Resultate, die noch in das 21. Jahrhundert ausstrahlen werden. Folgende Fragen rücken in den Fokus der weiteren Betrachtungen: Nahmen Europäer altamerikanische Gegebenheiten wahr, nutzten sie diese für ihre jeweiligen Zwecke, oder ignorierten sie die herrschenden Zustände? Ergriffen sie die Chancen, die eine scheinbar neue, unverfälschte, jungfräuliche Welt bot, um Hoffnungen und Ideale zu verwirklichen? Versuchten sie etablierte nationale politisch-staatliche Systeme nach Übersee zu übertragen? Schufen sie gänzlich neue Systeme, oder erfolgten Synthesen amerikanischer und europäischer Elemente? Kurzum: Kam es zur Kulturvernichtung, zum Kulturaustausch oder zur Entstehung »neuamerikanischer«, atlantischer Kulturformen im weitesten Sinne?

Hispano-Amerika

Die Urheberschaft spanischer Kolonialmacht in Mittel- und Südamerika (außer Brasilien) sowie Florida, Texas und Kalifornien gebührt dem Königspaar Isabella von Kastilien und Ferdinand von Aragón. Ihnen waren die überseeischen Gebiete 1493 vom Papst als persönliches Eigentum zur freien Verfügung überlassen worden. Sie praktizierten einen »Kolonialismus von oben«. Zur Durchsetzung einer staatlich reglementierten Expansion bedienten sich die Monarchen ihrer persönlichen Erfahrungswelt, indem sie Verwaltungsstrukturen aus Spanien, das als geschlossener Staat noch in den Anfängen steckte, nach Übersee übertrugen. Wie sie auf der Iberischen Halbinsel und im Mittelmeerraum die Herrschaft über eine Fülle von Territorien (z. B.: Asturien, Galizien, Murcia, Extremadura, León, Kastilien, Aragón, Katalonien, Navarra, Sizilien, Sardinien oder Neapel) beanspruchten, so betrachteten sie auch ihr überseeisches Gebiet als Sammelsurium von Machtkomplexen. Folglich bezeichnete die spanische Krone vom 15. bis ins 18. Jahrhundert hinein ihren überseeischen Besitz weder als »*colonia*« noch als »Spanisch-Amerika«. Im offiziellen Sprachgebrauch hießen die amerikanischen Territorien »*provincias*« oder »*los reynos de las Indias*« (die indischen Königreiche). Isabellas und Ferdinands Enkel und Erbe, der deutsche Kaiser Karl V., übernahm diese verbale Regelung und machte die Bezeichnung »*Las Indias, Islas y Tierras Firmes del Mar Oceano*« zum Bestandteil seiner ohnehin bereits umfangreichen Herrschertitulatur. Nach Wolfgang Reinhard »handelte es sich [bei den indischen Königreichen] um selbständige Teilreiche der *Krone* Kastilien, nicht um Untertanenländer des *Landes* Kastilien. ... Ihr Recht orientierte sich zwar am kastilischen, wurde aber durch die königliche Gesetzgebung eigenständig weiterentwickelt ...«[57]. Die Krone betrachtete die überseeischen Territorien als Zwittergebilde: einerseits als mehrere, in sich geschlossene Herrschaftsbereiche, andererseits als abhängige Bestandteile der königlichen Domäne ohne Anspruch auf ständische Repräsentation, damit ohne Mitsprache, was Gesetzessprechung oder Steuererhebungen betraf. Der anfänglich formal gleichberechtigte Status der neuen Gebiete wurde schnell auf ein niedrigeres Niveau reduziert. Dies war eine Neuerung gegenüber den Gebieten, die im Rahmen der Reconquista unter die Kontrolle der kastilischen Krone geraten waren, wie z. B. die Gebiete Jaén, Cordoba, Sevilla oder Granada. Die kastilischen Monarchen versuchten in den amerikanischen Territorien das zu erreichen, was ihnen in Spanien aufgrund traditioneller feudaler Widerstände und ständischer Eigeninteressen nicht gelang: die Position einer uneingeschränkten, absoluten Zentralmacht. Für sie bedeutete Amerika eine Chance auf ein Reich, in dem allein kastilische

Königsmacht, kastilische Tugenden und ein verspäteter Kreuzzugsgeist triumphieren sollten.[58] Diesem Ziel wurde die gesamte koloniale Politik untergeordnet.

Wie sehr die Krone daran interessiert war, nicht die Fäden aus der Hand geben zu müssen, zeigt ihre Landpolitik. Zu Beginn der Expansion war die Krone auf private Initiative und privates Kapital angewiesen gewesen. Die finanziellen und militärischen Tätigkeiten der Entdecker und Konquistadoren hatte sie sich mit der Vergabe von Privilegien und Land erkauft. In der Folgezeit ging die Krone mit dem Land vorsichtiger um. Allein die Nachfahren von Columbus und Cortés konnten nach langen gerichtlichen Streitigkeiten ihr Erbe zu einer regelrechten Feudalherrschaft ausbauen, während die Besitztümer des Pizarro an die Krone zurückfielen. Die Krone wollte alle Ansätze adeliger Macht im Keim ersticken.

Die Aufgaben, die sich die spanischen Monarchen stellten, waren vielfältig. In einem weitentfernten, weitläufigen Gebiet unter schwierigsten Kommunikationsbedingungen sollte ein für damalige Verhältnisse atemberaubendes modernes Experiment ablaufen. Mit traditionellen Mitteln sollten neuartige politische Gebilde entstehen, die einerseits wirtschaftlich in sich autark, andererseits politisch königlicher Kontrolle unterstehen sollten. 1504 hatte Isabella testamentarisch bestimmt, daß die überseeischen Gebiete zum unveräußerlichen Besitz der Krone von Kastilien werden sollten. Die amerikanische Bevölkerung sollte missioniert und ihre Produktion der Krone zugute kommen. In Anbetracht der Dominanz des kastilischen Elements sollte man vielleicht besser von einem »Kastilisch-Amerika« sprechen. Der Begriff »Spanisch-« oder »Hispano-Amerika« suggeriert eine nationale Einheit, die im 16. Jahrhundert nicht existierte. Der frischgebackene spanische König und – dank Augsburger Finanzspritzen – deutsche Kaiser Karl V. konnte davon ein Lied singen: Seine Deutschlandaufenthalte 1519/1521, die ihn mit einem gewissen Martin Luther zusammenführten, nutzten spanische Gruppierungen unverzüglich zu Aufständen gegen die Krone.

Wie ging die Krone vor? Gemessen an ihrem spätmittelalterlichen Herrschaftsapparat, erwies sie sich – zumindest aus ihrer Perspektive – als äußerst pragmatisch, innovativ und erfolgreich. Sie bediente sich auf dem amerikanischen Festland zu weiten Teilen indianischer kultureller Vorgaben und ließ dort – im Gegensatz zu den karibischen Inseln – eine indigene Basis bestehen, auf die kastilische Elemente aufgepfropft wurden, die langsam von oben nach unten durchsickerten und eigene koloniale Strukturen entstehen ließen.

Erstens: die Verwaltung Amerikas in Spanien. 1524 gründete die Krone nach dem Vorbild des kastilischen Kronrats den »*Consejo Real y Supremo de las Indias*«, den Indienrat. Diese zentrale, allein für Amerika zuständige Behörde hatte sich langsam aus einer Sonderkommission im Kronrat herausgeschält. Zunehmend fanden sich Ratsmitglieder, die verstärkt mit überseeischen Angelegenheiten beschäftigt waren und auf diesem Feld zu Spezialisten avancierten. Die Bildung eines selbständigen, ausschließlich für Amerika zuständigen Rates zeigte die Bedeutung, die die Krone diesem Gebiet beimaß, und das um so mehr, als durch die mexikanischen Eroberungen des Hernán Cortés sich 1519/1522 der kastilische Besitz in Amerika enorm vermehrt hatte. Der Indienrat besaß die Zuständigkeit in allen Dingen königlicher Verwaltung. Er war zuständig für die Zivil-, Militär-, Justiz- und Fiskalverwaltung. Hinzu kam die Organisation der Mission. Entsprechend der vielfältigen Funktionen des Indienrats gestaltete sich seine personelle Zusammensetzung. Anfangs gehörten ihm ausschließlich Juristen und Theologen an. Seit Ende des 16. Jahrhunderts wurden auch Nicht-Juristen und Laien zugelassen. Die Entscheidung über Stellenbesetzungen lag bei der Krone bzw. dem kastilischen Kronrat. Auf diese Weise suchte die Krone ihren Einfluß auf die Kolonialpolitik zu sichern. Was man bei den umfänglichen Reigen der Kompetenzen des Indienrats vermißt, betrifft zweierlei Punkte: Zum einen gab es keine expressis verbis genannte Position, die sich ausschließlich mit Indianern beschäftigte. Sie fanden deshalb keine ausdrückliche Erwähnung, weil sie für die Krone kein eigenes Problem darstellten, sondern als königliche Untertanen selbstverständliche Elemente ihrer amerikanischen Herrschaft bildeten. Zum anderen vermißt man den wirtschaftlichen Komplex sowie den großen Bereich der Siedlungspolitik. Kontrolle, Organisation und Durchführung des Handels und der Auswanderung gehörten nicht zum unmittelbaren Kompetenzbereich des Indienrats, sondern waren Angelegenheit der ihm unterstellten »*Casa de la Contratación de las Indias*«. Diese bedeutende Behörde war bereits um 1503 in Sevilla, der ebenso reichen wie schönen Hafenstadt am Guadalquivir, entstanden. Ihr Gründungsdatum erlaubt Aufschlüsse über die anfängliche Interessenlage der katholischen Könige. Im Vordergrund stand zunächst die kommerzielle Nutzung Amerikas und nicht die Mission, deutlich erkennbar an der Tatsache, daß in den ersten Jahren der Conquista kaum Geistliche den Weg nach Amerika antraten. Solange man mit den in materieller Hinsicht wenig ergiebigen Kulturen der Arawaken und Kariben in Berührung gekommen war, plante man offenbar nur den Aufbau von Faktoreien und Schiffahrtsstützpunkten. In dieser ersten Phase orientierte sich die kastilische Krone an portugiesischen Vorbildern. In Afrika und Asien hatte sich das bevölkerungsarme Portugal mit der Schaffung punktueller Präsenz begnügt, ohne Anspruch auf formelle Herrschaft über Land und Leute. Mit der Eroberung Mexikos änderte sich die Situation schlagartig. Die dortigen Hochkulturen boten den spanischen Eroberern wirtschaftliche Ressourcen und Menschen: Dort existierten nicht nur Städte und die kommerzielle Infrastruktur, dort lebten auch die im Handwerk und in der Landwirtschaft kundigen Menschen, die von den wenig auf körperliche Tätigkeit erpichten Spaniern als Arbeitskräfte eingespannt werden konnten. Zu der Mißachtung der Indianer und der unter spanischen Kolonisten generell verbreiteten Abneigung,[59] sich selbst die Hände schmutzig zu machen, kam die relativ geringe Auswanderungsbereitschaft in Spanien, die zunächst den Aufbau nationaler Siedlungskolonien in Amerika erschwerte. Nach einem kurzfristigen Boom 1502, als nach Aufhebung des Monopols, das die Krone Columbus gewährt hatte, 2500 Personen Spanien verlassen hatten, dümpelten die Auswanderungszahlen in bescheidenen Höhen. Zwischen 1500 und 1540 verließen jährlich nur 1200 Menschen die Iberische Halbinsel. Dabei waren selbst diese wenigen Menschen nicht alle spanischer Herkunft. Unter Karl V., Kaiser des Heiligen Römischen Reichs Deutscher Nation, Landesherr der Niederlande, reisten zwischen 1526 und 1538 auch Einwohner seiner anderen Herrschaftsgebiete, z. B. aus den Niederlanden, dem Deutschen Reich und Italien, nach Amerika aus. Nachdem diese Tür von der Krone schnell verschlossen worden war, wuchs die Zahl der nunmehr überwiegend spanischen Emigranten. Zwischen 1540 und 1620 verließen pro Jahr durchschnittlich 3000 Spanier ihre Heimat. Renate Pieper schätzt, daß bis 1600 etwa 200000 bis 240000 Spanier nach Amerika gingen. Über die Rückreisequote herrscht ebenso Unklarheit wie über die Anzahl der illegalen Einwanderer. Aufgrund der staatlichen Migrationspolitik, die jedoch nicht konsequent durchgesetzt werden konnte, belief sich der Anteil der Nicht-Spanier an der legalen weißen Bevölkerung in Amerika im 17. Jahrhundert auf ein bis sechs Prozent.[60] Mit diesen Mengen konnte man angesichts der großen Entfernung vom Heimatland und der Weite des Territoriums nach spanischen Vorstellungen keine echten Siedlungskolonien etablieren, zumal spanische Frauen wenig Neigung zur Auswanderung zeigten und viele spanische Männer, einmal in den Kolonien angelangt, wenig Interesse demonstrierten, den königlichen Auflagen zu gehorchen und ihre Frauen nachzuholen. Maximal 20 Prozent der spanischen Bevölkerung im Spanisch-Amerika der ersten Dekaden waren Frauen. Später sollte ihr Anteil auf circa 28 Prozent steigen.[61] Wer nach Amerika fahren wollte, mußte erst in der *Casa* eine Lizenz erbitten. Auf diese Weise suchte die Krone Amerika von potentiell staatsfeindlichen Elementen freizuhalten. Unerwünscht waren Andersgläubige: Protestanten, Mauren und Juden, aber auch die »neuen Christen« (*conversos*), zum Katholizismus übergewechselte Juden, die man als Gefahr für die Kirche und in ihrem Glauben noch ungefestigten Indianer einstufte. Unerwünscht waren Zigeuner, Vertreter unehrlicher Berufe, und zeitweilig blieben auch Rechtsanwälte ausgeklammert, da man unnötige Rechtsstreitigkeiten vermeiden wollte. Die Krone favorisierte angepaßte, arbeitsame und rechtgläubige Untertanen in den Kolonien, die die königliche Macht ohne Widerspruch akzeptierten. Obwohl die Krone die *Indias* als Räume minderen Rechts betrachtete, waren die amerikanischen Kolonien damit jedoch nicht konsequent als minderwertig eingestuft. Im auffallenden Gegensatz zu anderen europäischen Kolonialstaaten benutzte die spanische Krone Amerika nicht als Ausweichplatz für Menschen, die in der spanischen Gesellschaft unliebsam aufgefallen waren: zum Beispiel Kriminelle, Oppositionelle, Prostituierte, Ketzer oder Schuldner, Menschen also, die durch das akzeptierte gesellschaftliche Raster fielen, sich selbst aus der Gesellschaft ausschlossen oder deren Verhalten von der Gesellschaft als Belastung empfunden wurde. Die koloniale Welt war in den Augen der spanischen Monarchen kein Abfallhaufen, in der kastilische Normen und Werte nicht galten. Auswanderung galt der Krone nicht als Mittel der Sozialdisziplinierung und Bestrafung. Ganz im Gegenteil: Indem die Krone den Zugang zu den Kolonien zu kontrollieren suchte und ihn zahlungskräftigen Personen, dem niederen Adel, karrieresüchtigen Städtern, Seeleuten und solchen Menschen vorbehielt, die im Dienst hochgestellter Persönlichkeiten standen, verpaßte sie der Auswanderung ein positives Image. Die Erlaubnis zur Auswanderung konnte man als gesellschaftliche Anerkennung verstehen und nicht als Versuch, weggelobt oder aus dem Wege geräumt zu werden. Ganz in diesem Sinne förderte die Krone die Auswanderung und dauerhafte Ansiedlung kompletter Familien dadurch, daß sie mit Steuervergünstigungen, Landschenkungen und Privilegien lockte. In der Mehrheit kamen Angehörige der Mittel- und Unterschichten. Städter dominierten; die Auswanderer aus dem ländlichen Milieu stammten zumeist aus der verarmten Extremadura oder aus Andalusien, das zuerst über seine Häfen mit der Neuen Welt in Berührung und auf den Geschmack gekommen war. Die Reichtümer der *Indias* erschlossen sich den Spaniern durch Kollaboration oder Ausbeutung der amerikanischen Bevölkerung. Besonders bedeutsam für die Stellung der einheimischen Bevölkerung wie für die spanisch-indianischen Beziehungen wurde das aus der Reconquista stammende Recht spanischer Kolonisten, Indios zeitweilig als Arbeitskräfte in der Landwirtschaft oder im Bergbau beanspruchen zu dürfen. Diese Synthese aus traditioneller indianischer und kastilischer Tributpflicht Abhängiger nannte man »*repartimiento*«; ging die Beziehung über ein Arbeitsverhältnis hinaus und verband sie sich mit der moralischen Verpflichtung des Tributempfängers, den Indios Schutz und christliche Erziehung zukommen zu lassen, sprach man von der »*encomienda*«.[62]

Schließlich gehörten zur *Casa de la Contratación* noch eine wissenschaftliche Abteilung und berufsgenossenschaftliche Verbände. Die wissenschaftliche Abteilung war eine höchst moderne, innovative Einrichtung: Dort wurden die Befunde von Entdeckungsfahrten ausgewertet und deren Erkenntnisse in Seekarten übertragen. Karten wurden verbessert und überarbeitet. Die spanischen Kartographen waren Geheimnisträger erster Güte: Spanische ebenso wie portugiesische Seekarten wurden gehütet, und ihr Anblick war nur wenigen Auserwählten vorbehalten. Kartenspionage war europaweit ein beliebtes Geschäft, da so der iberische Entdeckungsvorsprung aufgeholt und das iberische Herrschaftswissen von politischen Gegnern verwendet werden konnte. Neue nautische Instrumente wurden entwickelt, die den Seeleuten zur Verfügung gestellt wurden. Bei den berufsgenossenschaftlichen Verbänden handelte es sich um Kaufmannsvereinigungen und um die »*Universidad de mareantes*«, eine Verbindung der im Amerikaverkehr tätigen Piloten und Schiffseigner. 1717 mußte man schließlich der Natur Tribut zollen: Der Guadalquivir verlandete mehr und mehr, so daß der Verkehr seegängiger Schiffe flußaufwärts nach Sevilla immer teurer und beschwerlicher wurde. Angesichts dieser Situation verlegte man die *Casa* von Sevilla unmittelbar an den Atlantik, nach Cádiz.

Zweitens: die spanische Verwaltung in Amerika. Die Verwaltung in den Kolonien folgte wiederum kastilischen Vorgaben. Man nahm Bekanntes und verpflanzte es in die Neue Welt, wobei allmähliche Mutationen auftraten. Nach dem Vorbild der königlichen Obergerichte von Valladolid oder Granada entstanden die sogenannten »*audiencias*«. Dabei handelte es sich um Bezirke, in denen Kollegien von Juristen für die oberste Zivil- und Kriminaljustiz zuständig waren. Geleitet wurden sie von Präsidenten. Neben den *audiencias* gab es Provinzen, die für die Zivilverwaltung, das Militär und Finanzen zuständig waren. Die Zivilverwaltung einer Provinz unterstand dem Gouverneur; die Militärverwaltung war Sache des Generalkapitäns, und die Finanzverwaltung wiederum lag in den Händen ausschließlich zu diesem Zweck berufener Beamten. Die territoriale Reichweite der Justiz-, Zivil-, Militär- und Finanzverwaltung der *audiencias* und Provinzen deckte sich nicht immer miteinander. Weder wurden geographische Zuständigkeitsbereiche definiert noch fachliche Kompetenzen gegeneinander abgegrenzt. Solche unklaren, undifferenzierten und schwammigen Gebilde existierten in großer Zahl. Santo Domingo auf Hispaniola machte 1511 den Anfang; Schlag auf Schlag folgten Mexiko (1527/1528), Panama (1538), Guatemala und Lima (1542/1543), Bogotá (1549) bis hin zu Manila (1583–1595) auf den Philippinen, die Mexiko unterstanden. Die Präsidenten, Generalkapitäne und Gouverneure wurden sämtlich durch die Krone berufen. Zumeist handelte es sich um in Spanien selbst geborene und ausgebildete Personen. Obwohl in den spanischen Kolonien bereits im 16. Jahrhundert mehrere Universitäten entstanden, die Spaniern, Indianern und Mestizen offenstanden, bevorzugte die Krone bei hohen Posten altspanische Staatsdiener, die ihre Ausbildung im Mutterland absolviert hatten. Die Krone suchte mit allen Mitteln die Bindung der Kolonien und deren Verwaltungsbeamten an die Monarchie zu stärken. In diese Richtung zielte auch der mehrgleisige Verwaltungsaufbau, die undefinierten Kompetenzverteilungen und die gegenseitige Kontrolle der Amtsträger untereinander. Die Mischung aus kollegial organisierten Behörden und verantwortlichen Funktionären wird als ein System der *»checks and balance«* bezeichnet.[63] Damit wollte sich die Krone gegen das Aufkommen vereinter kolonialer Opposition absichern. Sie spekulierte gleichermaßen auf die Loyalität wie den Konkurrenzneid aufstrebender Gruppen, die nur durch Gehorsam gegenüber der Krone weitere Stufen auf der Karriereleiter erklimmen konnten. Dazu gehörte auch, daß diese Beamten nicht nur direkt von der Krone bestimmt wurden und somit in ein Treueverhältnis gegenüber der Krone gerieten, sondern auch, daß sie im direkten Kontakt zur Krone standen. Sie unterhielten persönliche Korrespondenz mit dem Monarchen; der umständliche und dornenreiche Dienstweg blieb ihnen erspart.[64]

Die Krone baute nicht nur auf die Arbeit von Kollegien. Um dazu ein Gegengewicht zu schaffen, besann sie sich bewährter Einrichtungen. In dem von Kastilien bzw. den Habsburgern beherrschten Mittelmeerraum kannte man seit langem die Institution der Vizekönigreiche, z. B. Aragón, Katalonien, Valencia, Navarra, Sardinien, Sizilien und Neapel. Diese etablierten Elemente einer mittelalterlichen mediterranen Welt wurden über den Atlantik nach Amerika verfrachtet und paßten sich geschmeidig den weiterreichenden Erfordernissen eines frühneuzeitlichen Weltreiches an.[65] Seit 1535 gab es das Vizekönigreich Nueva España mit Sitz in

Mexiko-Stadt. 1543 entstand das Vizekönigreich Peru mit Sitz in Lima. Im 18. Jahrhundert kamen noch zwei Vizekönigtümer hinzu: 1739 Nuevo Reino de Granada (Bogotá) und 1776 Rio de la Plata (Buenos Aires). Überaus bemerkenswert sind Namensgebung und Wahl der Residenzorte. Hierbei kam es zu einer aufschlußreichen Verbindung spanischer und indianischer Formen. Nicht zufällig wurde ausgerechnet Mexiko zu Neuspanien, denn erst die Eroberung der aztekischen Gebiete hatte Spaniens Aufstieg zur führenden Kolonialmacht eingeleitet. Daß das Land der Azteken in Neuspanien umbenannt wurde und eine der wichtigsten Aztekenmetropole, Tenochtitlan, unter dem Namen Mexiko-Stadt zum Zentrum dieses Königreichs gemacht wurde, war ein Signal: Aufgrund seiner Reichtümer und strategisch wichtigen Lage zwischen zwei Meeren hielt man das Aztekenreich für würdig als Vorläufer eines neuen, eines zweiten Spaniens zu fungieren. Im Fall des Vizekönigreichs Peru verband man ebenfalls Alte und Neue Welt, nun jedoch wählte man den umgekehrten Weg: Hatte man zuvor eine indianische Stadt zur spanischen Metropole gewählt und dem indianischen Land einen spanischen Namen gegeben, machte man in Südamerika eine spanische Stadtgründung zur Metropole in einem spanischen Königreich, dem man den Namen einer indianischen Hochkultur gab. Erst 1535 war Lima als Ciudad de los Reyes von Pizarro gegründet worden. Mit dieser Kombination von altamerikanischer Tradition und spanischer Moderne wollte man möglicherweise seine Bereitschaft zur Verbindung scheinbar unvereinbarer Haltungen demonstrieren: nämlich die Bereitschaft zur Kontinuität und zur Veränderung.

Scheinbar glichen altweltliche und koloniale Vizekönigtümer einander wie ein Ei dem anderen. Tatsächlich bewirkte der transatlantische Transfer grundlegende Veränderungen. In Spanien fungierten die Vizekönige als alter ego des Königs. Sie genossen alle Rechte und die Macht eines Monarchen, sowohl im administrativen als auch im legislativen Bereich. In Übersee besaßen Vizekönige weniger Stellenwert. Zwar vertraten sie den König, fungierten als sein Sachwalter und verkörperten königliche Macht. Zugleich aber waren sie keine Könige, besaßen kein königliches Charisma, sondern arbeiteten als von der Krone abhängige, weisungsgebundene Beamte, die oftmals im heftigen Clinch mit den Präsidenten, Gouverneuren und Generalkapitänen lagen, die sich gegen die Vizekönige nachdrücklich behaupten konnten. Dies dürfte die Vizekönige um so mehr verletzt haben, da sie wie Antonio de Mendoza (1535–1549 Vizekönig von Neuspanien) oder Francisco de Toledo (1569–1581 Vizekönig in Peru) dem hohen kastilischen Adel angehörten. Trotz königlicher Gegenmaßnahmen konnten Mendoza und Toledo dank persönlicher Autorität ihren Einfluß ausbauen. Ihre Stellung dürfte dem spanischen Urtypen eines Vizekönigs relativ nahegekommen sein. Zugleich bestätigt der Umstand, daß die Position des Vizekönigs dem alten spanischen Hochadel vorbehalten blieb, die prinzipielle kastilische Hochschätzung der Kolonien. Die Kolonien boten auch dem überaus standesbewußten Hochadel Profitmöglichkeiten und zusätzlichen Prestigegewinn. Der Posten eines Vizekönigs in Übersee war demnach kein Schritt in den gesellschaftlichen Abstieg – vielmehr eröffnete er weitreichende Chancen. Trotzdem zeigten Angehörige des Hochadels insgesamt wenig Bereitschaft zur Auswanderung. Ihr Wegbleiben verbesserte langfristig die Aufstiegschancen und soziale Mobilität der kolonialen Gesellschaften, die dem niederen Adel, den *hidalgos*, der bürgerlichen Mittelschicht und manchem Mestizen zugute kam. Das Gros der Indianer war – abgesehen von ihrer Oberschicht, die sich häufig mit den Spaniern arrangierte – davon ausgeschlossen. In Ermangelung spanischer Bauern waren sie für die Landwirtschaft und Lebensmittelproduktion zuständig: Die breite Basis indianischer Bauern und Zwangsarbeiter trug die kleine Schicht spanischer Kolonisten.[66]

Drittens: die Provinz- und Lokalverwaltung. Entsprechend spanischer Tradition bildeten Städte, *municipien*, die unterste Verwaltungseinheit. Hier unterschied man zwischen zwei Stadttypen: zum einen die neuspanische Stadt (*ciudad*, *villa*), zum anderen die indianische Stadt (*pueblo*). Die neuspanische Stadt machte ihrem Namen alle Ehre.

Neuspanische Städte glichen in vielem den Städten in Altspanien. Sie waren Städte spanischen Rechts mit zwei Stadtrichtern, einem Stadtrat mit sechs bis zwölf Räten, einem *mayordomo* für die Finanzen und einem Vertreter der Polizeigewalt. Alle Ämter gerieten schnell unter den Einfluß der lokalen Oligarchie, die potentiell nur durch einen königlichen Kommissar, den *corregidor* (Vorsitzender des Stadtrats), kontrolliert werden konnte. Städte gehörten zur spanischen Lebenswelt. Kultur und Macht definierte sich im mediterranen Raum primär über urbane Zentren, die das administrative, wirtschaftliche und gesellschaftliche Herzstück der ländlichen Region bildeten. In Ermangelung von Städten auf den karibischen Inseln, in spanischen Augen ein schlagender Beweis für das indianische Barbarentum, mußten die Spanier Städte bauen, denn erst durch Städte drückten sie Amerika ihren kulturellen Stempel auf. Dieser Transfer besaß gravierende Folgen nicht nur für die Präsenz der Spanier; er veränderte auch nachhaltig altamerikanische Gesellschaften, Siedlungsformen und die Umwelt. Zwischen 1493 und 1520 kam es zu einem ersten Gründungsboom in der Karibik: Es entstanden Städte wie Santo Domingo (1496), San Juan de Puerto Rico (1509) oder Havanna (1514/15). Die Begegnungen mit den Städten der mittel- und südamerikanischen Hochkulturen konnte die Spanier in ihrer Gründungseuphorie nicht bremsen. Indianische Architektur wurde erbarmungslos zerstört; das wertvolle Material zu neospanischen Bauwerken recycelt. Gleichwohl wahrte man eine gewisse Kontinuität, indem man katholische Kirchen triumphierend auf den Ruinen indianischer Tempel errichtete. Mehrere Gründungswellen rollten über Amerika hinweg, die den spanischen Expansions- und Eroberungsschüben entsprechen. Die Jahre 1520 und 1573 markieren solche Zäsuren. Im 18. Jahrhundert begann die letzte Gründungswelle; wobei hier Städte nicht nur innenpolitischen Zielen dienten, sondern auch als Grenzposten gegen die konkurrierenden Nachbarn etabliert wurden. Nicht alle neuspanischen Stadtgründungen entwickelten sich zu einer Erfolgsstory. Einige Städte fanden keinen Zuspruch und mußten aufgegeben werden. Andere Städte gingen bei Naturkatastrophen (Erdbeben oder Hurricans) zugrunde, die Einwohner litten unter klimatischen Widrigkeiten oder kapitulierten vor Ungeziefer, so daß sie verlassen oder an anderer Stelle neuaufgebaut wurden. Insgesamt existierten um 1570 in Spanisch-Amerika rund 192 neuspanische Städte. Davon lagen 61 in Mittelamerika; 107 in Südamerika und nur 24 in der Karibik, wobei sie sich auf den Inseln der Großen Antillen (Hispaniola, Kuba, Puerto Rico und Jamaika) konzentrierten. Die neuspanischen Städte folgten überwiegend einem seit 1573 von der Krone vorgeschriebenen Plan, dem Schachbrettgrundriß. Die Vorgaben wurden jedoch nicht sklavisch befolgt, sondern ließen Spielraum für lokale Besonderheiten. Die geometrische Stadtanlage, die bereits in den kolonialen Vorläufern Andalusien und auf den Kanaren erprobt worden war, ging zurück auf das Raumverständnis antiker römischer und frühneuzeitlicher Architekten. Zeitgenössische Idealvorstellungen vom städtischen Raum tendierten zu exakt gegliederten, überschaubaren und damit kontrollierbaren Anlagen. Die Stadt sollte steingewordener Ausdruck des menschlichen Ordnungswillens werden; städtischer Wildwuchs in Gestalt von unübersichtlichen Gassenlabyrinthen sollte vermieden werden.

Wie in südeuropäischen Städten oder in indianischen Siedlungen bildete die *Plaza mayor* das eigentliche Zentrum. Sie wurde zum mathematisch-mentalen Bezugspunkt der städtischen Bebauung. So richteten die Häuser ihre Schauseite auf die *Plaza* aus. Der Platz fungierte als Sammelplatz, als Paradeplatz oder als Markt, d. h., auf ihm und durch ihn präsentierten sich die Formen der Macht. Rings herum lagen die Gebäude der religiösen (Pfarrkirche oder Kathedrale), der staatlichen (Palast des Vizekönigs, Gouverneurs oder Präsidenten) und der städtischen (Rathaus, Gefängnis) Gewalten, die dadurch konkret sichtbar waren.[67]

Auch die indianische Stadt folgte dem spanischen Gestaltungswillen, jedoch bildete dort die Kirche die Basis der städtischen Bebauung. Eine Chronik aus dem frühen 17. Jahrhundert beschreibt die Anlage einer kolonialindianischen Siedlung:

»Zuerst bauten sie ein Musterhaus, auf daß alle anderen gleich würden. Die Kirche, mehr oder weniger groß, entsprechend der Einwohnerzahl, erhielt zunächst ihren Platz. Vor der Kirche entstand ein sehr großer Platz und auf der entgegengesetzten Seite das Rathaus, nebendran das Gefängnis und nicht weit davon entfernt die Gemeindeverwaltung. Alle anderen Lagen im Dorf wurden mit dem Bindfaden abgemessen: die Straßen, geradlinig und breit, in Nord-Süd und Ost-West-Richtung verlaufend und zwischen sich Quadrate bildend.«[68]

In der Verwaltung indianischer Siedlungen waren Krone und Kirche gleichermaßen gegenwärtig. Die Krone repräsentierte der königliche Kommissar, der *corregidor de Indios*, und die Kirche trat in der Person des Missionars, eines Angehörigen der Bettelorden (Franziskaner, Augustiner oder Dominikaner) oder eines Jesuiten in Erscheinung. Zunehmend agierten die Seelsorger nicht nur im Dienste der Kirche. In wachsendem Maße fungierten sie auch als Vertreter der spanischen Krone, die den direkten Einfluß Roms zurückdrängte und sich selbst, mit halbherziger Zustimmung des Papstes, zum eigenständigen Vertreter der römisch-katholischen Kirche in Amerika aufschwang. Mit dem Missionsmonopol beanspruchte die Krone den gesamten Kirchenzehnt. Ungerührt von päpstlichen Beschwerden, gründeten die Monarchen Bistümer, die spanischen Erzbistümern untergeordnet waren, und ernannten Bischöfe. Christianisierung war lange Zeit gleichbedeutend mit Hispanisierung. Die innige Allianz von Kirche und Krone diente sowohl religiösen Zielen als auch weltlichen Interessen. Zum einen halfen Missionare und Inquisitoren der Krone als wertvolle Kontrollinstanz gegenüber inneren, womit primär Spanier, weniger Indianer gemeint waren, und äußeren Feinden. Zum anderen hatte die Mehrheit der Missionare ein echtes Interesse an indianischem Wohlergehen und Seelenheil. Zwar kam es zu vielen Mißgriffen und diente die Mission oft als Alibi wirtschaftlicher Ausbeutung und brutaler Ausschreitungen, insgesamt jedoch erwiesen sich viele Geistliche als überzeugte Vertreter indianischer Interessen und indianischer Kultur, solange diese mit dem christlichen Glauben zu vereinbaren waren. Die Schaffung der Indianersiedlungen vor allem unter jesuitischen Fittichen diente sowohl der ursprünglich mit dem Christentum unvereinbaren Rassentrennung als auch dem Schutz der Indianer vor spanischen Übergriffen. Das Fernziel der getrennten Entwicklung, der Existenz zweier Gesellschaften, die die Jesuiten in den Randzonen Spanisch-Amerikas erprobten, richtete sich auf die Hispanisierung der Indianer, die an spanische Lebensformen und Sprache gewöhnt werden sollten.

Ein Mittel, den Indianern den Wandel ihrer Lebensformen zu erleichtern und ihren Widerstand zu brechen, bestand in der Einbindung ihrer alten Eliten in die spanische Verwaltung. An der Spitze eines *pueblo* stand ein *gobernador de Indios*, der aus den Reihen der Kazikenfamilien stammte. Was den Handlungsspielraum der indianischen Selbstverwaltung anbelangt, tappt die Forschung weitgehend im dunkeln. Francisco de Solano Pérez-Lila und Renate Pieper gehen davon aus, daß die Entstehung der Indianerdörfer und -städte, der *pueblas de Indios* (in zentralen Gebieten) oder der »Reduktionen« (isolierte Indianersiedlungen in Randzonen Spanisch-Amerikas) langfristig indianische Kulturen zerstörten.[69] Zusätzliche Entwurzelung brachte die Christianisierung: Die altamerikanischen Religionen verloren an Überzeugungskraft, der christliche Glauben blieb oberflächlich – das Resultat missionarischer Bemühungen war eine synkretistische Volksreligion. Die Indianersiedlungen waren auch mit dem Hintergedanken entstanden, die Indianer an bestimmten Orten zu konzentrieren, sie abhängig und damit kontrollierbar zu machen. Die verstreute indianische Siedlungsweise war den auf Urbanität fixierten Spaniern ein Dorn im Auge und bestärkte sie in ihren Ängsten vor der unberechenbaren Allgegenwart der Indianer, die trotz ihrer extrem hohen Sterberaten die Bevölkerungsmehrheit ausmachten. Indem man die Indianer zu einer festen Niederlassung zwang, zerstörte man ihre Lebensformen. Indem man die indianischen *Kaziken* in die Verwaltung integrierte, akzeptierte man scheinbar die Hierarchien indianischer Gesellschaften; tatsächlich jedoch wurden die indianischen Eliten zum Handlanger der Eroberer und beschleunigten durch ihre Assimilation die Schwächung der indigenen Kulturen.

Portugiesisch-Amerika oder Brasilien

Aufgrund der Abmachungen von 1493/1494 mit ihren Festlegungen einer Grenzlinie zwischen spanischen und portugiesischen Herrschaftsräumen beschränkte sich der portugiesische Anteil an Amerika auf Gebiete Südamerikas östlich des 46° 37' Grad westlicher Länge. Portugiesisch-Amerika war identisch mit einem Drittel des heutigen südamerikanischen Staates Brasilien. Die portugiesische

Ausgangsposition entsprach derjenigen der spanischen Krone. Für das portugiesische Herrscherhaus Avis war ebenfalls die Missionierung der autochtonen Bevölkerung theoretisch das Primärziel, denen sämtliche anderen, etwaigen Interessen unterzuordnen waren. Wie reagierten die portugiesischen Könige auf ihre neuen Besitztümer? Zunächst einmal mußten sie Brasilien erst einmal offiziell finden. Entdeckt wurde das Land zeitgleich von einem Spanier und einem Portugiesen im Jahre 1500. Obwohl der portugiesische König seinen Anspruch auf das Land gegen Spanien gemäß des Vertrags von Tordesillas de jure durchsetzen konnte, verzichtete er auf dessen faktische Umsetzung. Zwischen 1500 und 1516 kümmerten sich die Portugiesen wenig um ihre jüngste Errungenschaft. Abgesehen von vereinzelten Expeditionen etwa unter Beteiligung von Amérigo Vespucci 1503 waren die Portugiesen und damit die Krone in Brasilien nicht präsent. Die Reichtümer der asiatischen Hochkulturen boten mehr Verlockungen und Reize als der undurchdringliche Regenwald Brasiliens mitsamt seiner gefährlichen Tierwelt und einer indigenen Bevölkerung auf dem Kulturniveau von Sammler- und Wildbeutergesellschaften, also Halbnomaden ohne weitreichende landwirtschaftliche Kenntnisse. Die Portugiesen führten neben dem Missionsauftrag das Rechtsprinzip der ständigen Nutzung und Besiedlung ins Feld. Sie betrachteten die Regenwaldindianer als nichtseßhafte Völker und das Land als herrenlosen Besitz, den man nur zu entdecken, und nicht wie die Spanier in Mexiko oder Peru zu erobern brauchte. Von daher fehlt in der portugiesischen Kolonialtradition in bezug auf Brasilien der militärische Aspekt im Stile der Reconquista, der Kreuzzugsmentalität, die in Spanien sorgfältig gepflegt wurde, aber auch reichlich Material für eine wirksame langanhaltende antispanische Propaganda bot.

Die Forschung geht von circa 4 bis 5 Millionen Indianern in Brasilien aus, davon circa 1,2 Millionen in dem Bereich, der die Portugiesen im 16. Jahrhundert interessierte. Stichproben der wenigen portugiesischen Expeditionen hatten keine Hinweise auf das eigentliche Objekt europäischer Begierden erbracht: Man hatte keinerlei Edelmetalle, Silber oder Gold, in nennenswerten Mengen entdeckt. Damit geriet Brasilien zunächst zu einem unbedeutenden Hinterhof des portugiesischen Kolonialreichs. Goldene Nasen verdiente man sich in Indien im Handel mit kostbaren Textilien, Gewürzen oder Gewerbegütern. Das nach portugiesischem Urteil kulturell und wirtschaftlich unentwickelte Brasilien bot der verwöhnten Krone keinen Anreiz, kolonialpolitische Anstrengungen zu unternehmen. Lediglich Privatpersonen aus Portugal und vor allem die europäische Konkurrenz, namentlich Franzosen, tauchten in Brasilien auf. Sie interessierten sich für das Material, dem Brasilien seinen Namen verdankt: Brasilholz. Aus diesem Holz gewann man einen sehr begehrten roten Farbstoff, genannt »*Bresil*« oder »*Brasil*«, den Europa bis dahin aus Asien bezogen hatte. 1511 erschien erstmals der Begriff »*Terra do Brasil*« auf einer portugiesischen Landkarte als Bezeichnung für Portugiesisch-Amerika. Der Wert des Landes entstand aus seinen wirtschaftlich interessanten Ressourcen. Fortan sprach man vom »Holzland«, von »Brasilien«, und nicht länger vom »Land des wahren Kreuzes«, wie man zuvor in christlicher Demut das Gebiet getauft hatte.

Unter der Regie der Holzhändler, die pro Jahr mehrere Schiffe mit den begehrten Hölzern füllten, entstanden kleine Faktoreien an der Küste, Keimzellen der raren portugiesischen Kolonialstädte: Pernambuco (1502?), Porto Seguro (1503), São Vicente (1508) und Bahia de Todos os Santos (1509). Diese Häfen bildeten das Ziel jener legendenumrankten Heroen späterer brasilianischer und portugiesischer Geschichtsschreibung, der *degredados*, die gleichzeitig mit Missionaren und Händlern ins Land kamen. An diesem Punkt erkennt man die – verglichen mit Spanien – andersartige Einstellung der portugiesischen Krone gegenüber ihrer amerikanischen Kolonie. Auch die portugiesischen Könige pochten auf ihre Macht, ihre Rechte und ihre Kontrolle über die Kolonie, aber sie setzten ihre Möglichkeiten anders um. Lange überließen sie privater Initiative das Terrain. Sie planten kein zweites Portugal in Übersee, sondern sie betrachteten Brasilien zum einen als Ziel für Kommerz und Mission, zum anderen als Abstellplatz für unerwünschte Personen, also Kriminelle oder politische Gegner.

In den Jahren 1500 bis 1530 war Brasilien aus königlicher Sicht minderwertig, wenig erstrebenswert und von untergeordneter Bedeutung. Durch Zwang versuchte man Portugiesen nach Brasilien zu bringen. Bei nur knapp einer Million Einwohnern herrschte in

Portugal keine Angst vor Überbevölkerung, und somit entfielen die üblichen Gründe freiwilliger Auswanderung. Mißernten, ausgelaugte, karge Böden sollten in späterer Zukunft die Migrationsbereitschaft erhöhen. In den ersten Dekaden des 16. Jahrhunderts jedoch war die Landbevölkerung nicht zur Auswanderung zu bewegen: Brasilien wurde somit zum Ziel und Aufenthaltsort der Verbannten. Deportation nach Brasilien stand auf der Bestrafungsskala portugiesischer Gerichte gleich hinter der Todesstrafe – ein Indiz, das viel über das Image Brasiliens bei den Zeitgenossen aussagt. Die internationale Rivalität erwies sich langfristig stärker als mutterländische Vorurteile, Ablehnung und Desinteresse. Die französischen Erfolge bei der Gewinnung von Brasilholz und die kleinen französischen Siedlungsversuche stachelten die Mißgunst der portugiesischen Monarchie an, die sich plötzlich um ihr Eigentum geprellt fühlte und ihre Monopolansprüche auf Raum und Ressourcen gefährdet sah. Erste Versuche, die störenden Franzosen zu vertreiben, wurden seit 1516 unternommen. Küstenpatrouillen sollten die Franzosen von Brasilien fernhalten oder ihren transatlantischen Handel unterbinden. Obwohl Schiffe zur Küstenbewachung eingesetzt wurden, scheiterten diese Bemühungen kläglich. Angesichts der circa 3000 Kilometer langen Küstenlinie, der beschränkten technischen Möglichkeiten von Verkehr und Kommunikation und der geringen portugiesischen Präsenz in dem weiten Land waren Eindringlinge kaum abzuhalten.

Das geringe Interesse der Krone an Brasilien in den ersten Dekaden nach der Entdeckung zeigte sich auch daran, daß sie es im Gegensatz zu ihrem spanischen Nachbarn nicht für nötig hielt, extra mit der Kolonialpolitik beschäftigte Institutionen in Portugal selbst oder in Übersee einzusetzen. Portugal betrieb bis in die 1530er Jahre keine planmäßige Kolonialpolitik, damit erübrigte sich auch die Einrichtung spezieller Verwaltungsorgane. Brasilien wurde kein Sonderstatus eingeräumt, sondern fiel unter die Zuständigkeit der auch mit der Verwaltung Portugals und den portugiesischen Besitztümern in Afrika und Asien betrauten Behörden. Dies änderte sich auch nicht, als die internationale Konkurrenz Portugal zu einem Kurswechsel zwang. Erst die Union der beiden iberischen Staaten unter dem spanischen König Philipp II. von 1580 bis 1640 führte kurzfristig zur Gründung einer Zentralbehörde in Portugal, die ausschließlich mit brasilianischen Angelegenheiten beschäftigt war. Der *Conselho da India*, nach dem Vorbild des spanischen Indienrats organisiert, bestand nur kurz, von 1604 bis 1614. Ob dieses Scheitern eine Folge des portugiesischen Widerstands gegenüber kastilischer Bürokratie war oder auf spanisch-portugiesische Rivalitäten zurückzuführen sein könnte, wird in der Forschung diskutiert. Wollte die portugiesische Krone Brasilien wirksam gegen die Begehrlichkeiten der europäischen Konkurrenz absichern, mußte sie neue Wege beschreiten, und dies geschah schließlich in den 1530er Jahren. Aus Angst vor einer französischen Vereinnahmung Brasiliens vergaß König Johann III. seine bisherige Zurückhaltung gegenüber Territorialherrschaft und formellem Kolonialismus. Im deutlichen Gegensatz zur bis dahin praktizierten portugiesischen Expansionspolitik verlegte sich die portugiesische Krone in Brasilien auf die Schaffung langfristiger Siedlungskolonien. Dieser Prozeß vollzog sich in zwei Phasen:

Phase I: Zwischen 1534 und 1536 nutzte der portugiesische König die Rechte und Möglichkeiten, die ihm aus der päpstlichen Besitzübergabe erwuchsen: Er wurde seinerseits als Lehensherr aktiv, der Teile seiner königlichen Domäne als erblichen Besitz verdienten Untertanen übergab. Zugunsten von dauerhafter Besiedlung und Nutzung verzichtete er auf seine unmittelbaren Zugriffsmöglichkeiten, überließ die eigentliche Initiative und somit auch letztlich die finanziellen Risiken Privatpersonen. Dabei bediente er sich der Institution der *donatarias*, der Eigentümerkolonien, die sich bereits bei der Besiedlung der Azoren und Madeira bewährt hatte und nun in Brasilien angewandt wurde. Die territoriale Abgrenzung der einzelnen *donatarias* oder *capitanias* bewies Originalität. Der nordöstliche Küstenbereich Brasiliens südlich der Amazonasmündung wurde ohne Rücksicht auf geographische Gegebenheiten in unterschiedlich große Abschnitte eingeteilt. Eine natürliche Grenze existierte nur im Osten: der Atlantik; nach Norden und Süden wurden die Grenzen willkürlich festgelegt – im Westen bildete die vage, technisch nicht exakt festzusetzende Linie von Tordesillas eine fiktive Grenze zu Spanisch-Amerika. Diese Einteilung bewies den großzügigen Umgang der Krone mit Land. Die schematische Aufteilung dieses weiten Gebiets zeigt aber auch, daß man wenig Interesse an natürlichen Grenzen zeigte und Grenzziehung als abstrakten Ausdruck des königlichen Willens verstand; dieses Vorgehen wurde sicherlich dadurch begünstigt, daß man noch wenig Kenntnisse über die tatsächlichen geographischen Verhältnisse besaß und so keine natürlichen Grenzen bei der Landvergabe berücksichtigen konnte.

Zwischen 1534 und 1536 entstanden 15 *donatarias*, die zwölf Eigentümern, den *donatarios* aufgrund einer Schenkungsurkunde zugesprochen wurden. Die *donatarios* verfügten über weitreichende Rechte. Die Krone übergab ihnen nicht nur das Land, sondern auch alle Rechte, die aus diesem Besitz erwuchsen. Die *donatarios* übten sämtliche administrativen, fiskalischen, richterlichen und militärischen Funktionen eines Herrschers aus. Sie hatten die Gewalt über die indigene Bevölkerung, die sie in unbegrenzter Anzahl versklaven und zum Verkauf bringen durften. Mit der freien, langfristigen Verfügbarkeit über Land und Menschen durch Privatpersonen wählte die portugiesische Krone andere Wege als Kastilien. Die Machtfülle der *donatarios* hat die Forschung zu intensiven Diskussionen über die Frage verführt, ob mit der Institution der Eigentümerkolonien ein mittelalterliches Feudalsystem von Portugal nach Brasilien übertragen worden sei. Charles Boxer hat in diesem Streit ein salomonisches Urteil gefällt: Er spricht von dem System der *donatarias* als »der portugiesischen Form des Feudalismus«[70].

Das Prinzip der *donatarias* schien erfolgversprechend: Die Krone streute das finanzielle Risiko, indem sie Privatpersonen in die Besiedlung Brasiliens einband. Weiterhin blieb sie am finanziellen Output der ersten portugiesischen Großraumkolonie beteiligt, da sie auf ihre Kontrollrechte beim Handel und dem Steueraufkommen bestand. So konnten königliche Finanzbeamte die *donatarios* beaufsichtigen und ein Fünftel des Ertrags der erhofften Edelmetall- und Edelsteinfunde für die Krone beanspruchen. Trotz positiver Ansätze erwies sich das neuartige portugiesische Eigentümermodell langfristig als Flop. Das System scheiterte an den Eigentümern. Sie formten keine homogene Gruppe. Unterschiede bestanden in ihrer sozialen Herkunft und den individuellen Fähigkeiten. Die Eigentümer entstammten nicht dem hohen Adel, verfügten somit also nicht generell über Beziehungen und Kapital. Es waren Veteranen, Kaufleute, Verwaltungsbeamte und Seeleute, die den Herausforderungen kaum gewachsen waren. Die Kolonisationsprojekte in den vier nördlichen *donatarias* mißlangen bereits im Ansatz, da die Küstengebiete nicht eingenommen werden konnten und somit kein Brückenkopf für die Besiedlung des Hinterlandes verfügbar war. Andere Portugiesen gingen zwar an Land, gründeten auch eine winzige Niederlassung, zeigten jedoch nur wenig Interesse an landwirtschaftlicher Pionierarbeit. Lieber verlegten sie sich ganz in der Tradition spanischer Glücksritter auf abenteuerliche Schatzsuche. Die meisten kamen im Regenwald um; der Rest kapitulierte vor feindlich gesonnenen Indianern und verließ das Land auf Nimmerwiedersehen. Dieses Erlebnis führte dazu, daß Portugal Nordbrasilien für mehr als 100 Jahre ignorierte und keine neuerlichen kolonialen Unternehmungen startete.

Andere *donatarios* konnten ihr Land zwar in Besitz nehmen und Siedlungen gründen, jedoch scheiterten sie langfristig an Kapitalmangel, an mangelhafter Eignung der Siedler oder an fehlenden Ortskenntnissen, hervorgerufen dadurch, daß viele Eigentümer durch Abwesenheit glänzten und wenig motivierten Verwaltern die Geschäfte übergaben. Interne Zwistigkeiten taten ein übriges, um potentielle Pioniere zu vergraulen. Wiederholt kam es zu Streit unter den weißen Siedlern, verstärkt dadurch, daß seit 1535 erneut *degredados* ins Land kamen. Zu diesem Zeitpunkt verfügte ein königlicher Erlaß, daß Brasilien die Insel São Tomé vor der westafrikanischen Küste als Verbannungsort für Kriminelle und sonstige in Portugal unerwünschte Elemente ablösen sollte. Der Zuzug von circa 400 *degredados* erhöhte zwar die Zahl der Weißen in Brasilien, trug jedoch nicht zur inneren Stabilität der kolonialen Gesellschaft bei. Weitere Spannungen entstanden zwischen den wenigen Weißen und Indianern. Konflikte zwischen einigen von Sklaverei und europäischen Krankheiten verschonten Indianern und den Siedlern konnten einer *donataria* das Rückgrat brechen. Ein solches Schicksal ereilte den *donatario* von Bahia, den Indienveteran Francisco Pereira Coutinho. Er hatte Kolonisten gewinnen und erfolgreich die Produktion von Zuckerrohr aufnehmen können, als er während Unruhen von Indianern getötet wurde. Nur zwei der 15 Abschnitte – Pernambuco und São Vicente – konnten Erfolge verbuchen, wobei die dortigen relativ guten indianisch-portugiesischen Beziehungen der Garant für den Fortbestand dieser Kolonien boten. Ein positives Beispiel bot Pernambuco, eine *donataria* in der nördlichen Hälfte der Kolonie. Der dortige Eigentümer Duarte Coelho Pereira, ein Indienveteran, lebte vor Ort, verfügte über finanziellen Rückhalt bei Kaufleuten im Mutterland und verband militärisches und wirtschaftliches Know-how. Pernambuco beschritt nicht nur in wirtschaftlicher Hinsicht, mit der Hinwendung zur Zuckerrohrproduktion, einen zukunftsweisenden Weg; auch in Hinblick auf die indianisch-weißen Beziehungen entwickelte es sich zum Prototypen der brasilianischen Gesellschaft. Auf der einen Seite vertraten die Portugiesen bezüglich der Indianer und deren Versklavung ähnliche Ansichten wie die benachbarten Spanier. Für Portugiesen und Spanier ebenso wie für die betroffenen Indianer war Sklaverei ein übliches, bei den Regenwaldindianern wie in den europäischen Mutterländern praktiziertes Machtmittel. Die europäische Bereitschaft zur Versklavung kampftechnisch unterlegenerer Menschen anderer Rassen und Kulturen wurde durch die klimatischen Bedingungen der Tropen und die Abneigung gegenüber körperlicher Arbeit als Ausdruck gesellschaftlicher Minderwertigkeit verschärft. Theologie und Recht halfen auch den Portugiesen, die Indianer als minderwertige unverbesserliche Menschen einzustufen, gegen die man einen »gerechten Krieg« führen und die man zur Bestrafung versklaven konnte. Unter dem Einfluß eines moderaten Humanismus entstanden zwar auch in Portugal Gesetze, die die Versklavung befreundeter Indianerstämme verboten und eine Ansiedlung der Indianer in jesuitischen Indianermissionen erzwingen wollten, jedoch blieb es zumeist bei guten Vorsätzen, die nur selten zugunsten der Indianer realisiert wurden. Zugleich bieten die florierenden portugiesischen *donatarias* Beispiele für ein relativ friedliches Zusammenleben zwischen Portugiesen und Indianern. Der Gründer von Pernambuco etwa baute Forts gegen Indianer und zog gegen sie zu Felde, um kurz danach einen seiner nahen Verwandten mit einer Kazikentochter aus dem Volk der Tabajaras zu verheiraten.[71] Offenbar waren seine anti-indianischen Aktionen weniger der Ausdruck eines generellen Rassismus, da er eine Indianerin als passende Ehefrau für einen Weißen betrachtete, als ein

Mittel militärisch-politischer Erfordernisse. Der Mangel an weißen Frauen, der in Brasilien noch ausgeprägter war als in Spanisch-Amerika, führte zu diversen sexuellen Kontakten zwischen Portugiesen und Indianerinnen oder Afrikanerinnen. Die Folgen dieser Begegnungen waren offensichtlich. Es entstanden rasch wachsende neue Bevölkerungsgruppen von Mulatten und Mestizen. Im Gegensatz zu den Spaniern, die in Spanisch-Amerika zunehmend einer abstrusen Rassenpolitik zuneigten, fand die Verbindung der Rassen in Brasilien die vorsichtige Duldung der portugiesischen Krone und selbst der Kirche. Urs Bitterli sieht die Ursachen dieser gelungenen Kulturbeziehungen in der Mentalität der Portugiesen, die er als eine ausgesprochene »Mischrasse« beschreibt. Rassenbewußtsein und Rassenvorurteile hätten sich dort nicht entwickeln können.[72] Diese Einschätzung wird vom Gros der Forschung abgelehnt. Wie ihre spanischen Standesgenossen pochten auch hochadelige Portugiesen auf die Reinheit ihres Blutes oder ergingen sich in Intoleranz gegenüber einer religiösen Minderheit wie den Juden. Das relativ friedliche Miteinander in Brasilien resultierte nicht aus kultureller Offenheit oder sexuellem Notstand. Die schnelle Rassenmischung im Verein mit dem gleichzeitigen Rückgang bzw. der Zerstörung indigener Bevölkerungsgruppen infolge von Vernichtung, Krankheiten, Versklavung und rückläufiger natürlicher Reproduktion der indianischen Völker führte in den Zuckerboomkolonien zu einem gelasseneren Umgang zwischen Weißen und Indianern. Die Weißen verloren durch die wachsende Nähe und emotionalen Verbindungen, vor allem durch die rückläufigen Zahlen der Indianer ihre Angst vor den Einheimischen. Konsequent wuchs mit der wachsenden Anzahl der Schwarzen, die als Sklaven nach Brasilien verschleppt wurden, die Furcht der Weißen vor den Schwarzen.

Anders als in Spanisch-Amerika erfolgte in Brasilien die Kolonisation nicht auf der städtischen Schiene. Die Portugiesen waren weniger als die Spanier auf Städte als Zeichen ihrer Kolonialmacht fixiert; sie orientierten sich mehr auf die Vereinnahmung des Landes. Folglich bildeten Städte in ihrem Einflußbereich Raritäten. Um 1540 existierten circa 15 Kleinstädte und Dörfer mit 2000 Siedlern, davon lebten etwa die Hälfte in den *donatarias* Pernambuco und São Vicente. Gemäß ihrer Neigung, wie Krabben immer am

Meer zu siedeln, lagen ihre Siedlungen vorzugsweise an der Küste. Zwischen den einzelnen Dörfern und Städtchen bestanden kaum Verbindungen. Statt einen regionalen Austausch zu etablieren, waren die Kolonisten auf Portugal fixiert. Von dort kamen Menschen, Informationen, Waren und auch Instruktionen – so blieb die Bindung an das Mutterland und die Krone gewahrt. Die atlantische Orientierung der Kolonisten, die lange kein Bewußtsein einer »brasilianischen« Identität aufkommen ließ, entsprach mutterländischen Interessen. In Krisenzeiten erwies sich die mangelhafte innerkoloniale Kommunikation als Dilemma. Bei Angriffen von außen, etwa von französischer Seite, konnten die Eigentümer sich kaum verteidigen. Damit war der königliche Besitz massiv gefährdet und drohte den Gegnern als reife Frucht in den Schoß zu fallen.

Damit begann Phase II: 1548/49 mußte sich die portugiesische Krone das Scheitern des Eigentümersystems eingestehen. Durch die Verlagerung der Verantwortung auf die private Ebene war die Kolonie im Ernstfall als ganzes nicht verteidigungsfähig. Diese unerfreuliche Erkenntnis veranlaßte den Monarchen zu einem radikalen Kurswechsel seiner Kolonialpolitik. Fortan setzte er auf einen rigiden Zentralismus. Die *donatarias* blieben erhalten, ihre Eigentümer jedoch mußten auf einen Großteil ihrer Rechte verzichten. So ging der militärische Oberbefehl an den Vertreter der Krone über, den Inhaber des frisch geschaffenen Postens des Generalgouverneurs. Durch ihn war die Krone präsent, und die Anbindung Brasiliens an Portugal sollte betont werden. Die spätere Umwandlung dieser Stellung im Jahre 1640 in die eines Vizekönigs unterstrich die Neubewertung der Kolonie durch die Krone. Die fortbestehenden Streitigkeiten zwischen Generalgouverneur/Vizekönig und den *donatarios* folgte dem gleichen Herrschaftsprinzip, das die spanische Krone in ihrem Kolonialreich anwandte. Auch die portugiesischen Könige zielten auf ein Gleichgewicht der Kräfte: Weder die Lokal- und Provinzgewalten, noch der Generalgouverneur/Vizekönig sollten allzu stark werden. Der Generalgouverneur bzw. sein Nachfolger, der Vizekönig, sollte die Zentralmacht vertreten, aber der Krone sollte kein brasilianisches Gegenkönigtum entstehen. Diese Kraft sollte durch die Partikulargewalten in Schach gehalten werden.

Die Gewinne aus der Zuckerproduktion waren einer der Gründe, daß Brasilien sein Hinterhofimage verlor und zu einem Hauptschauplatz portugiesischen Kolonialinteresses wurde. Zur gleichen Zeit, gegen Ende des 16. Jahrhunderts verlor Portugal seine dominante Stellung in Asien an die Niederländer. Hier war Portugal sicherlich ein Opfer der spanischen-portugiesischen Personalunion geworden, wodurch Portugal als Teil des spanischen Weltreichs zur leichten Beute niederländischer Aggression in der weltweit von den Niederländern geführten Auseinandersetzung mit Spanien wurde. Zwischenzeitlich, von 1630 bis 1654, verlor Portugal Teile Brasiliens an die Niederländer. Nach diesem Intermezzo konzentrierte Portugal zwangsläufig sein ganzes Interesse auf Brasilien, was neben verstärktem wirtschaftlichem Engagement wie z.B. die Gründung von Handelskompanien, Erschließung neuer landwirtschaftlicher Nutzflächen, vermehrte spanisch-portugiesische Grenz- und Territorialkonflikte zur Folge hatte. Erst mit den Verträgen von Madrid (1750) und Pardo (1761) einigten sich beide Kontrahenten.[73]

Die anderen westeuropäischen Kolonialmächte

Vereinzelte Vorstöße der Westeuropäer in den amerikanischen Raum waren während des 16. Jahrhunderts immer wieder zu verzeichnen gewesen. Da die Zentren spanischer Herrschaft in Amerika, besonders die pazifischen Gebiete, wenig Angriffsmöglichkeiten boten, konzentrierten sich die europäischen Nachkömmlinge auf die Peripherie Spanisch-Amerikas: Die atlantische Flanke, die Kleinen Antillen und die Ostküste Nordamerikas, bildeten die von Spaniern militärisch ungeschützten Schwachstellen des Reichs. Auch die Portugiesen, obwohl sie aufgrund der päpstlichen Bestimmungen Teile Nordamerikas zumindest theoretisch beanspruchten, vernachlässigten den Norden. Dort fanden sich Gebiete, die von den iberischen Mächten faktisch nicht in Besitz genommen worden waren. Sie dienten als gelegentliches Ziel französischer und englischer Landungsunternehmen. Fischer, Piraten, Forscher und Händler agierten als Vorhut. Sie beschränkten sich auf Einzelaktionen, ohne längerfristige Planungen oder dauerhafte Konsequenzen. Gerade das Sinnen und Trachten der Piraten richtete sich überwiegend auf Profite, schnelle Beute und militärische Nadelstiche zu Lasten der Spanier. Die Franzosen zerstörten 1555 Havanna auf Kuba. Der Engländer Francis Drake absolvierte 1572/73 Raubzüge in Mittelamerika. Seine erfolgreichen Überfälle in Santo Domingo und Cartagena 1585/86 trugen wesentlich zur Verschlechterung der englisch-spanischen Beziehungen bei. Gleichermaßen aus Angst um seine Silberflotte wie aus Ärger über englische Hilfeleistungen an die niederländischen Rebellen seit 1585 schickte der spanische König Philipp II. 1588 seine Armada gegen England. Dem gottlosen Inselreich seiner früheren Schwägerin Elisabeth I. sollten die Leviten gelesen werden.

Konsequent verfolgte amerikanische Siedlungsprojekte der Westeuropäer hingegen hatten im krisengeschüttelten, unruhigen 16. Jahrhundert Seltenheitswert. Von 1541 bis 1543 versuchten die Franzosen Jacques Cartier und Jean-François de Roberval eine Siedlung in der Nähe des heutigen Quebec zu begründen. Sie scheiterten; angesichts des rauhen kanadischen Klimas, des Skorbuts und der Feindseligkeit der dort lebenden Indianer traten sie bald den Rückzug an.[74] 1562/63 gründeten die französischen Protestanten Jean Ribault und René Goulaine in Florida Fort La Caroline. Diese Aktion empfanden die Spanier, die das Gebiet für sich beanspruchten, nicht nur als politischen und religiösen Affront. Das französische Fort attackierte einen neuralgischen Punkt Spanisch-Amerikas: Es bedrohte die spanische Silberflotte, die die Strömungsverhältnisse vor der Küste Floridas für ihre Rückfahrt nach Europa nutzte. Die Zerstörung des Forts 1565, der lediglich einige Frauen, Kinder und Katholiken entrannen, resultierte aus dem zwanghaften Sicherheitsbedürfnis der Spanier nach Glaubensreinheit und Besitzstandswahrung. In den 1570er Jahren, als die Spanier durch die aufständischen Niederländer abgelenkt waren, starteten Engländer und Franzosen zu neuen Anläufen Richtung Amerika. 1576 machte sich Martin Frobisher auf die Suche nach einer Nordwestpassage. 1578 nahm Humphrey Gilbert Neufundland für

England in Besitz. Allerdings konnte er sich nicht lange seines Erfolgs erfreuen, da er auf dem Heimweg mit seinem Schiff verunglückte. Wenige Erfolge waren auch den Franzosen beschieden. Immerhin entstand um diese Zeit mit Tadoussac am Unterlauf des St. Lorenzstroms eine französische Pelzhandelsstation, die Niederlassungen auf Neufundland waren jedoch zum Scheitern verurteilt. Wenige Jahre später planten Engländer neue Projekte: Unterstützt durch eine antispanische Fraktion am Hofe Elisabeths I. propagierten sie eine englische Kolonialpolitik als Teil der englischen Europapolitik.

1584 veröffentlichte der anglikanische Geistliche Richard Hakluyt eine Propagandaschrift zugunsten einer englischen Expansionspolitik. In seiner Schrift »A Discourse concerning western planting« malte er das Bild englischer Kolonien in Nordamerika in den schönsten Farben.[75] Angeregt durch das irische Vorbild, bediente er sich dabei Begriffe, die im Zuge der englischen Vereinnahmung Irlands geprägt worden waren. Alle denkbaren Argumente für die Gründung und den Unterhalt von Kolonien faßte er auf ebenso knappe wie prägnante Weise zusammen: Kolonien dienten wirtschaftlichen Interessen, indem dort Rohstoffe (z. B. Pelze, Holz, Metall, Salz, landwirtschaftliche Güter) produziert würden und Absatzmärkte für heimische Gewerbeerzeugnisse entstünden, wodurch das rückständige Entwicklungsland England von europäischen Importeuren und Importen unabhängig werden könnte. Kolonien würden Edelmetalle und *naval stores* (Mastholz, Pech, Teer, Hanf) liefern und somit den englischen Finanzen und dem Aufbau einer englischen Flotte dienen. Kolonien wären der geeignete Platz, um gescheiterte Existenzen zu resozialisieren und zugleich England von brisanten sozialen Problemen zu befreien. Die Landflucht in England aufgrund veränderter landwirtschaftlicher Anbau- und Produktionsmethoden hatte in der zweiten Hälfte des 16. Jahrhunderts zu einem massiven Armuts- und Obdachlosenproblem geführt. London platzte allmählich aus allen Nähten. Die kleinen dörflichen Gemeinden auf dem Lande waren mit der Versorgung der Arbeits- und Heimatlosen überfordert. Die Krone wiederum beurteilte Menschen außerhalb fester sozialer Bindungen und Kontrollmechanismen wie Familie, Arbeitsplatz und Kirche als potentielle

Unruhestifter. Der »Mob« sollte von der Straße und in die Kolonien. Damit erhielten etwaige künftige Kolonien von vornherein ein negatives Image, da sie als Entsorgungsplatz sozialer Problemfälle in Erwägung gezogen wurden. Neben innenpolitischen, sozialpolitischen und wirtschaftlichen Zielen verfolgte Hakluyt bei seiner Begeisterung für Kolonien noch andersartig gelagerte Interessen. In Anlehnung bzw. Umkehr der elementaren iberischen Begründung für deren Recht auf die amerikanische Landnahme, den katholischen Missionsgedanken, führte auch Hakluyt den Missionsauftrag ins Feld. Dies geschah eher beiläufig, ohne wirkliche Überzeugung. In Anbetracht seiner Stellung als anglikanischer Pfarrer plädierte er für die protestantische Mission zugunsten der amerikanischen Bevölkerung. Im Kern jedoch waren seine Ausführungen außenpolitisch motiviert. Seine Vorstellungen einer englischen Kolonialpolitik richteten sich gegen Spanien und dessen König Philipp II. Gerade der antispanische Unterton seiner Argumentation scheint allgemeines Interesse gefunden zu haben, denn bereits 1585 entstand in North Carolina, am Rande spanischer Präsenz in Nordamerika, eine englische Niederlassung. Dieser Versuch auf Roanoke Island war ebenso erfolglos wie das Nachfolgeunternehmen. Als 1590 Versorgungsschiffe vor Roanoke eintrafen, war die winzige Siedlung verlassen, und von den Bewohnern fehlte jede Spur. Der eigentliche Zweck dieser »*lost colony*«, die noch immer die Spekulationslust von Historikern erregt,[76] bestand darin, einen strategisch günstig gelegenen Stützpunkt für den antispanischen Kaperkrieg zu bieten. Mittlerweile hatten sich aufgrund der englischen Begünstigung der aufständischen Niederländer die englisch-spanischen Beziehungen drastisch verschlechtert; beide Länder beharkten einander kräftig, doch wahrte man offiziell noch den Schein.

Das Verhältnis der jeweiligen Länder zu Spanien beeinflußte wesentlich die Entscheidung für Siedlungsprojekte in Übersee. Es war die Gegnerschaft zu Spanien und der Neid auf das spanische Wirtschaftswunder, wodurch die Westeuropäer nach Übersee gelockt wurden. Die antispanische Propaganda und der demonstrativ vorgebrachte Widerwillen gegen Spanien resultierten aus wirklicher Überzeugung, aber dienten ebenso als Argumentationshilfe und Vorwand, um sich Stücke aus dem verlockenden Kolonialkuchen herauszuschneiden. Zu England, dem neuen Gegner Spaniens, und zu Frankreich, dem alten Gegner Spaniens, gesellte sich zu Beginn des 17. Jahrhunderts ein junges Mitglied der europäischen Staatenfamilie, die Niederlande. Die sieben niederländischen Provinzen hatten lange zum burgundisch-spanisch-habsburgischen Reich gehört, bevor sie sich in Form einer Republik nach langen schweren Geburtswehen von ihrem spanischen Landesherrn, König Philipp II., losgesagt hatten. Mit der Wiederaufnahme der niederländisch-spanischen Feindlichkeiten 1621 traten die Niederlande offiziell in die Arena der Kolonialherren ein und attackierten wie England und Frankreich den iberischen Besitz in der westlichen Hemisphäre.

Spätestens zu Beginn des 17. Jahrhunderts waren in England, Frankreich und in den Niederlanden die Würfel zugunsten der Bildung von längerfristigen Kolonien in Amerika gefallen. Welche Wege beschritten die Konkurrenten um Land, Macht und Märkte?

Englisch-Amerika

Die Engländer ergriffen 1607 die Initiative und gründeten mit Jamestown, der Keimzelle der Kolonie Virginia, die erste, dauerhafte nicht-iberische Niederlassung auf amerikanischem Boden. Wenn sich auch die englischen Rechtskonzepte zunächst gravierend von den iberischen Argumenten der Landnahme unterschieden, so glichen sie sich doch in der Einstellung, wer über amerikanisches Land verfügen durfte. Wie die kastilischen und portugiesischen Könige des 15. und 16. Jahrhunderts betrachteten auch die englischen Könige des 17. und 18. Jahrhunderts amerikanisches Land als ihr persönliches Eigentum. Sie untermauerten ihre Argumentation mit Hinweisen auf das Kulturniveau der Indianer, die durch ihre angebliche Faulheit, Lethargie und Gottlosigkeit jeglichen Anspruch auf Landbesitz verwirkt hätten. Die englischen Monarchen vereinnahmten die überseeischen Territorien als selbstverständlicher Teil der Krondomäne, der ihnen unmittelbar unterstand und dem Einfluß des englischen Parlaments entzogen war. Das hatte zur Folge, daß bis tief ins 18. Jahrhundert hinein dem englischen Parlament kein Mitspracherecht in der Kolonialpolitik eingeräumt wurde und die Kolonien nicht im Parlament repräsentiert waren. Obwohl die Regierung die Weichen der Kolonialpolitik stellen konnte, schöpfte sie ihr Potential nicht voll aus. Der Begriff »Englisch-Amerika« weckt falsche Assoziationen. Zum einen schuf England in Amerika keinen geographisch in sich geschlossenen Kolonialraum; der entstand im Laufe der Zeit eher zufällig dank günstiger diplomatischer Absprachen in Europa. Zum anderen praktizierte England keine zentrale, straff organisierte Kolonialpolitik, wie sie Spanien anstrebte und teilweise auch realisieren konnte. Die englischen Kolonien in Amerika lagen zunächst wild in Nordamerika und der Karibik verstreut, und weder ihre Gründung noch ihre Organisation folgten einem koordinierten Plan. Zwar war die Kolonialisierung Sache der Krone, jedoch erging sie sich in Lässigkeit und ermöglichte – wissentlich, unwissentlich – eine Fülle kolonialer Experimente, wodurch Englisch-Amerika die rechtliche, soziale, religiöse, wirtschaftliche und politische Farbigkeit eines Flickenteppichs aufweist. Der lockere Umgang beruhte allerdings nicht auf Toleranz, vielmehr war er Ausdruck von Desinteresse und Ignoranz. Die amerikanischen Kolonien mit ihrem Sammelsurium von Ideen, Strukturen und Gesellschaften spielten im Bewußtsein englischer Monarchen zumeist nur untergeordnete Rollen. Lediglich die karibischen Zuckerinseln, die wirtschaftliche Profite erbrachten und deshalb wie Barbados als »Juwel in der englischen Krone« bezeichnet wurden, erfreuten sich größeren Interesses. Insgesamt jedoch standen die Kolonien am Rande des Denkhorizonts englischer Regierungen. Abgesehen von kurzen Intermezzi unter den Stuartbrüdern Karl II. (1660–1685) und Jakob II. (1685–1689) und dessen Schwiegersohn Wilhelm III. (1689–1702), denen zeitweilig aus unterschiedlichen Gründen an ihren überseeischen Besitzungen gelegen war, gab man erst gegen Mitte des 18. Jahrhunderts die langgeübte Politik der heilsamen Vernachlässigung, des »*salutary neglect*« auf. Aus einem verstärkten »*maritime interest*« heraus bemühte sich die Krone, nun auch unterstützt vom Parlament, letztlich zu spät, die Kolonien fester unter die Kandare Londons zu zwingen.[77] Das Ergebnis ist bekannt: Die dreizehn nordamerikanischen Kolonien entzogen sich 1776 der mutterländischen Kontrolle durch ihre Unabhängigkeitserklärung.

Wie in Portugal verzichtete man während des 17. Jahrhunderts in London und in den Kolonien auf die Schaffung zentraler Behörden für die Durchführung einer einheitlichen Kolonialpolitik. Stattdessen übte man sich in Stückwerk und Ad-hoc-Entscheidungen. Es gab keine exklusiven Verwaltungsorgane, keine Missionsbehörden, keinen Indienrat oder Stellen, die sich mit den Indianern beschäftigten. Erst 1696, als die Kolonien in ihrer Funktion als Austragungsorte englisch-französischer Differenzen strategische Bedeutung gewannen, entstand mit dem *Board of Trade and Plantations* ein Gremium, das sich neben den Vize-Admiralitätsgerichten mit Fragen kolonialer Administration und Rechtsprechung beschäftigte. Doch auch der *Board of Trade and Plantations* bildete keine eigenständige Behörde, sondern unterstand dem *Privy Council*, dem Beraterstab der Krone, und war ein Produkt königlichen Willens.[78] Die Planlosigkeit der englischen Kolonialisierung spiegelt sich in der Vielfalt kolonialer Organisationsformen. Angesichts der Meinungspluralität in England und unter den an der Kolonialisierung beteiligten Gruppen entwickelte die Krone kein einheitliches Kolonialkonzept, sondern reagierte auf die jeweiligen Initiatoren, Interessen und Investitionsgeber. Wie die portugiesische Krone probten die Stuartkönige die Minimalisierung der Risiken, indem sie private Aktivitäten und vor allem privates Kapital in die Kolonialisierung einbanden, sich selbst mit einer Rolle im Hintergrund begnügten, dabei aber auf die Wahrung ihrer Rechte und Privilegien pochten. Je nach Bedarf standen der staatlichen Macht Alternativen zur Verfügung, um ihren Einfluß auf die koloniale Welt zu erhalten, so daß man die Typen der englischen Kolonien auf wenige Basismodelle reduzieren kann: Kronkolonie, Charter- und Eigentümerkolonie. Erschwerend kommt hinzu, daß die Kolonien freiwillig und unfreiwillig im Laufe der Zeit ihren besitzrechtlichen Status wechseln konnten; als Charterkolonie entstanden, um später als Kronkolonie dazustehen.

Blieb eine Kolonie unmittelbar der Krone unterstellt, handelte es sich um eine Kronkolonie oder ein *Dominion*. Den Status einer Kronkolonie hatten zeitweilig Virginia, das »*Old Dominion*«, Jamaika und Barbados inne. In einer Kronkolonie wurde der König durch den von ihm ernannten Gouverneur repräsentiert. Ihm zur Seite stand ein »*Royal Council*«, dessen Mitglieder ebenfalls vom König auserkoren wurden. Über die Existenz weiterer Gremien wurde heftig gestritten, mit dem Resultat, daß in Kronkolonien Versammlungen der jeweiligen Eliten entstanden. Neben den Kronkolonien etablierte die Krone sogenannte Charterkolonien und Eigentümerkolonien. Gerade bei der Bildung von Eigentümerkolonien traten die Stuarts in portugiesische Fußstapfen. Dem lusitanischen Vorbild entsprechend verzichteten die englischen Monarchen auf weite Bereiche ihrer Vorrechte, indem sie Erschließung, Besiedlung, Nutzung und Profite einer Kolonie einem privaten Eigentümer überließen, der damit innerhalb der Kolonie an die Stelle des Königs trat. Bei der Eigentümerkolonie Maryland werden die mittelalterlichen Wurzeln der englischen Übersee-Expansion deutlich. In einem bestimmten Maße wurden feudale Strukturen nach Amerika verpflanzt. So entstanden in Maryland »*Manors*«, große Ländereien unter der Leitung eines »*Lord of the Manor*«. Allerdings erschöpften sich die feudalen Elemente in Ansätzen; in der Realität erwiesen sie sich als undurchführbar. Das dritte Modell betrifft die sogenannten Charterkolonien, dazu zählten zeitweilig Virginia, Massachusetts, Rhode Island und Connecticut. In einer Urkunde, einer Charter, delegierte der König die kolonialen Aufgaben an ein Konsortium privater Geldgeber, Händler und Interessenten. Auch in diesem Fall erfolgte eine Verschmelzung traditioneller Elemente. Die Krone agierte als Lehensherr, der Land mitsamt allen daran geknüpften Rechten und Pflichten seinen Untertanen überließ. Diese Untertanen wiederum traten nicht als Individuum in Erscheinung, sondern formierten sich nach bewährter Methode zu Handelskompanien, die überseeische Siedlungsaktionen als langfristig finanziertes Investitionsgeschäft in der Hoffnung auf reiche Dividenden aufzogen. Verwaltet wurde eine Charterkolonie durch einen von der Kompanie bestimmten Gouverneur und eine Art »Zwei-Kammer-Parlament«, wobei die Bezeichnungen für die Versammlungen regional variierten. In allen Kolonien entstanden politische Körperschaften, die scheinbar englische Verhältnisse nach Übersee übertrugen.

Bemerkenswert an der Charterkolonie war die Charter selbst. Dieses traditionelle Herrschaftsinstrument gewann im atlantischen Kontext einen unerwartet hohen Stellenwert und entwickelte eine Eigendynamik, die sich langfristig gegen ihre Urheber wenden konnte. »In den Charter-Kolonien«, so Hermann Wellenreuther, »trat schon früh etwas völlig Neues zwischen König und Kolonisten: die Charter selbst, die, zwar königliches Rechtsinstrument, hier den Charakter einer Verfassung annahm, die mit ihrer Besiegelung dem unmittelbaren königlichen ... Zugriff entzogen war.«[79] Einen Sonderfall bot Georgia. Diese Kolonie entstand 1732 ausdrücklich durch königlichen Willen. Sie diente strategischen Absichten ebenso wie einer philanthropischen Sozialpolitik. Um diese hochgesteckten Ziele zu erreichen, griff man weder auf Gouverneure noch auf private Kräfte zurück, sondern übertrug die Regierungsverantwortung einer Gruppe von *Trustees*, die allein der Krone Rechenschaft schuldeten. 1752 kapitulierten die *Trustees* vor den Zuständen und gaben die Kolonie an die Krone zurück.[80]

So wenig ein einheitliches Konzept verfolgt wurde, so wenig richtete sich das englische Kolonialinteresse auf bestimmte geographische Ziele. Englische Kolonialunternehmer probierten anfangs überall dort ihr Glück, wo keine unmittelbaren militärischen, von daher kostenintensiven Konfrontationen mit Spanien drohten. Die ersten Siedlungsprojekte im 17. Jahrhundert unternahm man in der Chesapeake-Bay. Zwischen 1606 und 1607 entstand dort die Charterkolonie Virginia. Der altgediente Haudegen und Weltenbummler John Smith hat umfangreiche Beschreibungen der schweren Gründungsjahre hinterlassen; seine Abhandlungen liefern nicht nur wertvolle Informationen eines Kronzeugen über indianische Lebenswelten bei Ankunft der Engländer und linguistische Details, Smith beschreibt überaus anschaulich die internen Probleme einer Gesellschaft elitärer englischer Schatzsucher, die in keiner Weise auf die Bedürfnisse des kolonialen Lebens vorbereitet waren und entsprechend harte Entbehrungen erlitten, vergleichbar den spanischen Konquistadoren, die aus falschem Standesstolz ebenfalls jede körperliche Arbeit als nicht standesgemäß ablehnten.[81] Trotz verschiedener Charter (1606, 1609, 1612) und zu Beginn relativ guter indianisch-englischer Beziehungen, die zur Heirat zwischen einem

Engländer und der Kazikentochter Pocahontas führten, bekam das kleine Häuflein von knapp 1000 Kolonisten seine Probleme nicht in den Griff. Schwere Mißverständnisse mit den Powhatans, die sich um ihr Land betrogen sahen, führten 1622 zu heftigen indianisch-virginischen Konflikten. 1624 zog die Krone die Charter der *Virginia Company of London* ein und machte Virginia zur Kronkolonie.[82] Kurz zuvor war etliche hundert Kilometer weiter nördlich mit der *Plymouth Plantation* eine zweite Niederlassung englischer Siedler auf nordamerikanischem Boden entstanden. Sie unterschied sich diametral von dem virginischen Projekt. Hatte im Süden eine Gruppe von militanten, goldgierigen und überwiegend arbeitsscheuen Männern das Sagen gehabt, so überwogen in der Gruppe, die 1620 auf der berühmten »*Mayflower*« landete, Handwerker mit ihren Familien im Schlepptau. Vor allem trieben die radikalen Protestanten, die »*Pilgrim Fathers*«, weltanschauliche Überlegungen nach Amerika. Ungestört wollten sie auf scheinbar jungfräulichem Boden ihre strengen, wenig toleranten Vorstellungen von Religion und Politik verwirklichen. Ihr Ideal einer Gemeinschaft formulierten sie im sogenannten »*Mayflower Compact*«, der mittlerweile fälschlicherweise genauso zum Freiheitsmythos der USA gehört wie *Plymouth Rock*, *Plymouth Plantation* oder die Reproduktion der »*Mayflower*«, die Objekte einer boomenden Freizeitinszenierung geworden sind. Abgesehen von ihrer ideellen Bedeutung für das US-amerikanische Selbstverständnis besaß die kleine Siedlung nur geringe überregionale Ausstrahlkraft.[83] Schnell geriet sie in den Sog der übermächtigen *Massachusetts Bay Company* mit ihrem Zentrum Boston, die 1629 eine Charter erhielt. Angelegt war die *Massachusetts Bay Company* ähnlich der *Virginia Company* – ihre Aufgaben als Kapitalgesellschaft bestanden in der Besiedlung, Verwaltung und Nutzung der Kolonie Massachusetts. Entgegen den ursprünglichen, eher auf wirtschaftlichen Profit ausgerichteten Absichten entwickelte sich Massachusetts aus Ablehnung gegen metropolitane Forderungen zu einer Hochburg der kongregationalistischen Kirche. Religiöser Glauben, die Vorstellung des eigenen Auserwähltseins durch Gott und politische Macht gingen eine enge Verbindung in der Form ein, daß die Zugehörigkeit zur einzig anerkannten kirchlichen Gemeinschaft über das Recht politischer Mitsprache entschied. Die Beziehungen Massachusetts' zum Mutterland waren traditionell gespannt: Einerseits empfanden sich die Bewohner der neuenglischen Kolonie als Teil des Empires – familiäre, emotionale und kulturelle Bindungen trugen wesentlich dazu bei; andererseits betrachtete man sich als »*free state*«, der eigene politische, wirtschaftliche und religiöse Ziele verfolgte. Die Rigidität Massachusetts' mit ihrem Traum vom idealen Staat förderte die Intoleranz gegenüber Andersdenkenden. Es kam zu diversen Abspaltungen. Radikale wie Roger Williams und Anne Hutchinson trennten sich Mitte der 1630er Jahre von der »*city on the hill*« und begründeten mit Rhode Island eine Alternative, die infolgedessen in den Genuß einer königlichen Charter kam. Weitere Absprengsel von Bostoner Dominanz stellten die Kolonien Connecticut und New Haven dar, das später von Connecticut geschluckt wurde. Das katholische Gegenstück zu den überwiegend protestantischen Kolonien Neuenglands und zu dem nur leicht anglikanisch eingestellten Virginia bildete die 1632 gegründete Eigentümerkolonie Maryland. Ihr Träger, Lord Baltimore, plante die Schaffung eines katholischen Brückenkopfs. Jesuiten sollten ihn nach iberischen Vorbildern unterstützen. Seine Hoffnungen scheiterten am Widerstand der Siedler, die in steigendem Maße protestantischen Glaubensrichtungen angehörten. Nach der »Glorreichen Revolution« von 1688/89, die den niederländischen Statthalter Wilhelm von Oranien als Wilhelm III. auf den englischen Thron gebracht und die Position des englischen Parlaments und des Protestantismus nachhaltig gestärkt hatte, wurde Maryland auf Betreiben der protestantischen Mehrheit innerhalb der Kolonie in eine Kronkolonie verwandelt. Zu Beginn des 18. Jahrhunderts revidierte der Erbe des Koloniegründers diese Entscheidung. Zwischen 1664 und 1674 wechselte Nieuw Nederland mehrfach den Besitzer, ehe es nach Abschluß des dritten englisch-niederländischen Kriegs im Friedensvertrag von Westminster 1674 endgültig als New York der englischen Krone übertragen wurde. Im gleichen Zeitraum entstanden die Kolonien New Jersey und die Carolinas, die ihren Aufbau intensiven Kontakten zu Barbados und der Krone verdankten. Eine besondere Stellung nahm die Eigentümerkolonie Pennsylvania ein, deren Entstehung von 1681 bis 1685 dem generellen politischen Trend in England entgegenstand. Während zunächst Karl II. verstärktes Interesse an kolonialen Belangen demonstrierte und dann sein Bruder und Nachfolger auf dem Thron Englands, der spätere Jakob II., Teile Nordamerikas seinen zentralistischen Bemühungen in Form des *Dominion of New England* 1685/1686 unterwarf, zog die Kolonie des Quäkers William Penn mit königlicher Billigung Scharen von Einwanderern an. Auch Penn verfolgte eine Vision; er erprobte die Mischung aus christlicher Nächstenliebe, Pazifismus und Toleranz. Seine politischen Ideale scheiterten ebenso an der Realität wie seine ernsthaften Bemühungen um einen friedlichen Ausgleich zwischen europäischem Landhunger und indianischen Lebensformen. Von Erfolg gekrönt waren hingegen seine wirtschaftlichen Erwartungen. Innerhalb kurzer Zeit entwickelte sich das Zentrum brüderlicher Liebe, Philadelphia, im kommerziellen Wettstreit zu einem Rivalen von New York und Boston. Die Nordamerikaner stritten sich nicht nur um den Schmuggelhandel mit Niederländern und Spanisch-Amerika, auch der interkoloniale Handel mit den englischen Karibikkolonien brachte Gewinne. Nach kleineren Fingerübungen auf den Somers Islands fielen in schneller Folge St. Kitts (1622–1624), Barbados (1625–1627), Nevis, Montserrat und Antigua (1628–1636) in englische Hände. 1655 eroberte England Jamaika. Im Zuge der englisch-französischen und englisch-niederländischen Kriege kam es im Großraum Karibik während des 17. Jahrhunderts zwar zu wiederholten Besitzverlagerungen, doch seinen karibischen Kernbestand hatte Großbritannien im wesentlichen um 1713 erreicht.

Die Vielfalt der kolonialen Träger, ihrer sozialen Herkunft und ihrer religiösen Orientierungen führte gemeinsam mit den unterschiedlichen klimatischen Bedingungen und wirtschaftlichen Strukturen zu einem reichhaltigen Spektrum kolonialer Siedlungsformen. Die neuenglischen Kolonien trugen in weiten Bereichen den Namen »*New England*« zu Recht: Aufgrund ihrer Siedlungsart ähnelten sie oftmals Kopien Englands. Bäuerliche Familienbetriebe, Dörfer und Städtchen mit wenigen hundert Menschen um ein »*meeting house*«, das kongregationalistische Equivalent zur Kirche, geschart, beherrschten die Szenerie. In Neuengland dominierte von Beginn an die Besiedlung in Familienverbänden. In der

»*great migration*« von 1620 bis 1642 verstärkte sich der Trend. Circa 58 000 Engländer kamen in jenen Jahren über den großen Teich, arbeiteten in der Landwirtschaft, dem Gewerbe, im Handel oder im Fischfang. Die Bevölkerung in Neuengland und in den demographisch ähnlich strukturierten mittelatlantischen Kolonien (New York, den Jerseys, Delaware, Pennsylvania) erfreute sich spätestens im 18. Jahrhundert einer Lebenserwartung, die weit über europäischen Verhältnissen lag. Eine Ursache sieht man in den städtischen Lebensbedingungen der amerikanischen Orte, die weniger unhygienisch und eng gebaut waren als ihre englischen Pendants. Eine andere Ursache vermutet man in der guten Ernährungslage: Im Gegensatz zu Europa waren, wenn man die schweren Anfangsjahre überstanden hatte, Hungersnöte in der kolonialen Welt ausgeschlossen.

Obwohl die Mehrheit der Bevölkerung in der landwirtschaftlichen Produktion beschäftigt war, entstand eine einflußreiche Schicht von Kaufleuten, die Nähe und Ferne verbanden und ihre beruflichen Erfolge in politische Macht umzusetzen wußten. Ihr Arbeitsplatz lag in den urbanen Zentren, die in den nördlichen Kolonien im deutlichen Kontrast zum Süden in größerer Zahl entstanden. Besondere Bedeutung im regionalen, überregionalen und transatlantischen Verkehr gewannen die Hafenstädte Boston, Philadelphia, New York und Newport/Rhode Island. 1690 hatte Boston circa 7000, Philadelphia 4000, New York 3900 und Newport 2600 Einwohner. Gut vierzig Jahre später wohnten in Boston knapp 16 500, in Philadelphia 13 000, in New York 11 000 und in der Schmuggelhochburg Newport 6200 Menschen.[84] Dennoch lebte die Mehrheit der Kolonisten auf dem Lande bzw. in ländlich strukturierten Gemeinden. Südlich des Delaware zeigte sich der Trend zum Landleben noch ausgeprägter. Urbane Zentren fehlten in den südlichen Kolonien. Lediglich Bridgetown/Barbados und Charleston in South Carolina konnten in Hinblick auf Größe und wirtschaftliche Bedeutung mithalten. Einen besonderen Ruf genoß Port Royal auf Jamaika. Dieser Piratentreffpunkt mit 3000 bis 4000 Einwohnern galt als Sündenbabel der anglo-amerikanischen Welt. Moralapostel feierten seine Zerstörung durch ein Erdbeben 1692 als gerechte Strafe für Lotterleben, Unzucht und Verbrechen. Im

Süden dominierten lange Männergesellschaften, die zunächst den schnellen Profit suchten, ehe sich auch dort mit der Hinwendung zur Manufakturpflanze Tabak langfristige landwirtschaftliche Nutzung auf Plantagen im Verein mit Besiedlung im Familienverband durchsetzte. Die Dominanz des Tabaks schuf eine ganz eigene Mentalität. Timothy Breen hat diesen Prozeß eindrucksvoll beschrieben.[85] Die elende Plackerei auf den Tabakplantagen des alten Südens blieb lange das zweifelhafte Privileg europäischer Kontraktarbeiter. Ihr Ausbleiben gegen Ende des 17. Jahrhunderts bewog viele Pflanzer, sich auf die erzwungene Arbeitskraft schwarzafrikanischer Sklaven umzustellen. Aufgrund der besonderen Transportbedürfnisse entstanden in den Chesapeake-Bay-Kolonien bestimmte Siedlungsmuster: Die Plantagen lagen an schiffbaren Flüssen. Sie besaßen relativ kurze Fronten zum Fluß, erstreckten sich jedoch tief hinein in das Hinterland des Flusses. Infolgedessen bildeten sich im alten Süden keine kompakten städtischen Siedlungen wie in Neuengland oder Spanisch-Amerika, sondern weit im Land verteilte Streusiedlungen, die an die französischen Siedlungen am St. Lorenzstrom, die Zuckerplantagen in Surinam oder die *donatarias* in Brasilien erinnern. Raum, Nutzung und Kultur beeinflußten sich gegenseitig.[86] Im Gegensatz zu den Territorien der katholischen Mächte Spanien, Portugal und Frankreich nahm in den englischen Kolonien die protestantische Mission allen Lippenbekenntnissen zum Trotz eine untergeordnete Position ein. Aufgrund der Rahmenbedingungen und ihrer Art der Begründung amerikanischer Landnahme konnten englische Kolonisten bis weit ins 18. Jahrhundert hinein auf eine systematisch betriebene Missionstätigkeit als Stütze ihrer Herrschaftssysteme verzichten. Trotz vereinzelter gegenteiliger Versuche von Quäkern in Pennsylvania oder von Puritanern in Massachusetts, die sich ernsthaft um die Indianer bemühten und wie der »Indianerapostel« John Eliot bei der Einbeziehung christianisierter Indianer einige Erfolge erreichten, grenzten die meisten englischen Kolonisten ihre indianischen Mitmenschen aus. Sie standen außerhalb der christlichen Welt. Man betrachtete sie als Wilde, die ohne erkennbares Regelwerk in den Wäldern lebten, plötzlich und scheinbar unerwartet zu Angriffen ansetzten oder unter Alkoholeinfluß völlig enthemmt, kurios gekleidet in den

Städtchen ihre Pelze zu verhökern suchten. Anders als Spanisch-Amerika oder Brasilien waren die Bewohner der englischen Kolonien nicht auf indianische Arbeitskraft angewiesen, obwohl auch sie Indianer sklavenähnlichen Arbeitsverhältnissen unterwarfen oder Indianer als Sklaven in die Karibik transportieren ließen. Anders als die iberischen Männer waren sie auch nicht auf indianische Frauen angewiesen. Im Gegenteil: Aufgrund ihrer wachsenden Zahl und ihres Bedürfnisses nach Land kollidierten sie mit den Indianern, wobei deren angebliches Heidentum gerade das perfekte Argument für Enteignung, Verdrängung oder Vernichtung bot. Lediglich der Wunsch nach Pelzen brachte englische Kolonisten und Indianer zeitweilig zusammen. Gerade die Suche nach diesem begehrten Gut trieb die Indianer jedoch immer tiefer in die überjagten Wälder und damit außerhalb des Sichtfelds der Kolonisten. Unter diesen Umständen erübrigten sich Missionsversuche. Nach Meinung der meisten Kolonisten bestand keine Notwendigkeit, Kapital und Energie in Missionsarbeit zu stecken; erst im 18. Jahrhundert unternahmen deutsche Missionare wie die Herrnhuter ernsthafte Anläufe zur Missionierung der stark reduzierten indianischen Völker im Ohiotal, einer politisch brisanten Schnittstelle von britischen und kolonialen bzw. US-amerikanischen Einflußsphären.[87]

Französisch-Amerika

Obwohl französische Fischer, Piraten, Händler und Entdecker früh in Amerika erschienen und die iberischen Raummonopole ignorierten, dauerte es eine Weile, bevor sich ihre Landsleute in Amerika häuslich niederließen. Französische Siedlungsprojekte in Kanada, Florida und Brasilien des 16. Jahrhunderts waren schmählich gescheitert. Iberische Gegenmaßnahmen, ungünstiges Klima, interne Streitigkeiten und feindselige Indianer hatten den Ausschlag gegeben. Mit den französischen Vorstößen in Kanada, der Nouvelle France, seit 1603 glaubte man ein neues, erfolgreiches Kapitel in der Kolonialgeschichte aufgeschlagen zu haben.

In der Nouvelle France wiederholte sich in Ansätzen die brasilianische Entwicklung: Zunächst zeigte die französische Krone wenig Interesse, ihre mühsam angeeigneten Ansprüche tatsächlich durchzusetzen. Mit Rücksicht auf die europäische Mächtekonstellation hielten sich sowohl Heinrich IV. als auch Ludwig XIII. zurück. Ihr Anteil beschränkte sich auf wenig euphorische Willenserklärungen und Privilegienvergaben. Die eigentliche Arbeit vor Ort und Finanzierungsproblematik überließen sie privaten Interessenten. Auch in Frankreich entstanden Kompanien von Adeligen und Kaufleuten, die jedoch mehr auf schnelle Profite in Form von Pelzhandel als auf kostenintensive langwierige Siedlungsprojekte aus waren. Als Problem erwiesen sich die konfessionellen Streitigkeiten. Im Gegensatz zu den Engländern stürzten sich Hugenotten und Jesuiten mit Verve auf die Missionierung der irokesischen Huronen, wobei sie sich gegenseitig behinderten. Die Kolonialgesellschaften sollten sich um Handel und Siedlung kümmern. Konnte man im Pelzhandel Erfolge erzielen, so kümmerte die Besiedlung vor sich hin. Das 1608 von dem Kolonialenthusiasten Samuel de Champlain gegründete Quebec war ein winziger Siedlungsflecken mit einer Handvoll Franzosen, darunter 28 Soldaten inmitten einer landschaftlichen Weite, die oftmals als Bedrohung, von mystisch angehauchten Jesuiten als Ort der Inspiration gesehen wurde. Vor allem aber war sie der Lebensraum der Irokesen und Algonkins, wobei Champlain durch sein Eingreifen auf seiten der Huronen und Algonkins unfreiwillig eine französische Dauerfehde mit den Mohawks und deren verbündeten Irokesenstämmen hervorrief. Unter diesen ungünstigen Umständen war es kein Wunder, daß Franzosen wenig Migrationsbereitschaft entwickelten. 1627 lebten gerade 107 französische Siedler in Kanada. In jenem Jahr gründete Kardinal Richelieu die *Compagnie de la Nouvelle France*, die bis 1645 nur 150 statt der angekündigten 4000 Siedler nach Kanada brachte. Wie die brasilianischen *donatarios* hatten die Gesellschafter das Recht, Land an Einzelpersonen zu verteilen. In bester mittelalterlicher Tradition der Grundherrschaft entstanden *seigneuries*. Um 1760 existierten in Kanada etwa 250 Grundherrschaften. Wie in Brasilien der portugiesische König, so war in Frankreich der ehrgeizige Sonnenkönig Ludwig XIV. mit der kolonialen Entwicklung unzufrieden. 1663 lebten erst 3000 französische Siedler in Kanada; damit war – verglichen mit den rasanten Wachstumszahlen der Bevölkerung (circa 100 000) in den englischen Kolonien – kein Staat zu machen. Streitigkeiten innerhalb der kirchlichen Organisation, Querelen zwischen Pelzhändlern und Bauern sowie Angriffe der Irokesen nagten an der Widerstandskraft der Siedler. In dieser verfahrenen Situation baten die Siedler wiederholt die Krone um Unterstützung, die hier erstmals eine Chance witterte, ihren Glanz auch in Nordamerika erstrahlen zu lassen. Die Kompanien, die *Compagnie de la Nouvelle France* und die 1645 gebildete *Compagnie des Habitants* verzichteten auf ihre Rechte. Das Land fiel an die Krone zurück.

Kardinal Colbert, der wirtschaftspolitische Vordenker in Paris, ergriff die Chance, seine merkantilistischen Vorstellungen auch in Übersee zu realisieren. 1664 gründete er die *Compagnie des Indes occidentales*, deren Teilhaber zu ihren Einlagen gezwungen wurden. Politik und Verwaltung Kanadas waren ausschließliche Angelegenheit der Krone, die sich wie ihre spanischen Kollegen in Übersee als absolute Macht zu etablieren suchte. Kanada bildete fortan ähnlich den 1635 eroberten Karibikinseln Martinique und Guadeloupe eine Kronkolonie ohne politische Mitsprache der Kolonisten. Statt dessen herrschten ein Generalgouverneur, der, vom König ernannt, allein ihm verantwortlich war, sowie Gouverneure als Inhaber militärischer und politischer Gewalt; daneben gab es einen für Verwaltung, Justiz und Finanzen zuständigen Intendanten und einen Bischof, der dem Erzbischof von Rouen unterstand. Dieses System erwies sich als deutliche Anleihe an die spanisch-amerikanische Verwaltung der Vizekönigtümer, der Bindung amerikanischer Bistümer an europäische Erzbistümer und der gegenseitigen Kontrolle der kolonialen Instanzen.[88] Das plötzlich entfachte Interesse der Krone zeigte schnell Wirkung: Zusätzliche militärische Kräfte, die nach Kanada geschickt wurden, sorgten vorübergehend für Frieden. Ein einmaliges Einwanderungsprogramm, von der Krone früherer Sparsamkeit zum Trotz finanziert, brachte heiratsfreudige Frauen in die Kolonie.[89] So schnell wie das Interesse Ludwigs XIV. an Kanada aufgeflackert war, verlosch es auch wieder. Kanada erschien ihm im Vergleich zu den aufblühenden französischen Zuckerkolonien in der Karibik, Saint-Christophe, Martinique und Guadeloupe als unergiebiges Zuschußgeschäft, auf das die Krone leichten Herzens verzichten konnte. Der Entschluß wurde dadurch beschleunigt, daß Ludwig XIV. sich wiederum massiv in die europäische Politik einmischte und ab 1672 im Verein mit seinem Bewunderer, dem englischen König Karl II., versuchte, der niederländischen Republik den Garaus zu bereiten. Die Niederländer wehrten sich vehement. Unter der Führung des holländischen Statthalters und englischen Königs Wilhelm III. entstand seit 1689 eine Liga europäischer Staaten, die der Hegemonialpolitik Ludwigs XIV. Einhalt gebieten wollte. Die europäischen Konflikte schwappten in die koloniale Welt über, wobei Indianer in beiden Lagern kämpften. Ungeachtet der Lage in Europa hatte die französische Einflußsphäre in Nordamerika just zu jener Zeit ihre größte Ausdehnung erreicht. Unter Louis de Buade Comte de Frontenac war Robert Cevalier de la Salle bis an den Mississippi vorgedrungen und hatte das Einzugsgebiet des Flusses als »Louisiana« für seinen Herrscher, Ludwig XIV., 1682 in Besitz genommen. Damit entstand eine für englische Kolonisten gefährliche Situation. Die Franzosen, obwohl angesichts des großen Raums in nur verschwindend geringer Anzahl präsent, konnten die Westexpansion der englischen Kolonien an der Atlantikküste behindern. Die Indianer, die sukzessive von den Engländern ins Hinterland verdrängt worden waren, hockten zwischen Skylla und Charybdis. Die Folge der französischen Vorstöße nach Westen bestand darin, daß nicht länger nur das Gebiet am St. Lorenzstrom und die kanadische Küstenzone, sondern auch das Land östlich des Mississippis, vor allem das Ohiotal, zum Schauplatz englisch-französischer Auseinandersetzungen wurde. Der Friede von Utrecht 1713, der den Spanischen Erbfolgekrieg (1701–1713, in England »*Queen Anne's War*«, in Frankreich »*La Guerre de trente Ans en Amérique*« genannt) abschloß, markierte den Anfang vom Ende französischer Kolonialmacht in Nordamerika. Frankreich war gezwungen, auf die Hudson Bay zu verzichten. Der »*War of Jenkin's Ear*« (1739–1742) bzw. der Österreichische Erbfolgekrieg (1740–1748), der mit dem Frieden von Aachen endete, bescherte Frankreich weitere Rückschläge. Der »*French and Indian War*« (1754–1763), der zwei Jahre später in Europa als Siebenjähriger Krieg (1756–1763) geführt wurde, brachte die endgültige Entscheidung. In Nordamerika ging es bei diesem Krieg um die Kontrolle des Pelzhandels, der trotz Preisverfall, Modewandels und asiatischer Konkurrenz auf Gewinne hoffen ließ. Der Pelzhandel war das Hauptinteressensfeld der Frankokanadier und ihre eigentliche Einnahmequelle. Auf der Suche nach Fellen vernachlässigten junge Männer die Aufgaben des Siedlerlebens und stürzten sich lieber in das abenteuerliche Leben eines *coureur de bois*, der in der Wildnis in Gemeinschaft mit Indianern lebte und um Pelze feilschte. Ihre Vorliebe für den lange lukrativen Pelzhandel gilt als eine Ursache der insgesamt guten französisch-indianischen Beziehungen. Angesichts ihrer geringen Anzahl und ihrer kommerziellen Interessen waren die Franzosen in Nordamerika auf Gedeih und Verderb auf die Kooperation der Indianer als Lieferanten der begehrten Ware angewiesen. Die Suche nach neuen Bezugsquellen trieb die »Waldläufer« immer weiter ins Landesinnere und ließ sie Kontakte zu anderen Indianerstämmen aufnehmen, wodurch sich zum einen die englischen Kolonisten bedrängt fühlten und sie zum anderen fürchteten, ihrerseits vom Nachschub mit Fellen abgeschnitten zu werden. Im Frieden von Paris (1763), der nicht nur den Siebenjährigen Krieg in der Alten Welt, sondern auch den Krieg in den Kolonien beendete, verabschiedete sich Frankreich von seinem amerikanischen Festlandbesitz. Die jüngste Kolonie Louisiana ging an Spanien und Großbritannien. Die beiden Nachbarn teilten sich den nordamerikanischen Kontinent eine Weile, bis die britischen Kolonisten gegen ihr Mutterland aufmuckten und Louisiana kurzfristig bis 1803 (*Louisiana Purchase*) aus dem Besitz Frankreichs in den der USA überging. Lediglich die wirtschaftlich hochgeschätzten Zuckerinseln Martinique, Guadeloupe plus einige kleinere karibische Inseln, die zwischenzeitlich von Briten erobert worden waren, sowie Sainte Domingue (Haiti) blieben im französischen Besitz. Für die Schmach von Paris sollte sich Frankreich als Partner der USA im Amerikanischen Unabhängigkeitskrieg (1776–1783), der sich auf die Karibik ausweitete, revanchieren. Wenn Frankreich in Nordamerika als Kolonialmacht gegenüber seinen Kontrahenten den kürzeren zog, so verzeichnen die französisch-huronischen Beziehungen insgesamt eine positive Presse. Vielleicht liegt die Ursache dieser seltenen Erscheinung gerade in dem Umstand, daß die Franzosen keine erfolgreichen Siedlungskolonien etablieren konnten. Um 1754 lebten gerade mal knapp 56000 Franzosen in Kanada,[90] die den Indianern nur selten gefährlich wurden. Wie in Brasilien förderten die sexuellen Bedürfnisse der männlichen Kolonisten die Verbindungen zu Indianerinnen. Das Resultat bestand auch in Kanada in der Entstehung einer Mischlingsbevölkerung. Obendrein ließ das scheinbar freie indianische Leben als *coureur de bois* viele Kolonisten zwischen beiden Welten vermitteln. Auf ihre Weise förderten auch die Jesuiten den Kulturkontakt, die in Kanada ähnliche Erfolge erzielen wollten wie ihre Glaubensbrüder zuvor in Südamerika, jedoch um 1700 das Scheitern ihrer Missionsbemühungen einsehen mußten. K. G. Davies bringt die Einstellung der Franzosen in Kanada auf den Punkt: Im Gegensatz zu den zahlreichen Engländern, die viele Pelze, ein paar Seelen und alles verfügbare Land beanspruchten, begnügten sich die wenigen Franzosen mit sehr vielen Pelzen, vielen Seelen und wenig Land.[91] In diesem Sinne betrachteten sie die Huronen als Partner und Spießgesellen, seltener als Gegner. Ihre Offenheit gegenüber den Indianern zeigte sich auch darin, daß sie anders als Spanier, Portugiesen oder Engländer keine definitiven Aussagen über die staatsrechtliche Stellung der Indianer machten. Nicht Trennung war das Ziel, sondern Einbeziehung der Indianer in die katholisch-kanadische Kultur.[92]

Niederländisch-Amerika

Die Niederländer, genauer gesagt Holländer und Seeländer, erschienen mit einiger Verspätung auf der atlantischen Bühne. Zwar hatte es immer wieder Vorstöße einzelner gegeben, aber wie ähnlichen Unternehmungen bei Franzosen und Engländern mangelte es jenen an Planung, Koordination und Durchsetzungskraft. Mal tauchten niederländische Piraten in der Karibik auf und störten spanische Kreise. Mal übten sich niederländische Händler als Pioniere, indem sie in Guyana Stützpunkte anzulegen versuchten. 1614 entstand die *Nieuw Nederland Compagnie*, eine Vereinigung Amsterdamer Kaufleute, Reeder und Schiffer. Angeregt durch die Entdeckungen von Henry Hudson, der 1609 im Dienste der Niederländische Ostindische Gesellschaft *(VOC)* nach Nordamerika gesegelt war, widmete sich diese Vereinigung dem Pelzhandel zwischen Hudson und East River. Rivalitäten innerhalb der Schar der Amerikafahrer bewogen die niederländischen Generalstaaten 1618, die Kompanie aufzulösen und andere Wege zu beschreiten. Dabei konnten sie sich die *VOC* zum Vorbild nehmen: Auch im Asienhandel war es gegen Ende des 16. Jahrhunderts zu holländisch-seeländischen Kontroversen gekommen und hatten sich die Kräfte gegenseitig aufgerieben, ehe sie 1602 in der *VOC* gebündelt wurden und dadurch an Stärke gewannen. Nach langwierigen Streitigkeiten entstand 1621 das atlantische Pendant der *VOC*: die *WIC* (Westindische Compagnie). Auf den ersten Blick wirkt die *WIC* wie jede andere Handels-, Kapital- und Landgesellschaft jener Zeit, in der Unternehmergeist und Kapitalkraft verschmolzen. Tatsächlich ging ihre Macht über die privaten Wirtschaftsinteressen betuchter Kaufleute, Handwerker und Bürger unterschiedlicher Glaubenszugehörigkeit hinaus: Betriebsrechtlich funktionierte die *WIC* wie eine moderne Aktiengesellschaft; politisch jedoch war sie eine halbstaatliche, den Generalstaaten untergeordnete Organisation mit allen Rechten und Pflichten eines Souveräns. Sie besaß das Recht, Verträge mit fremden Mächten abzuschließen, Steuern zu erheben oder Eide einzufordern. Vor allem aber, und das erklärt der zeitliche Kontext, sollte sie im Dienste der niederländischen Republik militärische Aufgaben zu Lande und zu Wasser erfüllen. Der Gründungstermin der *WIC*, unmittelbar nach Ende des spanisch-niederländischen Waffenstillstands von 1609 bis 1621, signalisierte eine unmißverständliche Kampfansage des niederländischen Staates Richtung Madrid. Um die in Personalunion verbundenen katholischen Mächte Portugal und Spanien vollends zu brüskieren, fuhr die protestantische Republik starke Kaliber auf. In Anspielung auf die päpstliche Weltenteilung 1493 nahm sie für sich die gleichen Rechte in Anspruch: Die *VOC* war für den pazifischen Raum, Asien und Ostafrika zuständig, die *WIC* hingegen nahm für sich den Atlantik, Amerika und Westafrika bis zum Kap der guten Hoffnung in

Besitz. Auch die Niederlande proklamierten somit das Konzept von Raummonopolen. Um regionale Streitigkeiten bereits im Vorfeld auszuräumen, entsprach die interne Gliederung der *WIC* der föderalen Struktur der Niederlande.

Die *WIC* bestand aus fünf Kammern mit Zentren unter anderem in Amsterdam, Rotterdam, Middelburg, Vlissingen, Delft, Dordrecht, Edam oder Groningen. Trotz aller Versuche, ein Gleichgewicht unter den Kammern herzustellen, dominierten langfristig aufgrund ihrer Kapitalkraft, ihres Handelsaufkommens und der Bedeutung ihrer Bürgerschaft die Kammern Amsterdam und Seeland. Sie waren es auch, die schließlich Siedlungskolonien begründeten.

Den Anfang machte Mitte der 1620er Jahre die Kammer Amsterdam bzw. die Provinz Holland in Nordamerika. Nieuw Nederland, das spätere New York, verdankte seine Entstehung weniger antispanischen Ressentiments als vielmehr konkreten Kolonialisierungsabsichten. Das Gebiet lag außerhalb spanischer Reichweite, dafür versprachen seine Böden landwirtschaftliche Erfolge, und seine Lage zwischen Virginia und Plymouth besaß strategisch-kommerzielle Qualität. Obwohl die *WIC* primär als antispanische Waffe konzipiert worden war, dauerte es noch eine Weile, ehe sie diese Anforderung erfüllte. Ein Bravourstück staatlich legitimierter Piraterie vollbrachte sie 1628, als einer ihrer Kapitäne, Pieter Heyn, die spanische Silberflotte kaperte und damit auf einen Schlag die finanziell angeschlagene *WIC* sanierte. Die *WIC* konnte voller Freude sieben Millionen Gulden einsacken. Die Aktionäre kamen in den Genuß einer unerwarteten Dividendenausschüttung in Höhe von 3,5 Millionen Gulden.[93] Als Eroberer auf spanische Kosten hielt sich die *WIC* noch eine Weile zurück, im deutlichen Widerspruch zu den verbalen Kraftausbrüchen, die ihre Gründung begleitet hatten. In den 1630er Jahren eroberte sie die ABC-Inseln vor Venezuela, Aruba, Bonaire und Curaçao, die wegen ihrer Salzpfannen, mehr noch wegen ihrer günstigen Lage zu Spanisch-Amerika für die Niederländer Bedeutung gewannen. Curaçao entwikkelte sich in den kommenden Dekaden zu einer Drehscheibe des internationalen Handels und Schmuggels mit Spanisch-Amerika, ungeachtet aller spanischer Versuche, ihre Kolonien gegen Fremde abzuschotten. Der Norden der boomenden Zuckerkolonie Brasilien befand sich als Nieuw Holland in den Jahren 1630 bis 1654 unter niederländischer Verwaltung, bevor Revolten portugiesischer Katholiken und ein verlorener Krieg gegen Portugal die niederländischen Christen und Juden vertrieben und das niederländische Intermezzo beendeten.[94] Im Rahmen des zweiten englisch-niederländischen Kriegs (1665–1667) eroberte eine seeländische Flotte das englische Surinam, das zunächst von der *WIC* einverleibt wurde, ehe die marode Neugründung der *WIC* die arg vernachlässigte Siedlung einer 1683 speziell geschaffenen Gesellschaft, der *Societeit van Suriname* überließ.[95]

Langfristig kämpfte die *WIC* mit ähnlichen Problemen wie die Kompanien in anderen Ländern: Auch sie hatte finanzielle, personelle und organisatorische Schwierigkeiten. Hinzu kam, daß die Niederländer zwar ein äußerst mobiles Volk waren, sich aber im Gegensatz zu den Engländern weniger zur Migration bewegen ließen. Angesichts der guten Wirtschaftslage und des im Vergleich zum übrigen Europa hohen Lebensstandards im Lande bestand für die überwiegende Mehrheit der Niederländer kein Grund zur Auswanderung. Die *WIC* hatte also Schwierigkeiten, ihren Siedlungsauftrag zu erfüllen, ganz im Gegensatz zu ihren kommerziellen und militärischen Aufgaben. Die *WIC* verfiel auf zwei Auswege: Zum einen warb sie verstärkt um deutsche, flämische und wallonische Siedler, indem sie Werbezettel ins Ausland brachte und seit 1639 mit Handels- und Siedlungsvergünstigungen lockte; zum anderen verzichtete sie auf Teile ihrer Monopole, indem sie – wie zuvor Engländer und Portugiesen – auf das Mittel verfiel, Land privaten Eigentümern zur freien Verfügung zu überlassen. Frühere Versuche, Siedler durch Lockerung der Handelsbestimmungen nach Nieuw Nederland zu bringen, hatten keine positive Wirkung erzielt. Nun erhoffte man sich neue Impulse von der Möglichkeit, in Nieuw Nederland als Bürger erbliche Grundherrschaften aufbauen zu können. Nach langen Diskussionen innerhalb der *WIC* entstanden seit 1628/1629 in der sehr spärlich von Europäern besiedelten Kolonie Nieuw Nederland kleine Einheiten privaten Landbesitzes, auf denen die Grundherren, die *patroone*, relativ ungehindert nach eigenem Gusto schalten und walten konnten. Der Eigentümer be-

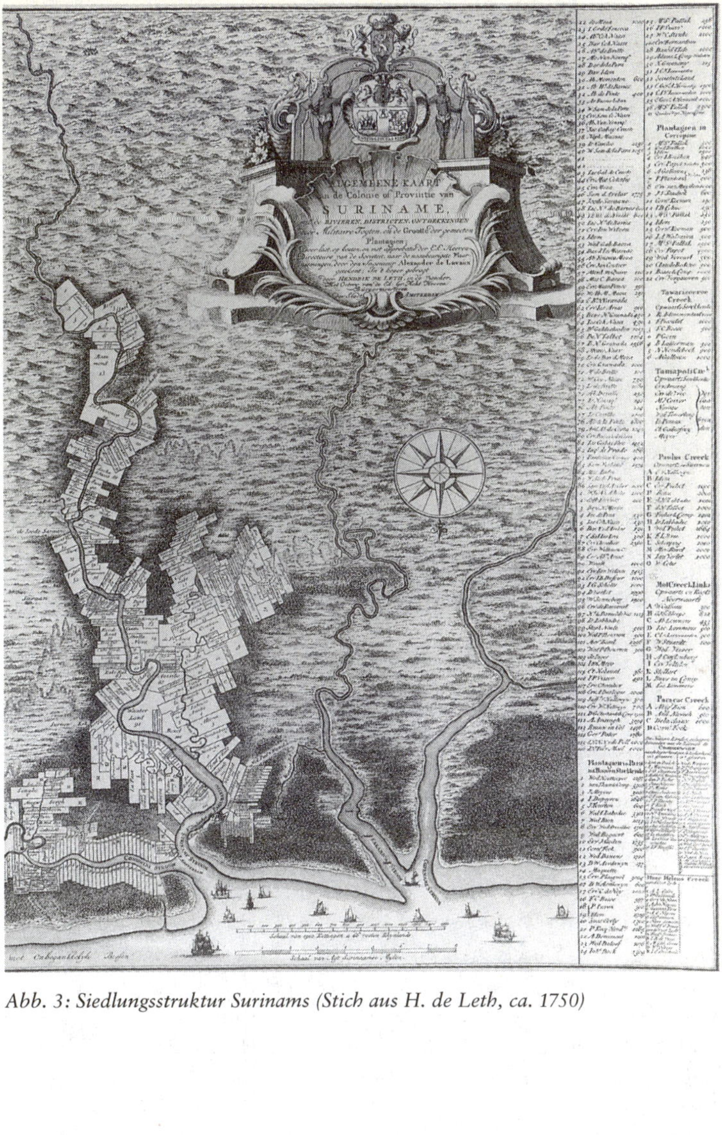

Abb. 3: Siedlungsstruktur Surinams (Stich aus H. de Leth, ca. 1750)

saß Zugriff auf alle natürlichen Ressourcen des Landes, durfte Steuern erheben und war berechtigt, außer bei Kapitalverbrechen Recht zu sprechen. Lediglich im Außenhandel bestand die *WIC* auf bestimmte Kontrollmechanismen. Obwohl einige wohlhabende Niederländer das verlockende Angebot annahmen und aktiv wurden, konnte nur eine Unternehmung, Rensselaerswyck in der Nähe des heutigen Albany am Hudson, langfristig einige Erfolge verbuchen. Mangelnde Kooperation zwischen Eigentümern und der *WIC*, unzureichende Versorgung mit Arbeitskräften und Probleme mit Indianern behinderten die Entwicklung.[96] Die beiden Siedlungskolonien, um die sich die *WIC* besonders bemüht hatte, Nieuw Nederland und Nieuw Holland, gingen relativ schnell im Zuge von Kriegen und diplomatischen Vereinbarungen in Europa verloren. Die Kolonien, um die man sich weniger gekümmert hatte, blieben der Republik relativ lange, teilweise bis in dieses Jahrhundert hinein, erhalten. Dazu gehörten die Schmuggelhochburgen, Handelszentren und tropischen Plantagenkolonien Curaçao, Aruba, Bonaire, Surinam, Saba, Sint Marteen, Essequibo, Berbice und Sint Eustatius. Die Verwaltung der niederländischen Kolonien in Amerika lief in bekannten Bahnen: An der Spitze der Kolonie stand ein Gouverneur – meist ein unfähiger wie Wouter van Twiller, seltener fähige wie Pieter Stuyvesant oder Johan Moritz von Nassau-Siegen. Beraten wurden sie von unterschiedlichen Gremien, in denen die Kolonisten vertreten waren. Schnell entstanden nach niederländischem Vorbild Stadtanlagen mit Wall, Kirchen, Versammlungshäusern, Mühlen, Galgen, Wirtschaften und Wohnhäusern. Städtische Selbstverwaltung wurde von der *WIC* lange verhindert. 1653 jedoch mußte die *WIC* der ausgeprägten niederländischen Stadtkultur Tribut zollen, als Nieuw Amsterdam, das spätere New York, die Stadtrechte erhielt, bevor 1656 Nieuw Amstel und in den 1660er Jahren andere Siedlungen Nieuw Nederlands nachzogen.[97] Was die niederländischen Kolonien in Amerika besonders auszeichnete und worin sie sich ungeachtet aller Differenzen mit ihren Obrigkeiten als treue Vertreter der Verhältnisse im Einwanderungsland Niederlande zeigten, war ihr Kosmopolitismus. Ähnliche Ansätze davon finden sich auch in Virginia oder auf Barbados, aber Nieuw Nederland oder Surinam boten ungewöhnlich bunte Mischungen unter-

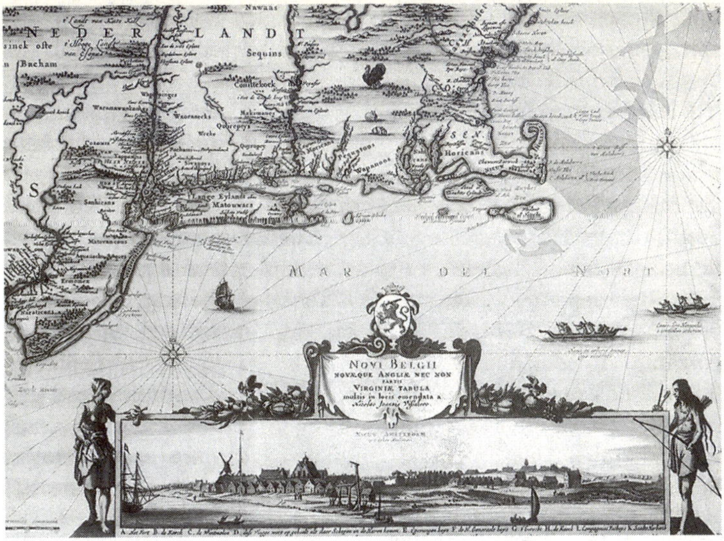

Abb. 4: Ansicht von Nieuw Amsterdam. (Stich aus Nicolas Jansz Visscher, Novi Belgii Novaeque Angliae nec non partis Virginiae tabula, Amsterdam 1655, Ausschnitt)

schiedlicher Nationen, Sprachen, Religionen und Ethnien, denen trotz vieler Schwierigkeiten meist ein Arrangement gelang – ausgenommen von der niederländischen Bereitschaft zur multikulturellen Toleranz waren Indianer und Schwarze. Der typische Neuniederländer war kein gebürtiger Niederländer. Der Mann, der 1626 Manhattan kaufte, Pieter Minuit, stammte aus Wesel. Jakob Leisler, der 1689 die New Yorker Version der »Glorreichen Revolution« aufführte, stammte aus Frankfurt am Main. Die sprachliche und religiöse Vielfalt verbesserte oftmals im Verein mit wirtschaftlichen Interessen den Austausch mit Bewohnern von New England, Virginia, Maryland, Barbados und Jamaika. Angesichts ihrer geringen Anzahl vermieden niederländische Kolonien solange wie eben möglich militärische Konflikte mit ihren Nachbarn; anstelle kriegerischer Kraftmeierei bevorzugten sie diplomatische Schriftwechsel und persönliche Gespräche. Zu militärischen Machtdemonstrationen verstieg man sich dann, wenn der Gegner noch schwächer erschien als man selbst. Unter solchen Umständen attackierte Pieter Stuyvesant den David unter den europäischen Kolonialherren Schweden. 1654/1655 ging er gegen die kleinen schwedischen Siedlungen am Delaware vor, die er schließlich Nieuw Nederland einverleiben konnte. Die bis auf wenige Ausnahmen ausgeübte Friedfertigkeit verringerte sich merklich in den Beziehungen zu den Indianern. Zwar versuchte man sich auch dort im Bewußtsein der eigenen Schwäche zu arrangieren. Im Interesse am Pelzhandel war man auf friedliche Kontakte zu den Irokesen angewiesen, dennoch kam es wiederholt zu blutigen Konfrontationen, wobei beide Seiten einander an Brutalität nicht nachstanden. Obwohl die Niederlande 1674 mit dem Verzicht auf Nieuw Nederland aus dem Reigen der nordamerikanischen Kolonialmächte ausschieden und künftig auf einen westindischen Restbestand verwiesen waren, blieben Niederländer bis ins 18. Jahrhundert hinein im atlantischen Handel aktiv präsent. Bewährte geschäftliche Kontakte im Verein mit familiären Bindungen innerhalb der amerikanischen Welt und zwischen Europa und Amerika bildeten die Basis einer aktiven »*Dutch Connection*«.[98]

Europäer verändern die amerikanische Umwelt

Wollte man Kolonien gründen, Reichtümer aufhäufen oder christliche Glaubensbastionen entstehen lassen, mußten die elementaren Bedürfnisse derjenigen gedeckt werden, die diese Leistungen erbringen sollten: Es mußte der unmittelbare Bedarf an Nahrung, Kleidung und Unterkunft gestillt werden. Die Europäer erkannten schnell, daß sie in Amerika keineswegs auf jungfräuliche, unbesiedelte Gebiete getroffen waren. Sie hätten durchaus auf einheimische Vorgaben und Errungenschaften zurückgreifen können, die den lokalen Gegebenheiten oftmals perfekt angepaßt waren. Die indianischen Völker verfügten über ein breites Repertoire an Siedlungsformen, die von der einfachen Erdhöhle in der Prärie über den Wigwam und das hölzerne Langhaus bis hin zu elaborierten Wohnhäusern in den urbanen Zentren der Hochkulturen reichten. Europäer nutzten jedoch diese Dinge nur selten: etwa in der eigentlichen Pionierphase, unter Druck, aus Armut, aus Abenteuergeist oder wie die französischen *coureurs de bois* aus einer Mischung von Neugierde, gesellschaftlichem Überdruß und Profitdenken. Statt dessen importierten sie europäische Wohnformen nach Amerika. Der Gebrauch indianischer Bekleidungsstücke war ohnehin für das Gros der Europäer kein Thema, da deren als barbarisch beurteilte Garderobe an diverse Tabus rührte.

Ebensowenig genügte den Kolonisten das amerikanische Nahrungsangebot. Abgesehen von der ausgeklügelten Kochkunst einiger mexikanischer Volksgruppen, die in raffinierten Gewürzkompositionen schwelgten, blickte die Mehrheit der Europäer hochnäsig auf die Speisen der Indianer herab. Spanier und Portugiesen, Engländer und Niederländer übernahmen zwar Nahrungsmittel von der lokalen einheimischen Bevölkerung: kulinarische Köstlichkeiten wie mexikanische Tortillas, den Truthahn oder das »*clambake*« der Algonkins (Muscheln, Hummer und Mais in Erdlöchern unter Seetang auf erhitzten Steinen gegart). Dies waren jedoch Ausnahmen. Wenn die Europäer indianische Produkte in ihren Speiseplan integrierten, wurden sie zumeist nicht auf indianische Art und Weise zubereitet, sondern europäischen Rezepten, Geschmäckern und Gebräuchen angepaßt. Die Niederländer aßen den Mais nicht gedünstet oder in Form von in Asche gebackener Fladen, sondern als »*Pap*«, als Brei mit Milch, eine in Altamerika unbekannte Flüssigkeit. Kürbisse wurden nicht als Gemüse gegessen, sondern, zerstampft und mit Maismehl und Milch gemischt, als Pfannkuchen in Fett ausgebacken. Bereits im 17. Jahrhundert frönten die Niederländer auf Manhattan ihrer Vorliebe für »*pannekoeken*«.[99] Die Europäer hätten Nahrungsmittel von den Indianern übernehmen können, aber sie taten es nur unter Druck in Notzeiten oder wenn sie ihrem Geschmack entsprachen. Zum einen dürfte ihnen das indianische Angebot wenig abwechslungsreich erschienen sein: Die indianische Ernährung bestand vor allem aus Gemüsesorten wie Mais, Bohnen, Kürbissen, Yams, Erdnüssen, Kartoffeln (zumindest in Südamerika), Pfefferschoten, Paprika und Tomaten. Fleisch von Wild und domestizierten Säugetieren (Hunde, Meerschweinchen) oder Geflügel (Truthähne, Enten, Wachteln) waren keine alltäglichen Erscheinungen im Gegensatz zu Fisch (Lachs), Muscheln und sonstigem maritimen Getier, das in Meeres- und Flußnähe eine Selbstverständlichkeit darstellte. Das gängige kulinarische Angebot erschien den fleischgierigen, auf großen Fleischkonsum fixierten Europäern auf Dauer wenig verlokkend. Um ihre Bedürfnisse zu befriedigen, sehnten sie sich nach Nahrung reich an tierischem Eiweiß (Fleisch- und Milchprodukte), soweit diese den Umweltbedingungen standhielt. Zum anderen besaßen Nahrungsmittel eine Qualität, die sich nicht unbedingt mit ihrem eigentlichen Nährwert decken mußte. Die Verwendung bestimmter Nahrungsmittel bot die Möglichkeit zur gesellschaftlichen Standortbestimmung und zur kulturellen Abgrenzung – zwischen arm und reich wie in Europa und zwischen europäisch und indianisch. Die Spanier etwa zogen weiterhin europäisches Getreide wie Weizen dem Mais vor, obwohl Mais leicht verfügbar war, Weizen jedoch entweder unter großen Kosten importiert oder mühsam in Amerika angepflanzt werden mußte. Nach ihrer Meinung machte Mais eine gelbe Haut, sei nicht nahrhaft und begünstige

Darmkrankheiten – in Wirklichkeit dürften sie den Mais eher abgelehnt haben, da sie ihn als indianisch und von daher als minderwertig einstuften.[100] Sie mißachteten die Indianer, folglich lehnten sie auch deren ureigene Nahrung ab. Wie eng Indianer und Mais auch in der Vorstellung von Engländern verbunden waren, zeigt die englische Bezeichnung für Mais, »*Indian corn*«, indisches Getreide. Insgesamt verhielten sich die Europäer bezüglich ihrer Mägen und Gaumen relativ unflexibel. Den Anfang machten die Spanier, die selbst in Amerika nicht auf vertraute Eßfreuden und bestimmte Formen von Lebensstandard verzichten konnten. Die Folge war ein reger Ost-West-Transfer von eßbaren Dingen in jedweder Form. Von Beginn an kamen nicht nur europäische Menschen nach Amerika, mit ihnen kamen – geplant und ungeplant, gezielt und ungezielt – diverse andere Lebewesen; diese Importe trugen dazu bei, die amerikanischen Gebiete in eine Neue Welt zu verwandeln.

Die Tierwelt

Die altamerikanischen Indianer kannten nur wenige Haustiere, und in Amerika lebten nur wenige Tiergattungen, die die Europäer für ihre vielfältigen Bedürfnisse verwenden konnten. Bereits auf seiner zweiten Fahrt von 1493 hatte Columbus seine Flotte in eine Arche Noah verwandelt und diverse Tiere in die Karibik befördert, um spanischen Gewohnheiten zu entsprechen bzw. spanische Verhältnisse auf Amerika zu übertragen. Spätere Kolonisatoren anderer europäischer Länder taten es ihm gleich und bereicherten Amerika mit einer altweltlichen Fauna. Unter den ersten Neuankömmlingen befand sich das von den Regisseuren Hollywoods kaum heroisierte, aber ausgesprochen nützliche Schwein. Das Schwein gehörte zur Standardbelegschaft eines spanischen Bauernhofs, ebenso wie das Schaf oder der Stier. Dort waren sie Teil des bäuerlichen Wohlstands. Die damaligen Rassen waren kleiner, robuster, aggressiver und deutlich fleischärmer als heutige Exemplare. Auch ohne chemische Nachhilfe erwiesen sie sich in den Kolonien als äußerst fruchtbar. 1514 schätzte ein Spanier in seinem Bericht an die Krone die Nachkommenschaft jener 24 Schweine, die er 1498 nach Kuba gebracht hatte, auf 30 000 Stück.[101] Weder große Hitze noch starke Kälte waren ihre Sache; mit Schatten und genügend Wasser konnten sie es in den Tropen und Subtropen jedoch gut aushalten. Die Spanier in ihrem Bedürfnis nach gesicherter Fleischversorgung gingen um 1500 dazu über, planmäßig auf den entlegeneren, menschenleeren karibischen Inseln Schweine auszusetzen. Von dieser mobilen Vorratshaltung profitierten außer den Spaniern Menschen, die den Spaniern höchst suspekt waren: die Piraten oder »*Bucaneeres*«, so genannt nach dem Metallgitter, auf dem sie die erbeuteten Fleischstücke brieten. Die spanischen Schweineherden (mehr als 1000 Stück pro Herde) der karibischen Inseln waren beliebte Beuteobjekte der internationalen Seeräuberschaft, die Alexandre Olivier Exquemelin in den 1670er Jahren anschaulich beschrieben hat.[102] Sie raubten Schweine, die neben Seeschildkröten ihr Hauptlieferant an tierischem Eiweiß waren. Von der Karibik aus importierten Spanier Schweine nach Südamerika und nach Nordamerika; dorthin dürften sie 1539 im Gefolge von Hernán de Soto auf seinem Zug nach Arkansas gelangt sein.

Neben genügsamen Schafen und Ziegen brachten Spanier die anspruchsvolleren Rinder nach Amerika. Mit ihnen wanderte das iberische System der Rindviehhaltung nach Amerika: Die Ranch oder Hazienda ist keine ureigene amerikanische Erfindung, sondern wurde bereits im mittelalterlichen Spanien entwickelt. Verwilderte Rinder und Rinderherden auf Großfarmen in Südamerika (Argentinien, Paraguay, Bolivien) oder in Mittelamerika wurden im Laufe des 17. und 18. Jahrhunderts ein vertrauter Anblick und wichtiger Wirtschaftsfaktor (Leder, Fleisch). 1619 berichtete der Gouverneur in Buenos Aires von Herden mit insgesamt 240 000 Tieren.[103] Rinder waren nicht nur ein wichtiger Faktor der Ernährung und gewerblicher Nutzung, Ochsen übernahmen auch die Rolle als Arbeits- und Lasttier wie Esel, Pferde und Maultiere, die ebenfalls im Zuge der europäischen Expansion nach Amerika kamen und vor allem als Reittiere in dem wenig erschlossenen Landesinneren dienten. Mit dem Gebrauch von Maultieren stiegen die Transportkapazitäten (etwa 75 bis 100 kg pro Tier) und verbesserten sich die Reisezeiten insofern, als Maultiere größere Strecken als etwa Lamas zurücklegen konnten. Die höhere Belastbarkeit der Mulis war ein Grund, sie verstärkt in den Silberbergwerken Mittel- und Südamerikas einzusetzen.

Bereits Columbus hatte 1493 spanische, genauer andalusische Pferde nach Hispaniola gebracht. Deren Nachkommen benutzte Hernán Cortés 1519 bei seiner Eroberung von Mexiko. Francisco Pizarro bediente sich ihrer Nachkommen bei der Eroberung von Peru (1531–1535). Gute Pferde waren nicht nur wichtig für den Transport der Soldaten und deren Kampftechniken. Rassige Pferde steigerten auch den Eindruck der Spanier auf die Inka, die solche Kreaturen ebensowenig kannten wie zuvor die Azteken. Eingeschüchtert und fasziniert zugleich reagierten sie auf die Kraft, Größe und Eleganz dieser Tiere und die demonstrierten Fähigkeiten der Reiter, solche Wesen zu dirigieren. Wie die Rinder eroberten auch spanische Pferde, ergänzt durch englische, irische und skandinavische Artgenossen, nach und nach beide amerikanischen Kontinente. In den nordamerikanischen Prärien und der südamerikanischen Pampa fanden entlaufene Pferde ideale Bedingungen zur Vermehrung. In den tropischen und subtropischen Gebieten erging es Pferden deutlich schlechter. Ungünstiges Klima in Verbindung mit harter Arbeit auf den Plantagen verkürzten ihre Lebensspanne auf etwa ein bis zwei Jahre. Die Folge davon war, daß die Pflanzer auf ständigen Nachschub von Pferden aus Nordamerika und Europa angewiesen waren; die südamerikanischen Wildpferde kamen dafür nicht in Frage, weniger wegen ihrer Wildheit als vielmehr wegen fehlender Handelskontakte zwischen den Gebieten. Die Existenz von Pferden sollte nicht nur nachhaltig das Leben der Europäer in Amerika erleichtern, sie veränderte auch radikal die Lebensweise indianischer Stämme insofern, als gezähmte Wildpferde die Indianer erstmals mobilisierten, somit ihre Reichweite und Schnelligkeit erhöhten, was sich nicht nur auf ihr Jagd- und Kampfverhalten, sondern auch auf ihre gesellschaftlichen Strukturen und den Umgang der Stämme untereinander auswirkte.

Außer Schweinen, Rindern, Pferden, Ziegen, Schafen, Eseln und Mulis kamen noch andere Tiere im europäischen Gefolge nach Amerika: Hühner, die Honigbiene, deren Honig dem von Indianern gewonnenen Ahornsirup Konkurrenz machte, Hasen und Kaninchen und schließlich ein Tier, das bei der Beschreibung des »ökologischen Imperialismus«[104] häufig übersehen wird: die Katze. Viele Katzen mögen sich unkontrolliert auf eigenen Pfoten an Bord der Amerikafahrer geschlichen und auf ihre unnachahmlich charmante Weise die Neue Welt erobert haben. Die unerwünschte Einwanderung einer anderen europäischen Tierart, der Ratten, vertiefte die Zuneigung der Kolonisten zu Katzen. Rättische Attacken auf kostbare Nahrungsvorräte, z. B. in Virginia oder Nieuw Nederland, führten wiederholt zu verzweifelten Aufforderungen kolonialer Gouverneure an die Mutterländer, doch möglichst schnell, möglichst viele im Töten von Nagetieren erprobte, robuste Katzen zu liefern. Noch heute spiegelt die Katzenpopulation Nordamerikas sehr genau die Migrationssituation des 17. Jahrhunderts. So dominieren in Manhattan, dem neuniederländischen Siedlungskern von New York, Katzen, die genetisch mit ihren Artgenossen in Amsterdam näher verwandt sind als mit den Samtpfoten im übrigen Bundesstaat New York, Connecticut oder den Britischen Inseln.[105]

Die Pflanzenwelt

Die Europäer brachten jede Menge Samen unerwünschter Pflanzen nach Amerika wie Löwenzahn, Kletten oder Brennesseln. Langfristig sollten diese Kräuter im Verein mit Grasarten helfen, gravierende Umweltschäden auszumerzen. Sie trugen dazu bei, gerodetes, verbranntes oder abgegrastes Land mit neuen Nährstoffen zu versorgen. Zu diesem unfreiwilligen Transfer europäischer Flora kam die gezielte Übertragung europäischer, asiatischer und afrikanischer Pflanzen wie Obstbäume (Pfirsiche, Äpfel, Orangen, Zitronen), Bananenstauden, mit großer Wahrscheinlichkeit die Kokospalme, Wein, Reis, Kaffee und Zuckerrohr. Während Wein bis ins 19. Jahrhundert ein kolonialer Exote blieb, dessen Anbau in Spanisch-Amerika lange im Interesse spanischer Winzer behindert wurde, und Obstbäume, vor allem Äpfel, als genuin amerikanisches Gewächs verinnerlicht wurden, beide einer bäuerlichen Landwirtschaft, in einer europäischen Tradition stehend, vorbehalten waren, verbanden sich die asiatisch-afrikanischen Gewächse, wie Bananenstaude, Kaffee, vor allem aber der Anbau von Reis und Zuckerrohr mit spezifisch kolonialen Gesellschaftsformen und Produktionsmethoden.

Die Boomphase von Reis und Kaffee als neuartige Nutzpflanzen in Amerika begann im 18. Jahrhundert; als Vorreiter und Dauerbrenner in der kolonialen Wirtschaft fungierte das altweltliche Zuckerrohr bzw. der daraus gewonnene Rohrzucker. Die menschliche Vorliebe für Süßes ging an Amerika nicht vorbei; die amerikanische Zuckerproduktion in enger Verbindung mit der Versklavung schwarzer Afrikaner hinterließ nicht nur sichtbare Spuren in der Bevölkerungsstruktur und der Wirtschaft, sondern auch in der Umwelt. Im 15. Jahrhundert hatten Spanien und Portugal der europäischen Vorliebe für Süßzeug Tribut gezollt und Zuckerrohr aus dem Mittelmeerraum auf die atlantischen Inseln und nach Westafrika gebracht. Auch in bezug auf Zuckerrohr erwies sich die Fahrt des Columbus als richtungweisend. Bereits bei seiner zweiten Fahrt brachte er Zuckerrohrsetzlinge nach Amerika, die im Dezember 1493 auf Hispaniola angepflanzt wurden. Von dort wanderte der Zuckerrohranbau auf die großen Antillen Kuba, Puerto Rico und Jamaika, doch Zucker fand im Gegensatz zu den Edelmetallen Südamerikas nicht länger das starke Interesse der spanischen Krone und wurde seit 1580 von Spanien weitgehend vernachlässigt. Völlig anders gestaltete sich hingegen die Lage im portugiesischen Brasilien, wo die Zuckergewinnung den Profiten des portugiesischen Asienhandels gegen Ende des 16. Jahrhunderts mehr und mehr Konkurrenz machte.

Einen wirklichen Take-off erlebte das Zuckergewerbe jedoch in der englischen und französischen Karibik. Die Boomkolonien im Bereich der Zuckerrohrproduktion wurden seit den 1640er Jahren Martinique und Barbados, die Kolonie am östlichen Rand der Karibik. Um Rentabilität zu erreichen, erforderte der Zuckerrohranbau die Anlage großer Felder. Als die Engländer Barbados in Besitz nahmen, fanden sie kaum freie Flächen vor. Die Koralleninsel war mit dichtem Regenwald bewachsen, der in der Folgezeit rücksichtslos »König Zucker« geopfert wurde. Zur Rodung konnte man sich unterschiedlicher Methoden bedienen: Brandrodung, der diverse Tierpopulationen zum Opfer fielen, oder Abholzen der Bäume. Das Zuckerrohr laugte den Boden aus. Die Zerstörung der Wälder bis auf einen kleinen Restbestand, Turners' Hall Wood, förderte die Erosion und Verkarstung des Landes. Eine ähnliche Entwicklung durchliefen St. Kitts, Nevis oder Montserrat. Jamaika wurde aufgrund seiner Größe, der klimatischen und landschaftlichen Gegebenheiten lange Zeit weniger durch die einseitig auf den Zuckerrohranbau ausgerichtete Landwirtschaft belastet.

Die Zerstörung der karibischen Wälder als Folge der Entstehung von Zuckerrohrfeldern und des Bedarfs an Bau- und Brennholz für die Zuckerproduktion ist beklagenswert und wirkt noch heute nach. Unerwartet zeigte sie einen positiven Effekt, da sie die interkoloniale Kooperation und die Innovationsbereitschaft der Pflanzer förderte. Zum einen versorgten die waldreichen Kolonien wie etwa das niederländische Surinam das abgeholzte, englische Barbados mit Fässern, Bau- und Brennholz. Im Gegenzug lieferten die Barbadianer Surinam dringend benötigte britische und nordamerikanische Lebensmittel und Gebrauchsgüter. Auf diese Weise entstand seit 1668 eine enge Symbiose zwischen beiden Kolonien, die mit Argwohn von den Mutterländern beäugt und wiederholt wirkungslos attackiert wurde. Zum anderen förderte der Brennstoffmangel bei der Zuckerproduktion die Bereitschaft zum Gebrauch alternativer Energiequellen. Gegen Ende des 17. Jahrhunderts übernahm Barbados verstärkt das Modell der niederländisch-surinamesischen Zuckermühlen, die durch Windkraft angetrieben wurden.

Die territorial relativ kleinen westindischen Inseln bildeten ein besonders drastisches Beispiel kolonialer Umweltzerstörung infolge von Monokulturen und ungebremster Profitgier. Auf dem Festland kamen die Umweltsünden bis ins 18. Jahrhundert hinein weniger zum Tragen – auch dort wurden Wälder abgeholzt, landwirtschaftliche Nutzflächen und Städte angelegt und hemmungsloser Raubbau an der Natur betrieben, etwa am Bestand der Pelztiere, der gegen Ende des 17. Jahrhunderts dramatisch zurückgegangen war. Ein besonders begehrtes Jagdobjekt bot der Biber, dessen dichtes Fell wesentlicher Bestandteil der Filzhüte modebewußter Europäer war. Die Weite des Landes und die ungeheuren Ressourcen angesichts einer noch immer relativ kleinen europäischen Bevölkerung ließen keine kritischen Stimmen aufkommen. Hinzu kam, daß durch die Verdrängung und Tötung der indianischen Bevölkerung den Europäern stets und ständig ausreichend Platz zur Verfügung stand.[106]

Europäischer Einfluß auf die Bevölkerung Amerikas

Die Indianer

Die Europäer beeinflußten die indianischen Völker auf viele Weisen, mit unterschiedlichen Motiven und Konsequenzen. Europäer konnten friedlich auftreten, mit Indianern kommunizieren, ihre Lebensart tolerieren oder freundschaftlich versuchen, sie zu missionieren, um sie in die christlichen Gemeinschaften aufzunehmen. Seltener passierte es, daß Europäer die kulturellen Schranken übersprangen und in indianische Gemeinschaften eintraten. Europäer konnten von Indianern adoptiert werden oder eheliche Verbindungen eingehen, wobei sich sowohl indianische Frauen mit europäischen Männern als auch Indianer mit europäischen Frauen verbinden konnten. Solche Verhaltensweisen wurden von sittenstrengen Weißen als Verrat an der eigenen Gemeinschaft ausgelegt und entsprechend verdammt. Die starke Attraktion, die das scheinbar freie, sexuell ungezügelte Leben indianischer Gruppen auf gehemmte Kolonisten ausübte, und der Widerstand vieler in Kämpfen von Indianern gefangener Europäer gegen die Rückkehr in die kolonialen Gesellschaften stießen bei der Mehrheit der Kolonisten – zumal den Angehörigen orthodoxer Religionsgemeinschaften – auf Widerwillen. Sie fürchteten um ihre christlich-europäische Kulturtradition, die sie durch eine derartige Offenheit gegenüber anderen Kulturen und Menschengruppen gefährdet sahen.

Das harmonische Miteinander der Kulturen kam durchaus vor. Dafür finden sich viele Beispiele, zumal aus der jeweils ersten Kontaktphase, in der die Europäer auf die Kooperation der Indianer angewiesen waren. Proportional zur Habgier und Anzahl der Europäer verschlechterten sich jedoch vielerorts die bilateralen Beziehungen, und die Europäer suchten die Oberhand zu gewinnen.

Ohne es planen oder gar lenken zu können, kamen den Europäern in der Ausübung ihrer Machtvorstellungen andere »Einwanderer« zu Hilfe; Einwanderer, von deren Existenz sie nichts wußten, deren Auswirkungen aber den meisten Europäern leidvoll vertraut waren: Krankheitserreger. Die Kolonisten importierten sie in ihren Körpern, auf der Haut, in der Kleidung, in den Nahrungsmitteln und Handelsgütern, in Schiffen oder mit der ganzen Menagerie von Nutztieren und Ungeziefer, die sie scharenweise über den Atlantik herbeischipperten. Das gespaltene Verhältnis vieler Europäer zur Körperpflege, zum regelmäßigen Gebrauch von Wasser und Seife, begünstigte das Überleben der unerwünschten Reisebegleiter. Mittlerweile ist die Forschung überzeugt, daß nicht nur das Technologiegefälle und interne indianische Streitigkeiten das europäische Vordringen in Amerika erleichtert haben; gerade die unsichtbaren Mikroorganismen sollten sich als eine Art »fünfte Kolonne« erweisen, die die Anzahl der Indianer verringerte und damit die Position der Europäer massiv verbesserte, ohne daß die Europäer einen Finger hätten rühren müssen. Ihre Anwesenheit allein war Waffe genug. Für die meisten Europäer, die im Erwachsenenalter in die Kolonien kamen, bestand geringe Ansteckungsgefahr. Sie waren in ihrer Kindheit und Jugend mit epidemischen Krankheiten in Berührung gekommen. Hatten sie die Krankheiten überlebt, waren sie gegen deren Erreger immun. Für sie bestand nur ein kleines Risiko, sich anzustecken; bei jeder Rückfahrt nach Europa, in die überfüllten, unhygienischen Metropolen der Mutterländer – London, Bristol, Liverpool, Paris, St. Malo, Sevilla oder Lissabon –, war die Gefahr, sich eine tödliche Krankheit einzuhandeln, größer, als in den Kolonien an altweltlichen Krankheiten zu sterben. Ausnahmen waren Malaria, Gelbfieber, Typhus und Cholera, die in den klimatisch riskanten Tropen und Subtropen viele Weiße ergriffen und töteten.

Aufgrund ihrer Jahrtausende währenden Isolation kannten die Indianer nur sehr wenige Infektionskrankheiten. Dazu zählten solche unerfreulichen Arten wie Syphilis, Gehirnerkrankungen, Kinderlähmung oder Varianten der Tuberkulose. Die Eisbarrieren, die von den indianischen Vorfahren überwunden worden waren, könnten dazu geführt haben, daß manche Krankheitskeime abgetötet worden sind. Von daher hätten die Indianer keine Immunität gegen die Fülle von Krankheiten entwickeln können, die in der Alten Welt Asiens, Europas und Afrikas, einer relativ »übervölkerten« Welt, aufgrund des engen Zusammenlebens von Mensch und Tier hervorbrach. Das Arsenal biologischer Waffen, das die Europäer unbewußt ins Feld führten, war erschreckend umfangreich: Pocken, Masern, Diphterie, Keuchhusten, Windpocken, Beulenpest, Scharlach, Grippe oder scheinbar harmlose Erkältungskrankheiten. Ergänzt wurde das Sortiment durch Krankheiten wie Malaria und Gelbfieber, die Sklaven aus Afrika einschleppten und denen Weiße und Indianer gleichermaßen zum Opfer fielen.

Speziell die Pocken oder Blattern gehören mit zu den ansteckendsten Krankheiten; sie werden durch direkten Kontakt oder über die Atemwege übertragen; die Sterblichkeit bei der schweren Form von Pocken liegt bei 20 bis 50 Prozent; die Inkubationszeit beträgt 8 bis 18 Tage. Die Pocken entwickelten sich wohl im 15. Jahrhundert in Asien, kamen im 16. Jahrhundert nach Europa und führten wiederholt zu Epidemien, bis durch die Erfindung der Pockenschutzimpfung Ende des 18. Jahrhunderts ein geeignetes Gegenmittel gefunden wurde. Die Pocken hielten sich an die Reisewege der Spanier und tauchten erstmals an dem europäischen Einfallstor in die Neue Welt, in der Karibik auf. Um 1518 eroberten sie Hispaniola und töteten 30 bis 50 Prozent der Arawaken, die spanischen Übergriffen und Ausbeutung hatten entgehen können. Von Hispaniola aus sprang die Epidemie nach Puerto Rico und Kuba über. 1521 erreichte sie im Gefolge von Hernán Cortés Mexiko. Ein schwarzafrikanischer Soldat im spanischen Heer war an Pocken erkrankt, war also nicht wie die Mehrheit seiner europäischen Kollegen im Kindesalter gegen die Krankheit immunisiert worden. Sein Virenpotential reichte aus, um eine Epidemie zu entfesseln, die einen großen Teil der Azteken tötete.[107]

Einem aztekischen Chronisten ist eine ebenso eindrucksvolle wie erschreckende Darstellung der Situation zu verdanken:

»[Mai 1521] ... brach hier ... in [Mexiko Stadt] die große Seuche aus. Sie verbreitete sich rasch und wütete siebzig Tage. Sie legte sich auf die Menschen, schlug sie nieder, überall in der Stadt und tötete unzählige aus unserem Volk. Geschwüre brachen in unseren Gesichtern auf ... mit schwärenden Wunden waren wir verkrustet von Kopf bis Fuß. So schrecklich war die Krankheit, daß niemand mehr stehen und gehen konnte. Die Kranken lagen wie Leichen hilflos auf ihren Betten, sie konnten die Glieder nicht rühren, den Kopf nicht heben. Auf ihren Lagern konnten sie sich nicht wenden, ... wenn sie versuchten, sich zu bewegen, schrien sie vor Schmerz. Sehr viele starben an dieser Seuche, andere starben vor Hunger. Niemand konnte die Kranken versorgen, sie konnten nicht aufstehen, sich keine Speisen holen, und so starben sie, alleingelassen auf ihren Schlafstätten. Einige hatten den Ausschlag nicht am ganzen Körper, nur an einigen Stellen bildeten sich Pusteln, sie litten weniger, und manche wurden wieder gesund. Aber auch sie waren für ihr Leben geschlagen, denn ihre Gesichter blieben entstellt und verwüstet. Wo eine Wunde geschwärt hatte, quetschte sie eine Grube in die Haut, so tief, daß sie nie mehr verwuchs. Einige verloren so auch die Nase oder ein Auge, andere erblindeten ganz.«[108]

Von Mexiko aus erfaßte die Epidemie Peru. Hier kam es zu einem Phänomen, das auch an anderen Orten und zu anderen Zeiten erscheinen konnte: Die Epidemie konnte im Gefolge der Europäer auftreten, sie konnte aber auch – übertragen durch Nicht-Europäer oder bei anderen Krankheiten durch Tiere – den Europäern vorauseilen. Dies geschah zwischen 1521 und 1532 in Peru: Die Pocken erreichten vor Pizarro die Herrschaftsgebiete der Inka, töteten einen großen Teil der Bevölkerung inklusive den Inka und seinen designierten Nachfolger. Dieses Machtvakuum hatte einen Bürgerkrieg und internes Chaos zur Folge, das Pizarro geschickt für seine Zwecke nutzte und so mit Hilfe anderer indianischer Truppen problemlos das marode Reich stürzen konnte. Alfred Crosby kommentiert diesen Sachverhalt treffend wie entglorifizierend: »Der erstaunliche Siegeszug dieses Conquistador [Francisco Pizarro] ist – ebenso wie der seines Vorbildes Cortés – weitgehend ein Siegeszug des Pockenvirus.«[109] Von Mexiko aus wanderten die Pocken nach Norden, von Peru aus nach Süden. Spätestens um die Mitte des 16. Jahrhunderts hatten sie die Großen Seen in Nordamerika und die südamerikanische Pampa erreicht. 1558/1560 starben circa 100 000 Indianer in Argentinien an den Pocken. In den 1560er Jahren kam es zu einer schweren Epidemie in Brasilien. Zu Beginn des 17. Jahrhunderts baten die zuständigen Stellen in Buenos Aires die spanische Krone um eine höhere Quote bei dem Import schwarzer Sklaven – zu viele Indianer seien an den Pocken gestorben, so daß es an Arbeitskräften mangle.[110]

Für Nordamerika fehlte es lange an vergleichbaren Zeugnissen über Pockenepidemien. Entweder transportierten Cartier & Co. keine Pockenerreger, die Indianer hatten durch frühere Kontakte Antikörper entwickelt, oder die Europäer blieben nicht lange genug, um die Wirkung ihres Aufenthalts zu registrieren. Erst mit den Gründungen englischer und französischer Niederlassungen in Nordamerika finden sich Hinweise auf Pockenepidemien. Um 1588 gibt es Indizien dafür, daß die Pocken North Carolina erreicht hatten, oder vielmehr dafür, daß Europäer neue Viren eingeschleppt hatten. Der Bericht des englischen Naturwissenschaftlers Thomas Harriot über die Lage in Roanoke deutet an, daß die Europäer den Ausbruch altweltlicher Krankheiten bei Indianern ohne Skrupel für ihre Zwecke nutzten. Die Krankheiten wurden Teil der Missionsarbeit bzw. der Strategie, den christlichen Gott als starken Gott und die Krankheiten als seine Bestrafung von Sünden und des indianischen Widerstands gegen englische Herrschaftsansprüche darzustellen:

»Jeweils wenige Tage nachdem wir diese Orte verlassen hatten, begannen dort viele Leute sehr rasch, oft in allerkürzester Zeit zu sterben – mancherorts gegen zwanzig oder vierzig und einmal gar hundertzwanzig, was angesichts ihrer Zahl sehr viel war. Solche Vorkommnisse gab es unseres Wissens nirgends sonst, nur dort, wo wir uns aufgehalten und die Bewohner irgend etwas gegen uns unternommen hatten; auch traten die Ereignisse immer nach derselben Zeitspanne ein ... So beobachteten einige der mit uns befreundeten Einheimischen ... in vier oder fünf Orten nach den gegen uns gerichteten Machenschaften die besagten Vorfälle und gelangten zur Überzeugung, die Erkrankungen seien das Werk unseres Gottes und wir seine Instrumente; sie dachten, wir könnten mit seiner Hilfe ohne Waffen jeden töten und umbringen, ohne ihm nahe zu kommen ... Dies erstaunliche Begebnis führte im ganzen Lande zu so seltsamen Meinungen über uns, daß manche Leute nicht wußten, ob sie uns für Götter oder für Menschen halten sollten. Dies um so mehr, als sie während der ganzen Dauer der unerklärlichen Erkrankungen von keinem Todesfall und von keiner besonderen Krankheit unter unseren Leuten hörten.«[111]

In den 1630er Jahren ereilte die Seuche die Algonkins in Massachusetts, die Huronen und die Irokesen im Hinterland von Nieuw Nederland. Allein die Irokesen-Föderation verlor vermutlich die Hälfte ihrer Bevölkerung. 1738 wurde das halbe Volk der Cherokee getötet, und noch im 19. Jahrhundert, 1837/38, fiel ein großer Stamm der Sioux der Krankheit zum Opfer. Der überzeugte Puritaner John Winthrop wußte dem Massensterben einen für Neuengländer vorteilhaften Sinn abzugewinnen. Ebenso herzlos wie von seinem Status als Mitglied eines neuen Volkes Israel überzeugt, das in Massachusetts sein Kanaan gefunden zu haben glaubte, meinte der erste Gouverneur der Massachusetts Bay 1634: »Was die Eingeborenen anlangt, so sind sie nunmehr sämtlich den Pocken erlegen, so daß der HERR unsere Ansprüche klargestellt hat auf das, was wir besitzen.«[112] John Winthrop formulierte in dieser kurzen Notiz nicht nur seinen tiefen Glauben, er zeigte, daß er wie sein Landsmann Thomas Harriot Krankheit als Gottesurteil auffaßte. Er stand ganz in einer mittelalterlichen Tradition, wonach Krankheiten als göttliche Strafen für moralische Verfehlungen und Sünden gedeutet worden waren. Zugleich aber interpretierte er die Krankheiten auch als rechtliche Entscheidung, insofern als Gott sich auf die Seite der Neuengländer geschlagen, ihre Kontrahenten um Land getötet und somit den selbstverständlichen Besitzanspruch der Engländer bestätigt habe. Die Indianer litten nicht nur und starben an europäischen Krankheiten, obendrein dienten diese Krankheiten und der Bevölkerungsrückgang der Indianer den Europäern als göttlicher Beweis für die Richtigkeit ihres Vorgehens und ihrer Ansprüche auf außereuropäische Territorien. Die Perfidie dieser Argumentation blieb den Indianern keineswegs verborgen. Sie setzten sich mit den Schrecken der Seuche auf ihre Weise, in Form von Legenden auseinander. Eine dieser Legenden, die vermutlich aus dem späten 18. oder frühen 19. Jahrhundert stammt, benennt präzise die Mechanismen der Krankheit und deren langfristige Konsequenzen für die indianischen Gemeinschaften. Ein mythischer Stammesheld Saynday aus dem Volk der Kiowa trifft auf einen Fremden im schwarzen Anzug und steifen schwarzen Hut, anscheinend die Kleidung eines Missionars:

»›Wer bist du?‹

›Ich bin Saynday, der alte Onkel Saynday von den Kiowas ... Aber wer bist du?‹

›Pocken ist mein Name.‹

›Wo kommst du her und was tust du und warum bist du hier?‹

›Ich komme von weit her, von jenseits des Ozeans im Osten. Ich bin eins mit den weißen Menschen – sie sind mein Volk, so wie dein Volk die Kiowas sind. Manchmal eile ich ihm voraus, dann wieder schleiche ich hinterher. Aber ich bin ihr ständiger Begleiter, und du wirst mich stets in ihren Lagern und ihren Häusern finden.‹

›Was tust du?‹

›Ich bringe den Tod. Mein Atem läßt die Kinder wie junge Pflanzen im Schnee des Frühlings vergehen. Ich bringe Zerstörung. Eine Frau mag noch so schön sein, sobald sie mich erblickt, wird sie häßlich wie der Tod. Und den Männern bringe ich nicht allein den Tod, ich vernichte auch ihre Kinder und richte ihre Frauen zugrunde. Die stärksten Krieger sinken vor mir in die Knie. Kein Volk, das mich erblickt hat, wird je wieder sein, was es war.‹«[113]

Nach und neben diesen Epidemien, die die indianischen Positionen zunehmend schwächten, konfrontierten die Kolonisten die Indianer wiederholt militärisch. Nur wenige indianische Angriffe erfolgten ohne Vorgeschichte, Warnung oder Signale. Zumeist wurden indianische Verzweiflungstaten von Kolonisten provoziert und herbeigeredet, um dann militärisch gegen Stämme vorgehen zu können. Es gehörte zur gängigen Rhetorik aller Europäer, indianische Angriffe generell als heimtückische Überfälle aus dem Hinterhalt darzustellen, während kriegerische Aktionen der Kolonisten lediglich der eigenen Verteidigung dienten. Indianische Attacken waren insgesamt betrachtet rar und brachten nur selten die erhofften Resultate. Kurzfristige Erfolge konnten Indianer z. B. in Mexiko, Florida, Arkansas oder Virginia verbuchen. In Florida etwa mußten selbst altgediente spanische Recken dem Kampfstil der Indianer Respekt zollen, so etwa ein Vertreter der spanischen Krone, der um 1566 in Florida ein eigenes, kleines inoffizielles Reich etablieren wollte, nachdem er die französischen Rivalen brutal aus dem Weg geschafft hatte. Immer wieder kam es wie in den spanischen oder portugiesischen Kolonien auch in den nordamerikanischen Kolonien zu Konflikten mit Indianern, deren Verlauf überwiegend zu Lasten der Indianer ging. So 1622 in Virginia, 1637 in New England, als in einer Umzinglungsaktion der Pequotstamm niedergemetzelt wurde, 1643 bis 1645, 1655 und 1659 bis 1660 in Nieuw Nederland, 1675 in Virginia oder 1675 bis 1676 in Massachusetts, als es zu *King Philipps' War* kam. Diese makabre Auflistung bietet nur einen Ausschnitt der fehlgeleiteten europäisch-indianischen Beziehungen; weder die Tatsache, daß jede europäische Nation in dieser Hinsicht Schuld auf sich lud, noch der Umstand, daß oftmals indianische Gruppen auf europäischer Seite kämpften – schließlich bekämpften sich auch Europäer gegenseitig und bewiesen im Schlachtgetümmel wenig christliche Solidarität – und daß Indianer Weiße angriffen, tragen zur Erhellung dieser düsteren Kapitel bei. Infolge der Kämpfe, Überfälle und Unruhen verloren viele Weiße ihr Leben, jedoch verschwanden ganze indianische Stämme von der Bildfläche, wurden verdrängt oder verloren so viel Substanz, daß sie jede Bedeutung einbüßten. Die Pequots wurden 1637 ausgelöscht. Die mittelatlantischen und neuenglischen Algonkinstämme der Narragansetts, Manhattans und Mahicans verloren bereits im 17. Jahrhundert jede Bedeutung. Die Tuscaroras und Yamasee mußten sich 1711/1715 der europäischen Übermacht beugen. Die Indianer, die weiterhin in der Nähe zu europäischen Siedlungen lebten oder über ihren Pelzhandel in das atlantische Wirtschaftssystem einbezogen wurden, hatten nur wenig Möglichkeiten, auf die weiße Übermacht zu reagieren: Anpassung bedeutete die Aufgabe der eigenen Identität und bot im Ernstfall nicht unbedingt Schutz, wie das Schicksal christianisierter Indianer in New England nachdrücklich bewies, die zum Opfer beider Seiten wurden. Widerstand beschleunigte den Untergang. Flucht und Rückzug wurden ständig schwieriger und führten zu Konflikten zwischen Stämmen, die früher in meist friedlicher Nachbarschaft gelebt hatten.

Mit der Verdrängung kam es nicht nur zu einem Dominoeffekt unter den Stämmen und änderten sich nicht nur die indianischen Beziehungsgeflechte. Auch die indianische Einstellung zum Land und zur Jagd wandelte sich. Man jagte nicht länger Pelztiere für den eigenen Bedarf, sondern für den transatlantischen Handel. Mit der Nachfrage und dem rückläufigen Pelztierbestand wuchs der Wunsch nach Jagdgebieten, die man nun längerfristig besitzen wollte. Dieser Bewußtseinswandel wiederum belastete indianische Beziehungen, da aus der Rivalität um Jagd und Pelze neue Spannungen entstanden. Pelze hatten mittlerweile auch in indianischen Augen ihre Alltäglichkeit verloren; sie waren zu kostbaren Handelsgütern und sogar wie *wampum* zur Währungseinheit avanciert. Mit Pelzen konnten Indianer all die Dinge erstehen, mit denen sie durch europäische Vermittlung in Berührung gekommen waren. Eine Art Abhängigkeit stellte sich ein; eine materielle Revolution auf indianischer Seite mit tiefgreifenden Folgen für indianische Kulturen. Europäische Dinge verdrängten indianische Güter, wodurch Indianer immer tiefer zugunsten europäischer Händler und Produzenten in das atlantische Wirtschaftssystem verstrickt wurden. Europäische Metallwaren waren in; Artikel aus traditionellen Materialien wie Holz, Knochen oder Keramik waren out. Europäische Schußwaffen konkurrierten mit Bogen und Schlagholz. Farbenprächtige Textilien aus niederländischer und rheinisch-westfälischer Produktion reizten mehr als traditionelle Kleidungsstücke aus Tierhäuten und Fellen. Indianische Stämme waren willige Konsumenten für die Produktpalette der europäischen Protoindustrialisierung, die so einen zusätzlichen Schub erfahren haben dürfte. Auf manche der neuartigen, für sie magischen Artikel reagierten Indianer auf besondere Weise. Sie vereinnahmten die unbekannten Dinge und unterwarfen sie ihren Vorstellungen, indem sie sich anfangs wenig um die ursprüngliche Zweckbestimmung der Objekte kümmerten. Die Delawaren etwa hatten keine Ahnung vom Umgang mit banalen Massengütern: »Aber die Weißen lachten die Indianer aus, als sie sahen, daß diese nicht wußten, welchen Gebrauch man von Äxten, Hacken usw. macht; die Indianer hatten sich nämlich die ihnen geschenkten Werkzeuge als Schmuck an die Brust gehängt und die Strümpfe als Tabaksbeutel verwendet.«[114] Die fremden Objekte wurden eigenen Vorstellungen und Funktionen angepaßt. Dies konnte zu spannenden Verfremdungen führen. Ein europäischer Gegenstand, der sich besonderer indianischer Beg*eist*erung und Zweckentfremdung erfreute, war der Kessel.

Abb. 5: Pieter de Hooch (1629–ca. 1684): Interieur mit Kartoffeln schälender Hausfrau und Dienstmagd mit Fisch, ca. 1670–1675 (Ausschnitt).

Kupfer- und Messingkessel gehörten zu den Paradestücken europäischer Küchen. Einen besonderen Stellenwert besaßen sie in den Niederlanden, wo sie von Köchinnen, Mägden und Hausfrauen mit leidenschaftlicher Hingabe benutzt, geputzt und gewienert wurden. In zahlreichen Bildern des Goldenen Zeitalters niederländischer Malerei, in Genrestücken und Küchenszenen steht der blinkende Kessel im Zentrum der Aufmerksamkeit. Kessel wurden im Aachener und siegerländischen Raum, in Köln und in den niederländischen Metropolen aus Messing- oder Kupferplatten hergestellt. Schwere Metallkessel unterschiedlicher Qualität und Größe gehörten zum Standardequipment niederländischer Emigranten in die Neue Welt. In sämtlichen Ratgebern für Auswanderungswillige erschienen Kessel an exponierter Stelle. Auch in der Neuen Welt sollten Kessel den Mittelpunkt der Küche und damit das Herzstück des Hauses bilden. In der Ikonographie niederländischer Kunst kam dem Kochkessel emotionale Bedeutung zu. Er versinnbildlicht Liebe, Freundschaft und Geborgenheit. Die Indianer teilten die niederländische Wertschätzung des Kessels, jedoch setzten sie dieses Gefühl anders um. Kessel zählten zu den Artikeln, die besonders gern gegen Biberpelze getauscht wurden. Ein neuniederländischer Händler, Harmen van den Bogaert, der 1634 die Mohawks oberhalb des heutigen Albany besuchte, verfaßte während seiner Reise das erste irokesisch-niederländische Lexikon. In seiner Liste wichtiger Handelsgüter erschienen Kessel nach verschiedenen Arten von Stoffen, Äxten, Messern und Löffeln auf Platz sieben.[115] Die Vorliebe der Mohawks für niederländische Kessel führte zu einem lebhaften Kesselexport aus den Niederlanden in das Tal der Mohawks; jedes niederländische Schiff mit dem Zielhafen Nieuw Amsterdam hatte ein umfangreiches Sortiment Kessel an Bord.

Was machten die Indianer mit diesem Gerät? Kochen, sollte man vermuten – weit gefehlt; dafür sollten sie noch lange ihren ausgezeichneten, sehr hoch erhitzbaren Keramiktöpfen treu bleiben. Sie brauchten die Kessel nicht zur Nahrungsmittelzubereitung. Sie benutzten die metallenen Kessel als Materiallieferant zur Herstellung kleiner, für sie überaus wertvoller Objekte. Ausgrabungen bei den Seneca haben ergeben, daß das Kesselmaterial geschmolzen, geklopft oder zerschnitten in kultische Gegenstände und Ornamente wie Schmuck, Pfeilspitzen, Rasseln oder Amulette umgeformt wurde. Eine solche Qualität besaßen die Kessel, daß man sie für würdig befand, als Grabbeigaben den Toten im Jenseits zu helfen. Erst gegen Ende des 17. Jahrhunderts verlor der europäische Kessel seinen Zauber, so daß die Indianer seine eigentliche Bestimmung übernahmen und ihn zum Kochen, aufgehängt an einem dreibeinigen Gestell, verwendeten. Dabei erhielt der Kessel eine ähnlich gemeinschaftsstiftende, friedliche Bedeutung wie in niederländischen Küchen. Als Ausdruck ihrer Freundschaft zu der englischen Königin Anna benutzte eine Londoner Delegation von Irokesen 1710 ein beiden Kulturen vertrautes Bild: »And in Token of our Friendship, we hung up the kettle, and took up the Hatchet.«[116] Das Klischee des in bunte Wolldecken gehüllten Indianers vor einem verheißungsvoll brodelnden Metallkessel ist somit ebenso wie der den Tomahawk schwingende Indianer hoch zu Roß ein Ergebnis der europäischen Expansion. Der Tomahawk, eine Metallwaffe, war die Weiterentwicklung einer spanischen Streitaxt.[117] Mit anderen Worten: Viele der liebgewordenen und vertrauten Vorstellungen über das unverfälschte, ursprüngliche, typisch indianische Leben basieren auf Irrtümern. Die Klischees reflektieren Zustände, die erst nach Ankunft der Europäer und durch den interkulturellen Kontakt eintraten. Einige unverzichtbar scheinende Attribute zur Charakterisierung des freien Indianerlebens wie Wolldecken, Kessel, Pferde und Streitaxt entstammten der Alten Welt.

Die Weißen

Durch die Präsenz der Weißen in Amerika veränderten sich nicht nur die Bevölkerungs- und Herrschaftsstrukturen des Kontinents. Durch den Rückgang der indianischen Völker und das gleichzeitige Wachstum des weißen Bevölkerungsanteils verschoben sich langfristig die demographischen Verhältnisse beider Seiten zugunsten der Europäer.

Die Anzahl der Weißen wuchs einmal durch natürliche Reproduktion. Im Kontrast dazu scheinen einige Indianerstämme aus Angst wie aus Widerstand gegen europäische Vereinnahmung Geburtenkontrolle betrieben zu haben, oder die Geburtenrate sank infolge der Überbelastung der Frauen und Männer, die obendrein durch Zwangsarbeit (*encomienda*) z. B. für ihre spanischen Herren viele Monate voneinander getrennt waren. Das natürliche Bevölkerungswachstum der Europäer hingegen wurde dadurch erhöht, daß im Vergleich zu Europa das Heiratsalter der Kolonisten sank, die Anzahl der das gefährliche Babyalter überlebenden Kinder stieg und generell die Lebenserwartung der Erwachsenen verbessert wurde. Dies gilt vor allem für Neuengland und in geringerem Maße für Kanada, wo eine günstige Verteilung der Geschlechter gegeben war. Ganz im Trend merkantilistischer Migrationspolitik, dank staatlicher Prämienzahlung bei früher Heirat und Gründung kinderreicher Familien verzeichnete Kanada um 1670 – wie einige Angaben andeuten – die phänomenale Geburtenrate von 63 Prozent.[118] Für Neuengland vermutet man eine Geburtenrate von 45 bis 50 Prozent. Anders verhielt es sich auf den Zuckerinseln, in den Anfangsjahren Spanisch-Amerikas und Brasiliens oder in den Chesapeake-Bay-Kolonien, wo die Sterblichkeitsquote hoch, die Geburtenrate niedrig lag und an weißen Frauen lange Mangel herrschte. Dort haperte es mit der europäischen Reproduktion, oder es entstand eine Mischbevölkerung. Lösung der Probleme erhoffte man sich aus den Mutterländern: Von dort sollten Ehepartner und Arbeitskräfte kommen. Zuwachs erfolgte durch Migration. Das galt für die Mehrheit aller Kolonien. Die weiße Einwanderung konnte unterschiedliche Formen annehmen, die kurz skizziert werden. Zunächst entstanden Unterschiede in Hinblick auf erstens geographische Herkunft und zweitens den rechtlichen Status der Immigranten.

Geographische Herkunft: Zum einen bestand eine lebhafte interkoloniale Wanderung, die kaum erforscht ist, aber zahlreiche Spuren in den Archivalien hinterlassen hat. Die Mobilität des frühneuzeitlichen Menschen war trotz miserabler Infrastruktur erstaunlich hoch. Man wohnte nicht unbedingt jahrelang an einem Ort, sondern zeigte Flexibilität, sich auf eine neue Umgebung einzulassen. Dabei hielt man sich nicht an nationale Grenzen. Beispielsweise zogen Neuniederländer nach Virginia, Maryland oder Massachusetts; Neuengländer nach Nieuw Nederland; sephardische Juden zogen aus Surinam nach Barbados oder aus Barbados nach Rhode Island. Auf diese Weise schufen die kolonialen Pendler ein persönliches übernationales, interkoloniales Netz. Zum anderen – und dies war der Normalfall – erfolgte die Zuwanderung aus Europa selbst. Die Einwanderer konnten aus dem jeweiligen Mutterland stammen, so wollte es etwa für Spanisch-Amerika die kastilische Einwanderungspolitik, oder sie kamen aus Skandinavien, der Schweiz, Österreich, Irland oder Deutschland, dem Auswanderungsland der Frühen Neuzeit.

Der rechtliche Status: Die Einwanderer kamen nicht nur mit unterschiedlichen Hoffnungen, Motiven und Zielen in ihrem mentalen Gepäck, sie unterschieden sich auch in ihrem rechtlichen Status. Ein Großteil der Immigranten kam aus eigenen Stücken und auf eigene Kosten. Sie waren freie Menschen, die sich mit den jeweiligen Herrschaftsverhältnissen ihres neuen Wohnorts arrangieren mußten. Zu ihnen gesellte sich im 17. und 18. Jahrhundert eine andere Gruppe von Menschen, die sich ebenfalls freiwillig für die Neue Welt entschieden hatten, ihr Ticket für die Zukunft jedoch mit der zeitweiligen Beschränkung ihrer persönlichen Freiheit erkaufen mußten. Diese Migrationsform, die Kontraktarbeit, war vor allem in englischen und französischen Kolonien anzutreffen. Die *indentured servants* oder *engagés* schlossen Arbeitsverträge mit Agenten und Kolonisten, seien es Landwirte, Kaufleute oder Handwerker. Unter Verzicht auf einen Teil individueller Rechte verpflichteten sie sich, drei, vier, fünf oder sieben Jahre für ihren Vertragspartner zu arbeiten. Als Gegenleistung finanzierten die Dienstherren die Überfahrt und stellten Verpflegung und Unterkunft für die Dauer des Arbeitsverhältnisses. Im Prinzip erinnerte dieses System zeitlich begrenzter Unfreiheit an die Stellung von Gesellen oder Seeleuten in Europa.[119] Beteiligt waren anfangs überwiegend junge, unverheiratete Männer, die auf diese Weise die Zeit bis zu ihrer Volljährigkeit (21 bis 25 Jahre) nutzvoll verwenden sollten. In der Theorie erschien dieses Programm recht vorteilhaft. Auf diese Weise konnten selbst mittellose Auswanderungswillige nach Amerika gelangen. Sie hatten eine Anlaufstelle, unterstanden einer Aufsicht, konnten ohne drückende Existenzängste Orts- und Fachkenntnisse erwerben und die riskante Eingewöhnungsphase durchstehen, bevor ihnen nach Abschluß ihrer Vertragszeit ein Stück Land, Saatgut, bestimmte Mengen Tabak bzw. Zucker, Vieh oder Werkzeug als Morgengabe in die Selbständigkeit winkte. Die Realität sah meist anders aus. Viele Dienstherren beuteten die Arbeitskraft der Kontraktarbeiter erbarmungslos aus oder erwiesen sich als schlechte Lehrherren. Die Investitionen mußten sich in kurzer Zeit rentieren. Viele Kontraktarbeiter setzten sich frühzeitig ab: aus berechtigter Sorge um ihr Leben, aus Unzufriedenheit oder Faulheit. Manche der Neuankömmlinge überlebten ihre Vertragszeit nicht. Wenige schafften den Sprung in die eigene Karriere. Das Gros jedoch machte sich auf zu neuen Ufern, widmete sich der Piraterie, kehrte enttäuscht nach Europa zurück oder mehrte die Gruppe der »*poor whites*«, der »*petits blancs*«, der kleinen Leute in den von reichen Pflanzern dominierten Gesellschaften.[120] Denn das Ziel der meisten Kontraktarbeiter waren die Zucker- und Tabakplantagen vor allem auf den karibischen Inseln. Dort hoffte man auf schnelle Reichtümer und soziale Aufstiegschancen. In den 1670er Jahren arbeiteten schätzungsweise 15 000 Kontraktarbeiter in Englisch-Amerika, davon 12 000 in Virginia, Maryland, Barbados und Jamaika. Der Rest verteilte sich auf die übrigen Kolonien.[121]

Diese Situation hatte bis gegen Ende des 17. Jahrhunderts Bestand. Mit einiger Verzögerung gegenüber den Zuckerinseln Barbados und Jamaika stellten die virginischen und maryländischen Tabakpflanzer erst seit den 1690er Jahren ihre landwirtschaftliche Produktion auf Sklavenarbeit um. Die Gründe für den Wechsel vom weißen Kontraktarbeiter zum schwarzen Sklaven sind noch immer in der Forschung heftig umstritten. David Galenson etwa macht dafür Kostengründe und die die Sklaverei begünstigende Rechtslage verantwortlich.[122] Neuere Arbeiten weisen darauf hin, daß der Strom der Kontraktarbeiter, gerade aus Deutschland, auch im 18. Jahrhundert nicht abriß, sondern ganz im Gegenteil noch anschwoll. Er erfuhr mit dem Redemptioner-System einige arbeitsrechtliche Veränderungen. Bevorzugtes Ziel der überwiegend unterschiedlichen protestantischen Glaubensrichtungen angehörenden Deutschen waren die mittelatlantischen Kolonien Nordamerikas; mit einem Anteil von circa 30 Prozent an der Gesamtbevölkerung konzentrierte sich das deutsche Element in Pennsylvania.[123]

Die dritte Version weißer Immigration umfaßte die Zwangsmigration. Bei der unfreiwilligen Einwanderung von Europäern muß man wiederum zwischen zwei Gruppen unterscheiden: zum einen die nach Amerika Entführten, zum anderen die nach Amerika Verbannten. Über den sozialen Background oder die Anzahl der nach Amerika entführten Menschen kann man kaum Angaben machen. Bevorzugt traf dieses Schicksal Kinder und Jugendliche, die unter merkwürdigen Versprechungen auf Schiffe gebracht und dort zeitweilig außer Gefecht gesetzt wurden. Sie wachten erst wieder auf hoher See auf und wurden in kolonialen Hafenstädten an Land gebracht, wo ihre Arbeitskraft an Pflanzer verkauft wurde. Wiederholt finden sich in den Akten des *Board of Trade and Plantations* oder der *WIC* Briefe verzweifelter Eltern, die um Hilfe bei der Suche nach ihren entführten Kindern baten.

Über die Gruppe der nach Amerika Verbannten, der *convicts* oder *degredados*, lassen sich hingegen mehr Details finden. Bei ihnen handelte es sich um Kriminelle, Kriegsgefangene oder sonstige unbequeme Geister, die der jeweiligen Obrigkeit ein Dorn im Auge waren. Ihre Verbannung betrug circa 7 bis 14 Jahre, allerdings mangelte es häufig an Mitteln, diese Strafe auch konsequent zu vollziehen. Europäische Deportierte konnten fliehen und problemlos in den Kolonien untertauchen oder dank lückenhafter Kontrollen meist unbehindert nach Europa zurückkehren. Die Verbannung diente nicht nur der Bestrafung und Ausgrenzung. Die Mutterländer verfolgten damit auch wirtschaftspolitische Ziele. So sollten Strafgefangene zum einen die Präsenz des Mutterlandes im kolonialen Bereich stärken; zum anderen sollten sie die Kontraktarbeiter ersetzen, die langsam aber sicher den harten Arbeitsbedingungen auf den Plantagen den Rücken kehrten: Folglich landete der Großteil der aus England Verbannten in den klimatisch besonders strapaziösen und damit gesundheitsgefährdenden Kolonien Barbados, Jamaika, Virginia und Maryland.

In den 13 amerikanischen Festlandskolonien arbeiteten zwischen 1607 und 1775 circa 52000 Strafarbeiter gegenüber circa

180 000 bis 250 000 Kontraktarbeitern, deren Lebens- und Arbeitsbedingungen kaum große Unterschiede aufgezeigt haben dürften.[124] Die Rolle Amerikas als Verbannungsort für unerwünschte Briten endete mit der Unabhängigkeit der 13 Kolonien (1776–1783). Zwar versuchten britische Behörden danach noch Strafverbannte als Kontraktarbeiter zu tarnen und nach Nordamerika einzuschleusen; der Betrug flog jedoch auf und bescherte Großbritannien diverse diplomatische Probleme mit den USA, die äußerst empfindlich auf Verletzungen ihrer frischerworbenen Souveränität reagierten. Schließlich wurde Australien die zweifelhafte Ehre zuteil, die Insassen britischer Gefängnisse aufzunehmen.

Die Schwarzafrikaner

Den Schwarzafrikanern, die im kolonialen Amerika ihr Dasein fristeten, war von vornherein jede Entscheidung über ihre Lebensgestaltung verweigert worden: Sie wurden von Europäern aus Afrika nach Amerika in die Sklaverei verschleppt, aus der sie sich oder ihre Nachkommen nur sehr selten befreien konnten (Flucht, Freitod, Freikauf) oder befreit wurden. Sklaverei als eine Rechtsform persönlicher Unfreiheit hatte die Antike überlebt und wurde in der gesamten frühneuzeitlichen Alten Welt, in Europa, Afrika und Asien, variantenreich praktiziert. Die Leibeigenschaft mancher Bauern in Preußen, Rußland oder auf dem Balkan kam der Sklaverei verzweifelt nahe. Galeerensträflinge erlitten kaum ein besseres Los, und Christen, die in Gefangenschaft der Türken oder algerischer Piraten gerieten, wurden als Sklaven an Mohammedaner verkauft: Ein solches Schicksal ereilten John Smith oder Romanfiguren wie Robinson Crusoe. Christen konnten Opfer oder Täter sein. Venezianer und Genuesen gehörten im Mittelalter zu den führenden Sklavenhändlern, bis ihnen der Vormarsch des Osmanischen Reichs Paroli bot. Spanier, vor allem aber Portugiesen hatten sich erst in der Auseinandersetzung mit den Mauren gelegentlich in der Versklavung anderer Menschen erprobt, bevor sie sich im

15. Jahrhundert als professionelle Sklavenhändler etablierten. Die Handelsrouten der Portugiesen führten zunächst nach Europa. Von ihren Streifzügen in Afrika brachten sie schwarze Sklaven auf den Lissaboner Sklavenmarkt, nach Spanien, Italien und nach Antwerpen. Afrikanische Sklaven wurden in der Landwirtschaft und im Haushalt eingespannt – es galt als Ausdruck gesellschaftlicher Arriviertheit, sich von schwarzen Dienstboten verwöhnen zu lassen. Philip Curtin geht davon aus, daß noch zu Beginn des 17. Jahrhunderts circa 50 000 Afrikaner nach Europa und circa 125 000 auf die portugiesischen und spanischen Atlantikinseln gebracht wurden. Curtin, ein vorzüglicher Kenner der Materie, nennt dieses Handelssystem den »Old World Atlantic slave trade«[125]. Den spanischen Konquistadoren war offiziell die Versklavung der Indianer verboten. Im Gegensatz zur Alten Welt, wo wenig Land, aber viele Arbeitskräfte vorhanden waren, verfügten die Spanier in der Karibik über viel Land, aber wenige Arbeitskräfte. Die Spanier selbst hielten sich mit körperlicher Arbeit zurück; die tributpflichtigen westindischen Indianer starben oder verweigerten sich spanischen Leistungsanforderungen. Weiße konnte und wollte die Krone nicht zwingen. Ein Ausweg aus dem Dilemma boten die Bewohner Afrikas, das jedoch entsprechend der Bulle von 1493 dem portugiesischen Monopolraum angehörte. Durch portugiesische Vermittlung gelangte erstmals 1505 ein Kontingent schwarzer Zwangsimmigranten nach Amerika. Dies war ein wichtiges Ereignis in mehrerer Hinsicht. Spanien begab sich in Abhängigkeit zu ausländischen Bezugsquellen menschlicher Arbeitskraft. Die kastilische Krone versuchte dabei aus der Not eine Tugend zu machen, indem sie ihre Abhängigkeit als Monopol sicherte und das Recht, Spanisch-Amerika mit Sklaven zu beliefern, zu hohen Kosten an Lizenznehmer vergab. Eine solche Lizenz hieß in Spanien »*asiento*«. Obwohl es viele Arten Lizenzen gab, verengte sich der Inhalt des *asiento* in der Folgezeit einzig auf das Privileg des Sklavenhandels nach Spanisch-Amerika. Da sich die Sklavenhändler davon einen erweiterten Zugang zum verheißungsvollen lateinamerikanischen Markt erhofften, war der *asiento* entsprechend begehrt, umkämpft und eröffnete der Krone zusätzliche Einnahmen. Zum anderen bedeutete die erste Verschiffung afrikanischer Sklaven nach Hispaniola,

daß ein anderes Verständnis von Sklaverei in die Neue Welt transferiert wurde. Den Indianern waren Formen von Sklaverei schon vor Ankunft der Europäer bekannt gewesen. Auch sie hielten Menschen in Unfreiheit, die aus Kriegsgefangenschaft, Verschuldung, Verbrechen oder individueller Schwäche entstand und in Freiheit oder Integration durch die frühere Herrenfamilie münden konnte. Die Spanier brachten mit ihrer Rechtsauffassung von Sklaverei eine andere Dimension nach Amerika: Sie verbanden Unfreiheit und die Verdinglichung anderer Menschen mit Rassismus. Portugiesen wie Spanier begründeten ihr Recht auf Versklavung nichtweißer Menschen frei nach Aristoteles damit, daß es natürliche Herren und natürliche Sklaven gäbe.[126] Über die Zuordnung entschieden Körperkraft, Hautfarbe und Geisteskräfte. Demnach wurde man zum Herren dadurch, daß man sich durch körperliche Zartheit, weiße Haut, Intelligenz und den Hang zur Kontemplation auszeichnete. Hingegen charakterisierten ihrer Auffassung zufolge den geborenen Sklaven Muskelstärke, Dummheit und seine dunkle Haut.

In der iberischen Rechtfertigung der Sklaverei verbanden sich Arbeitsscheu, Ängste, Vorurteile, Profitdenken und unangemessene Gefühle der eigenen Überlegenheit mit Rückgriffen auf Textfragmente antiker Philosophen und frühchristlicher Kirchenväter, die dem Ganzen den letzten Touch der Unanfechtbarkeit verliehen. Ähnliche Wege beschritten die kolonialen Kontrahenten aus dem protestantischen Lager. Getreu ihrer Betonung der Bibelexegese argumentierten sie mit passenden Zitaten aus dem Alten Testament. Kurz nach ihrem Entstehen 1621 hatte die niederländische *WIC* noch Sklaverei und Sklavenhandel kategorisch als inhuman abgelehnt. Mit der holländischen Eroberung Brasiliens 1630 und Curaçaos 1634 verstummten diese menschenfreundlichen Stimmen. Der Besitz dieser Gebiete, vor allem aber die kostenaufwendige Eroberung Brasiliens machten langfristig nur Sinn, wenn die Zuckerproduktion forciert wurde, was dem gängigen Vorurteil zufolge nur durch vermehrte Zufuhr schwarzer Sklaven erreicht werden konnte. Die Prämisse von der wirtschaftlichen Notwendigkeit der Sklaverei, speziell der Sklavenarbeit der Schwarzen, wurde von kolonialeuropäischer Seite außer von den Quäkern nicht ernsthaft in Frage gestellt. Über die Möglichkeit freiwilliger Migration aus Afrika nach Amerika dachte man nicht nach. Erste Impulse zur Abolition kamen von außen, von Dänemark 1792, aus England (John Locke 1689, Aphra Behn 1688 oder John Wilberforce 1780er Jahre), aus Frankreich (Montesquieu 1721) oder vom Wiener Kongreß (1815).[127] Eine Formulierung im Alten Testament bot das geeignete Argument für die Versklavung dunkelhäutiger Menschen: »Die Söhne Noahs [die aus der Arche gekommen waren], sind Sem, Ham und Jafet. Ham ist der Vater Kanaans ...« Ham, der Vater Kanaans begeht einen Fehler, als er sich seinem betrunkenen Vater Noah gegenüber nicht respektvoll genug zeigt – daraufhin wird Hams Sohn Kanaan, nicht Ham, verflucht:

»Als Noah aus seinem Rausch erwachte und erfuhr, was ihm sein zweiter Sohn [Ham] angetan hatte, sagte er: Verflucht sei Kanaan. Der niedrigste Knecht sei er seinen Brüdern ... gepriesen sei der Herr, der Gott Sems, Kanaan aber sei sein Knecht. Raum schaffe Gott für Jafet. In Sems Zelten wohne er, Kanaan aber sei sein Knecht.«[128]

In der biblischen Abstammungsfolge steht Sem für die Völker Vorderasiens, z. B. die Hebräer und Aramäer. Jafet vertritt die Menschen der Mittelmeerinseln. Ham und seine Söhne, vor allem Kanaan, den die geballte Wucht von Noahs Fluch treffen sollte, repräsentieren die Bewohner der Länder Ägypten und Äthiopien – nach biblischer Vorstellung das eigentliche Herkunftsgebiet dunkelhäutiger Afrikaner, wodurch Ham zum Ahnvater der Schwarzafrikaner wurde. Mit dieser Bibelstelle als rechtliche Absicherung für die Versklavung der Schwarzen verschwanden auch bei den West- und Nordeuropäern letzte Skrupel gegenüber dem transatlantischen Sklavenhandel. Unter Ausnutzung interner afrikanischer Machtkämpfe und Konsumbedürfnisse errichteten alle seefahrenden europäischen Staaten außer Spanien Faktoreien in Westafrika und ignorierten das portugiesische Monopol auf Afrika. Den Anfang machte die *WIC*, die 1637 den portugiesischen Stützpunkt Elmina im heutigen Ghana eroberte. Zunehmend verwandelte sich die *WIC* in eine Sklavenhandelsgesellschaft. Engländer und Franzosen folgten ihrem Beispiel. Mit Hilfe niederländischer Kapitalgeber versuchten auch

Schweden, Dänemark und selbst Brandenburg einen Zipfel des großen Geschäfts zu erwischen, um fremde oder die erhofften und wenigen eigenen Kolonien mit Zwangsarbeitern zu versorgen. Auf einem vierhundert Kilometer langen Küstenstreifen Westafrikas entstanden 24 Niederlassungen der Europäer, die sich ausnahmslos in Gesellschaften organisiert hatten.[129] Im 17. Jahrhundert dominierten die *WIC* und die englische *Royal African Company*, deren Rivalitäten sich im Verein mit den Streitigkeiten der Mutterländer in Westafrika austobten. Die *WIC*, die ihren Aktionären Rechenschaft leisten mußte, hat zumindest für die Sklaven, die sie via Curaçao nach Spanisch-Amerika verkaufte, exakt Buch geführt: Sie entführte aus Afrika von 1636 bis 1651: 26286, von 1658 bis 1674: 44488 und von 1676 bis 1699: 25399 Schwarze.[130] Im 18. Jahrhundert stand Großbritannien unangefochten mit einem Anteil von 41,3 Prozent an der Spitze der Sklavenhandelsnationen, gefolgt von Portugal (29,3 Prozent), Frankreich (19,2 Prozent) und der weit abgeschlagenen *WIC* mit 5,7 Prozent.[131] Die Bezahlung der von verfeindeten Gruppen gefangenen Schwarzen, die wie Vieh bei den europäischen Stützpunkten zusammengetrieben, begutachtet und gebrandmarkt wurden, erfolgte weniger per Münzgeld, als vielmehr im Tauschhandel. Begehrt waren europäische Gewerbegüter wie Textilien, Metallwaren, Munition, Alkohol und Glasperlen. Interessant waren auch Baumwollstoffe und Kaurimuscheln, die man aus Indien und Sri Lanka holte. Die Ähnlichkeit zu dem bei Indianern begehrten Warensortiment ist frappant; ebenfalls bemerkenswert sind die globalen Wirtschaftsbeziehungen, die unter europäischer Regie entstanden und den afrikanischen Menschenhandel trugen.

Über die Zahl der vom 16. bis ins 19. Jahrhundert hinein von Afrika nach Amerika entführten Schwarzen herrschten lange unklare Vorstellungen. Die Angaben schwankten von circa 8 über 15 bis 50 Millionen. Dank der Arbeiten von Philip Curtin besitzt man inzwischen zumindest einen Eindruck davon, wie viele Schwarze die katastrophalen Transporte überstanden und Amerika lebend erreichten: Curtin spricht von circa 9,8 Millionen Ankömmlingen und kalkuliert eine Sterberate, die je nach Reisedauer, Zuständen an Bord und seelischer Verfassung der Afrikaner bei 5 bis 20 Prozent liegen konnte. In besonders schlimmen Fällen starben mehr als die Hälfte bei der Überfahrt. Albert Wirz weist darauf hin, daß von den 9,8 Millionen 3,1 Prozent bis 1600, 16 Prozent bis 1700 und 52,4 Prozent bis 1800 kamen.[132] Ebenso interessant ist die räumliche Verteilung der Sklaven. Knapp die Hälfte, 47,8 Prozent, arbeitete auf den Plantagen der Karibik und im Norden Südamerikas, 38,1 Prozent der Sklaven landeten in Brasilien, 7,8 Prozent auf dem spanisch-amerikanischen Festland und 4,5 Prozent im Gebiet der heutigen USA.[133] Diese nüchternen Zahlen verdecken zwar das Unglück der Opfer, sie zeigen aber, daß Afrika bedeutenden Einfluß auf Amerika gewann. Knapp 6 Millionen europäische Immigranten standen gut 10 Millionen Afrikanern gegenüber; in einigen Regionen (Jamaika, Barbados) waren die Afrikaner in der überwältigenden Mehrheit. Angesichts der tiefgreifenden, unübersehund unüberhörbaren afrikanischen Einflüsse auf die Kulturen Amerikas stellt Wirz die Frage, ob nicht Afrika die »Mutter Amerikas« gewesen sei.[134]

Amerika in Europa: Amerikabilder und Bilder von Amerika

Während in Amerika tiefgreifende Veränderungen abliefen, während die Europäer das Land, dessen Bewohner und Umwelt irreversibel veränderten – was wußte man in Europa von Amerika? Wie gelangten Informationen über Amerika nach Europa? Welche Informationen kamen nach Europa? Wie erschien Amerika den Europäern? Welche Amerikabilder geisterten durch europäische Köpfe? Welche Assoziationen weckte der Begriff Amerika?

In den Anfangsphasen nationaler Siedlungskolonien überwogen Amerikabilder, die Europäer Europa vermittelten. Neben kaum mehr nachvollziehbaren mündlichen Erfahrungsberichten der Reisenden und Heimkehrer (z. B. Seeleute, Soldaten, Kolonisten, Händler, Politiker oder Missionare) traten schriftliche Quellen von Augenzeugen und Menschen vor Ort (private und geschäftliche Briefe, Reiseberichte, Tagebücher, Missionarsberichte, Verwaltungskorrespondenz, Chroniken) sowie Texte aus zweiter Hand nach Zeugenaussagen oder kompiliert aus anderen Arbeiten und der Phantasie des jeweiligen Verfassers. Dazu zählten naturwissenschaftliche Studien, historische Abhandlungen, Flugblätter und Prototypen der Zeitung, Werbeschriften, Auswanderungsratgeber und literarische Werke. Veranschaulicht wurde die Informationsfülle durch bildliche Quellen, die Kartographen, Künstler und Handwerker herstellten. Amerika wurde auf dem europäischen Kontinent in Form von Objekten präsentiert.

Die unmittelbaren Reaktionen der Amerikareisenden vor Ort bleiben uns bis auf wenige, kostbare Ausnahmen ebenso verschlossen und verloren wie die mündlich vorgebrachten, nicht schriftlich fixierten Erzählungen der Heimkehrer. Nur gelegentlich finden sich in Texten Hinweise auf mündliche Berichterstattung, auf das Gehörte und Erzählte, wodurch eine größere Authentizität und Glaubwürdigkeit des Geschriebenen vermittelt werden soll. Man kann nur spekulieren, welchen Wirbel die Erzählungen von Augenzeugen über die Reichtümer Mexikos in Spanien oder die Berichte über den Landreichtum Virginias oder Massachusetts in England entfacht haben könnten.

Schriftliche Quellen, handschriftlich oder gedruckt, von Amerikafahrern verfaßt, helfen beträchtlich weiter und geben Aufschluß darüber, wie Amerika von den Europäern wahrgenommen wurde. Zugleich bieten die Amerikabilder der Europäer auch Einblicke in das altweltliche Selbstverständnis. Keine Beschreibung des anderen kann objektiv sein, da sie stets das Gefühl des Eigenen, also des Subjektiven bedingt. Von Anbeginn der europäischen Begegnung mit Amerika wurde der Kontinent Amerika nicht nur um seiner selbst willen dargestellt – mit den ersten europäischen Vorstößen in die Neue Welt wurde Amerika zur Folie, zum Objekt und Ziel europäischer Ängste, Hoffnungen, Erwartungen und Kontroversen. Zu den mündlichen Berichten der Pendler zwischen den Welten kam die Fülle der Briefkorrespondenz. Den Atlantik überspannte ein dichtes Geflecht privater, geschäftlicher und amtlicher Briefkontakte.[135] Gouverneure versorgten ihre metropolitanen Dienstherren mit mehr oder weniger geschönten Tätigkeitsberichten, baten um Unterstützung oder beschwerten sich über die Kolonisten. Siedler versuchten kulturelle und emotionale Bindungen zur alten Heimat und Familienangehörigen aufrechtzuerhalten oder Verwandte zur Auswanderung zu überreden. Koloniale Kaufleute organisierten ihre Geschäfte mit Kollegen jenseits des Großen Teiches. Ihre Kommunikation war diversen Schwierigkeiten unterworfen. Nicht jeder der Kolonisten konnte schreiben und war deshalb auf Hilfe angewiesen, obwohl gerade in den neuenglischen Kolonien viel Wert auf Bildung gelegt wurde. Das Harvard College entstand 1636. Papier war teuer und wurde lange aus Europa importiert. Ein regelmäßiger staatlich betriebener Postverkehr scheiterte oftmals an den Tücken des Meeres, der Winde und der Jahreszeit. Segelschiffe hatten weder feste Abfahrts- noch Ankunftszeiten. Schiffe mit Briefkörben an Bord sanken oder wurden Beute von Piraten. Briefe wurden von der Zensur kontrolliert, durch ungeeignete Verwahrung unleserlich oder verschwanden völlig. Die Laufzeiten betrugen zwei, drei, vier oder sieben Monate. Bei wichtigen, politisch brisanten oder gar gefährlichen Informationen schickte man einen Brief mit mehreren Kopien an Bord mehrerer Schiffe los, gab sie in die Obhut vertrauenswürdiger Passagiere und Seeleute, kodierte den Text oder ging ganz auf Nummer Sicher, indem man seine Botschaft nur mündlich persönlichen Überbringern übergab. Aus diesen Strömen von Emotionen, Klatsch, Gerüchten, politischer Stellungnahmen, intimer Details, Krankheitsgeschichten, religiöser Erörterungen, nüchterner Informationen, kommerzieller Transaktionen und herzergreifender Jeremiaden entstand eine Flut von Amerikabildern, die sich auf die Briefempfänger ergoß und deren unmittelbares Umfeld (Familie, Freunde, Kollegen, Gesinnungsgenossen, Obrigkeit) beschränkt blieb. Je nach Standpunkt des Briefschreibers, seiner persönlichen Situation, seinem gesellschaftlichen Umfeld konnte das Amerikabild unterschiedlich ausfallen. Amerika konnte sowohl als neues Eden, als Land, wo Milch und Honig fließen, als auch als bedrohliche Wildnis erscheinen. Eine entsprechend verwirrende Vielfalt der Meinungen über Amerika boten die Druckerzeugnisse, die in überwältigender Mehrheit zunächst in Europa, dann mit ihrer zunehmenden kulturellen Etablierung in den Kolonien selbst entstanden.

Sehr früh nahm sich das hochmoderne, neue Druckgewerbe Amerikas an. Die Neue Welt und die neue Technik gingen eine enge Verbindung ein. Die Hinwendung zum Druck offenbart nicht nur die Weltoffenheit der Entdecker. Zum einen verrät der Tatbestand der Drucklegung ihrer Schriften das große Interesse der Verfasser, Drucker und Finanziers, die anscheinend auf große Nachfrage hofften; zum anderen zeigt die Veröffentlichung ihrer Schriften nicht nur in der Gelehrten- und Kirchensprache Latein, sondern auch in den Volkssprachen Spanisch, Englisch, Deutsch, Französisch, Niederländisch oder Italienisch, daß man auf europaweite Leserkreise spekulierte. Die Lesefähigkeit schien mittlerweile eine Verbreitung gefunden zu haben, die Büchern in den jeweiligen Muttersprachen Absatz versprach. Die weitgesteckten Hoffnungen erfüllten sich nicht immer: Americana, Texte, die sich amerikanischen Themen widmeten, stießen auf großes Interesse, aber wen sie nicht fesselten, der konnte sie leicht ignorieren und sich mit anderen Buchtiteln beschäftigen.[136] Während die Fürstenhöfe, der Adel und die kommerziell interessierten Kreise des Bürgertums mit Begeisterung auf den neuen Lesestoff reagierten, hielt sich die Gelehrtenschaft während der Anfangszeit der Expansion auffallend zurück und reagierte zurückhaltend bis ablehnend auf die frühen Nachrichten von der Entdeckung eines neuen Kontinents bzw. der Entdeckung unbekannter Völker. J. H. Elliott vergleicht die Abwehrhaltung mancher Gruppen mit einem mentalen Rollgitter, das heruntergelassen wurde, um die brisante Neuheit der Welt auszuschließen.[137] K. G. Davies zeigt Verständnis,[138] er verweist auf die Fülle der Probleme, die auf die Zeitgenossen einstürmten: religiöse Krisen, politische Unruhen und wirtschaftliche Veränderungen.

Im Deutschen Reich, das den Beginn der iberischen Übersee-Expansion überwiegend als Zaungast registrierte, wurde eben diese Anfang des 16. Jahrhunderts voller Kritik und Ablehnung kommentiert. Die Entdeckung neuer Völker und Kontinente paßte nicht in das geschlossene, spätmittelalterliche Weltbild vieler Menschen. Indianische Völker tauchten in der Bibel nicht auf, brachten die Gläubigen somit in eine Ordnungskrise. Weder das Aussehen der indianischen Menschen noch einige Tierarten entsprachen den Beschreibungen der in der Renaissance hochverehrten antiken Dichtern und Philosophen oder wurden aus begreiflichen Gründen überhaupt nicht erwähnt. 1494 veröffentlichte der Straßburger Stadtsyndikus Sebastian Brant (1457/58–1521) seine Dichtung »Das Narrenschiff«, versehen mit Holzschnitten von Albrecht Dürer. In dieser ironischen Dichtung nahm Brant kurz und knapp von der Fahrt des Columbus Notiz. Die Entdecker auf der Suche nach Gold und neuen Ländern sieht er als Narren, die ihre Kraft und Zeit unnütz vergeuden, während sie an ihren wirklichen Zielen vorbeigehen:

»Man hat seitdem von Portugal
Und von Hispanien überall
Goldinseln gefunden und nackte Leut,
Von denen gewußt man keinen Deut. [...]
Viel haben erkundet fremdes Land,
Von denen keiner sich selbst erkannt.«[139]

Weniger ironisch, aber ebenfalls abfällig kritisierte 1512 der Nürnberger Lehrer Johannes Cochlaeus die europäischen Entdeckungen und ihren Wert in Hinblick auf die aktuelle Lehrpraxis:

»Mag dies [die Entdeckung Amerikas] nun wahr oder erfunden sein, zur Kenntnis der Kosmographie und Geschichte trägt es nichts oder nur wenig bei. Denn die Völker und auch die Gegend jenes Landes sind uns bis jetzt unbekannt und haben auch keinen Namen; und es werden auch keine Seereisen zu diesen Gegenden unternommen, es sei denn unter großen Gefahren. Daher sind sie für die Geographen nicht von Interesse.«[140]

Beide Reichsstädter, Sebastian Brant und Johannes Cochlaeus, reagierten mit ihrer ablehnenden Haltung auf einen Verkaufsschlager ihrer Zeit: Brants Kritik von 1494 an der spanischen Expansion ist vermutlich die erste literarische Rezeption im deutschen Sprachraum des berühmten Briefs von Christopher Columbus aus dem Jahre 1493; Brants Nürnberger Zeitgenosse spielt auf den Vespucci-Bericht an, der 1503 publiziert wurde.

Columbus hat mehrere Schriften über seine Reisen hinterlassen. Besonders wichtig wurde der Kurzbericht seiner Reise von 1492, den Columbus in Briefform publizierte. Der Genuese startete bei seiner Rückkehr von Hispaniola einen geradezu modern anmutenden PR-Feldzug, um seine Leistungen – wie er glaubte, die Entdekkung des Westwegs nach Asien – in Europa bekannt zu machen. Unmittelbar nach seiner Landung am 4. März 1493 in Lissabon schickte er handschriftliche Kopien seiner Reiseaufzeichnungen an wichtige Persönlichkeiten in Spanien und Italien. Noch vor den spanischen Monarchen, seinen Auftraggebern, erfuhr der Erzbischof von Toledo von Columbus' Taten. Im April 1493 erschien in Barcelona die spanische Druckversion seines Briefs. Im Mai 1493 entstanden in Rom vier Ausgaben (drei lateinische und eine italienische). Bis zum Ende des Jahres 1493 gab es mindestens 14 Druckeditionen des Columbusbriefs. Die Verlagsorte waren Antwerpen, Paris und Florenz. Die Auflagenhöhe dürfte bei circa 400 bis 500 Stück gelegen haben. Columbus hatte einen wirklichen Bestseller gelandet, ohne daß ihm selbst die Bedeutung seiner Fahrt klar geworden wäre.

Diese Erkenntnis gewannen erst die Daheimgebliebenen, zumindest diejenigen in den maritim-kommerziell interessierten Kreisen am Atlantik und Mittelmeer. Außerhalb dieses Wirkungskreises blieb Columbus zunächst ohne Würdigung wie bei Sebastian Brant oder fand überhaupt keine Beachtung. So nahm etwa der Geograph, Arzt und Historiker, der Nürnberger Hartmann Schedel, in seiner Weltchronik von 1493 dieses einschneidende Ereignis nicht zur Kenntnis. Seine Karten blieben dem ptolemäischen Weltbild verhaftet. Noch die im 16. Jahrhundert mehrfach aufgelegte Enzyklopädie »Margarita Philosophica« übersah Amerika.[141] Ein anderer Nürnberger, der Astronom Hieronymus Münzer zeigte, daß er der aktuellen Situation hinterherlief. Er wandte sich 1493 an den portugiesischen König und machte ihm den Vorschlag, den Columbus gerade in die Tat umgesetzt hatte. Ende des Jahres 1493 kursierte der Columbusbrief im Deutschen Reich in lateinischer Version. Erst 1497 entstand in der Reichsstadt Straßburg eine zwölfseitige deutsche Ausgabe »Eyn schön hybsch lesen von etlichen inßlen die do in kurtzen zyten funden synd durch den künig von hispania, und sagt von großen wunderlichen dingen die in den selben inßlen sind«. In dem Columbusbrief verbanden sich klassische und neue Inhalte. Columbus stand noch ganz in der antiken Tradition, indem er in der außereuropäischen Welt Monster, Amazonen, Ungeheuer und Menschenfresser erwartet hatte. Mit dieser Erwartungshaltung demonstrierte Columbus seine Vertrautheit mit einem europäischen Vorwissen, das sich auf Autoritäten wie griechische und römische Autoren des Altertums berief. In dieser Hinsicht war Columbus ein Produkt des Renaissance-Europas. Zugleich jedoch wirkte er stilbildend, indem er in seiner Darstellung ein anderes europäisches Vorurteil aufgriff und es mit Hilfe seiner Erfahrungen aktualisierte. In den europäischen Legenden und Mythen existierte die Idee eines Paradieses jenseits der bekannten Welt. So glaubte man an die Existenz von Inseln mit einer idealen Landschaft milden Klimas, immergrüner Vegetation und einem dem Schlaraffenland ähnlichen Nahrungsangebot, die von glücklichen, tugendhaften, stets jungen Menschen bewohnt seien. Dies war die klassische Idee eines *locus amoenus* in der Wunschzeit, dem Goldenen Zeitalter. Diese Vorstellungen übertrug Co-

Abb. 6: Auch noch hundert Jahre nach ihm herrschten traditionsgebundene Vorstellungen vor, die unter Rückgriff auf antike Autoritäten (Plinius Secundus, Isidorus) kämpfende Amazonen in die Darstellung von Menschen, Land und Natur Guayanas einfügen. (Stich aus der deutschen Ausgabe des Reiseberichts des englischen Seefahrers Walter Raleigh, der das Land von 1594 bis 1596 bereiste: Levinius Hulsius, »Kurtze Wunderbare Beschreibung Deß Goldreichen Königreichs Guianae in America oder newen Welt«, Nürnberg 1599)

lumbus auf die Karibik, für deren Darstellung er das entsprechende Vokabular wählte. Seine Schwärmereien waren jedoch nicht Ausdruck eines ausgeprägten Bewußtseins für landschaftliche Schönheit, sondern Columbus verfolgte persönliche Interessen, indem er seine Leser beeindrucken und so Unterstützung bei weiteren Fahrten gewinnen wollte. Ähnlich paradiesisch und »naturbelassen« beschrieb er die dortigen Menschen: Sie seien schöne, großzügige und freundliche Menschen, ohne Bösartigkeit oder Aggression. Ihre Unkenntnis metallener Waffen deutete er als Beweis einer Friedfertigkeit, die beinahe schon ins Negative, in naive Dummheit uminterpretiert werden konnte. Columbus lieferte einen Prototypen des »edlen Wilden«, der bei ihm jedoch edel aus Unerfahrenheit, nicht aus Tugendhaftigkeit erschien. Die wiederholten Hinweise auf die fehlende Bekleidung der Indianer, auf das scheinbare Nicht-Vorhandensein von Religion und gesellschaftlicher Ordnung unterstrich den paradiesischen Charakter. Seine Vorschläge zur Mission wirkten seltsam aufgesetzt. Sie dienten der Legitimation seiner Besitzansprüche und widersprachen im Grunde seiner vorhergehenden positiven Beschreibung der paradiesartigen Lebensumstände der sanftmütigen Indianer.

Der Bruch zwischen Beschreibung und Begründung fiel offenbar auch dem Herausgeber der Straßburger Ausgabe auf. Um den Missionsauftrag als Primärziel der Expansion zu betonen, versah er die entsprechende Textstelle mit einem Holzschnitt, den er einem anderen Werk entnommen hatte. Er betonte die schriftliche Aussage durch das Motiv des Augenblicks, in dem Christus seinen Getreuen den Missionsauftrag erteilt.[142] Bereits in diesem ersten Exemplar öffentlicher europäischer Amerikarezeption gingen Text und Bild eine enge Verbindung ein, wobei zunächst das Bild den Text unterstützen und »veranschaulichen« sollte.

1503 erhielt der Columbusbrief Konkurrenz. In Paris erschien in lateinischer Sprache die Druckfassung eines Briefes von Amérigo Vespucci an Lorenzo de Medici. Auch dieser Brief, in dem der Florentiner Kosmograph und Astronom Vespucci seinem früheren Arbeitgeber, dem Bankier Medici, von seiner Brasilienreise 1501/02 in portugiesischen Diensten berichtete, war zunächst in handschriftlichen Kopien privat weitergereicht worden. Mit der Veröffentlichung fand Vespucci eine europaweite Leserschaft. Das Interesse von Wissenschaftlern, Politikern, Kaufleuten und Höflingen bescherte Vespuccis Text eine wahre Auflagenflut. Allein zwischen 1503 und 1505 entstanden mindestens 15 lateinische Fassungen; hinzu kamen zwischen 1505 und 1508 wahrscheinlich 12 deutsche Versionen. Die Schrift mit dem Titel »Von der neü gefunden region so wol ein welt genempt mag werden, durch den cristenlichen künig, von Portigal, wunderbarlich erfunden« avancierte in den folgenden Jahren zum Verkaufsschlager. Bis zum Ende des 16. Jahrhunderts entstanden um die 50 Editionen, davon allein 23 in Deutschland. Deutsche Leser verzichteten hier auf ihre Zurückhaltung. Das Reich holte seinen Wissensrückstand auf.

Wie kam der ungewöhnliche Erfolg des Vespuccibriefs zustande? Die Antwort liegt im Titel der Schrift. Vespucci hatte anders als Columbus die Tragweite der Entdeckungen erkannt: Er sah die Gebiete nicht als Inseln und Länder im Indischen Meer, sondern als eine nicht-asiatische Region in einer bis dahin unbekannten eigenen Welt. Angesichts dieser Erkenntnis gewann er einen Vorsprung vor Columbus, und es war sein Vorname Amérigo, den die beiden Geographen Martin Waldseemüller und Matthias Ringmann in ihren Weltkarten von 1507 in der weiblichen Form als Bezeichnung für den vierten Kontinent verwandten: An die Seite der schönen Europa trat ihre Geschlechtsgenossin Amerika, »*America the beautiful*«, wie sie noch heute von US-Amerikanern mit Inbrunst besungen wird.[143] Von der wichtigen Erkenntnis abgesehen, einen neuen Kontinent bereist zu haben, glich Vespuccis Brief in vielem dem Brief von Columbus. Auch Vespucci beschrieb die neue Welt, Brasilien, als *locus amoenus*, als paradiesischen Zustand – auch Vespucci kannte offenbar die einschlägigen antiken Vorbilder:

»Das Land jener Regionen ist sehr fruchtbar und lieblich, mit vielen Hügeln, Bergen und unzähligen Tälern, es ist reich an sehr großen Flüssen, bewässert von heilsamen Quellen, bedeckt mit ausgedehnten, dichten Wäldern, die fast undurchdringlich und voll von allen Arten wilder Tiere sind. Riesige Bäume wachsen dort, ohne daß man sich um sie kümmert: Viele von ihnen tragen wohlschmeckende und für den menschlichen Körper nahrhafte Früchte.«[144]

Der paradiesische Zustand betraf nicht nur das angenehme Klima und die fruchtbare Landschaft, auch die Menschen wurden wie von Columbus als friedlich, freundlich, und ausgesprochen liebenswert dargestellt. Sie seien von einer körperlichen Schönheit, die auch im hohen Alter nicht vergehe. Auch Vespucci zeigte Menschen in einer paradiesischen Umgebung; eine deutsche Ausgabe seines Briefs unterstrich diese Qualität, indem ein beigegebener Holzschnitt mit einem nackten Indiopaar an damalige Sündenfalldarstellungen erinnerte.[145] Ohne sich um den inneren Widerspruch zu kümmern, blieb Vespucci jedoch nicht bei der idyllischen Darstellung brasilianischer Lebensbedingungen stehen. Er beschränkte sich nicht darauf, die Tupinamba als Idealbilder darzustellen, sondern zeigte deren Wirklichkeit, wie er sie wahrnahm. Damit verwandelte sich seine Darstellung in einen Sensationsbericht, der das europäische Publikum besonders reizte. Er erging sich in präzisen Darstellungen indianischer Sexualpraktiken. Vor allem jedoch beschrieb er detailliert den Kannibalismus der Indianer, dessen rituellen Charakter er nicht erkannte und den er als alltägliche, normale Betätigung darstellte. Diese exotischen Details, Inzest und fehlende Bekleidung, das Fehlen von Privateigentum und Obrigkeiten – so die Interpretation Vespuccis, der brasilianische Verhältnisse an der Florentiner Elle maß – kamen der voyeuristischen Sensationslust der Zeitgenossen entgegen. Auf diese Weise entwickelte sich beim europäischen Publikum ein weiteres Bild von Amerika und den Amerikanern: Amerika war zugleich Paradies und Hölle, die Amerikaner schwankten in der Bewertung zwischen edlen, sanftmütigen Wilden und Barbaren ohne Scham und Tabus. Europäische Wunschvorstellungen und Angstphantasien wurden auf Amerika übertragen und sollten langfristig in einer Reflexion das europäische Bild der Indianer bestimmen.

Mit der Drucklegung der Briefe von Hernán Cortés, in denen der Konquistador sich gegenüber seinem König, dem deutschen Kaiser Karl V., für seine eigenmächtig betriebene Eroberung Mexikos 1519/21 rechtfertigte, kam eine weitere Sichtweise ins Spiel. Die fünf spanischen Briefe Cortés', die »Cartas de Relación«, erschienen in Auszügen seit 1522 in Sevilla, Zaragoza und Toledo. Gleichzeitig entstanden französische, italienische, niederländische, deut-

Abb. 7: Darstellung der Indianer als Menschenfresser. Besonders prägnant sind die Einzelheiten des indianischen Kostüms sowie die spektakuläre Darstellung des Kannibalismus. (Kolorierter Holzschnitt aus der lateinischen Erstausgabe des Kolumbus-Briefes über die Entdeckung Amerikas: Epistola Christofori Colom, De Iusulis Iudie ... inventis, Rom 1493)

sche und lateinische Übersetzungen in Antwerpen, Mailand, Köln, Basel, Nürnberg und Augsburg. Cortés beschrieb nicht nur haarklein seine militärischen Leistungen, seine vielen Siege und die Gebietsgewinne, er betonte wie Vespucci den angeblich barbarischen Charakter der Azteken, indem er sich ausgiebig – im Gegensatz zu Vespucci den religiösen und rituellen Hintergrund erkennend – über deren Menschenopfer und bluttriefenden religiösen Praktiken in Tempeln, die stinkenden Schlachthäusern ähneln sollten, ausließ.

Bei aller Abwertung der aztekischen Gesellschaft konnte Cortés nicht verbergen, daß er hier auf eine hochstehende Kultur getroffen war, die der Eroberung wert war. Staunend lasen und hörten Spanier, Italiener, Franzosen, Niederländer, Schweizer, Deutsche und Engländer, daß es in Amerika nicht nur sanftmütige Heiden und menschenfressende Wilde geben sollte. Auch dort existierten Kulturen mit Hierarchien, Regeln und einem höfischem Zeremoniell, das dem ausgefeilten burgundisch-spanischen Ritual nicht nachstand. Dem *hidalgo* aus der Extremadura fehlten sowohl Interesse als auch die Fähigkeiten, die aztekischen Kulturleistungen in ihrem tieferen Gehalt zu erfassen. Cortés beschränkte seine Wahrnehmung auf die Bewunderung materieller Qualitäten. Bezeichnenderweise wählte er zur Beschreibung aztekischer Zustände Vergleiche zu Spanien und Italien, den Ländern, die seinem Herren bestens bekannt waren. Er verglich die politischen Strukturen mit dem Stadtstaat Venedig, die größte aztekische Stadt mit Granada, die Qualitäten mexikanischer Keramik mit spanischen Produkten und den Lebensstandard der Azteken mit dem der Spanier.[146] Die Europäer verfügten nach der Lektüre der Texte von Columbus, Vespucci und Cortés über einen reichhaltigen, langfristig gültigen Fundus von Amerikabildern, aus dem sie sich ganz nach Bedarf bedienen konnten.

Obwohl die Menschen der Frühen Neuzeit ein völlig anderes Bewußtsein von Nähe und Ferne besaßen als wir, obwohl eine Transatlantikreise eine Herausforderung des Schicksals bedeutete und Briefe wochen- oder gar monatelang unterwegs waren, das Verhältnis der Menschen zu »Neuigkeiten« kaum nachvollziehbar erscheint, kursierten Nachrichten relativ schnell, denn »neu« hieß nicht wie heute im Zeitalter des Internets, daß zwischen Ereignis und öffentlicher Meldung nur Sekunden oder Minuten liegen. Der Bericht über ein Ereignis wurde noch als Neuigkeit empfunden, wenn das Geschehen eine geraume Weile zurücklag. Welche – gemessen an damaligen Möglichkeiten – aktuellen Informationsquellen standen den Menschen der Frühen Neuzeit zur Verfügung?

Sehr viel schneller als umfangreiche Bücher konnten handschriftliche und gedruckte Zeitungen, Handzettel und Flugblätter auf Neuigkeiten reagieren. Geschriebene Medien brauchten innerhalb des habsburgischen Reichs etwa vier bis sechs Wochen, um die Nachricht über die Ankunft der Silberflotte von Sevilla im Reich zu verbreiten. Die gedruckten Zeitungen erschienen mit einer zeitlichen Verzögerung von mehreren Monaten.[147] Sie konnten als Lieferant solider Nachrichten über Börsenkurse, Kriegsberichterstattung oder Hofereignisse fungieren. Im Kontext Amerika allerdings betonten die Zeitungen gerne das Sensationelle, Aufreißerische und Exotische. Sie erschienen nicht regelmäßig, sondern reagierten auf bestimmte Ereignisse. Es waren kurze, ein bis drei Seiten lange Sensationsberichte, die die unausrottbare Gier der Menschen nach dem Ungewöhnlichen befriedigten.[148] Zu diesen populären, wenig kenntnisreichen und insgesamt schlecht informierten Flugblättern gesellten sich seriöse, umfangreiche wissenschaftliche Publikationen wie die einflußreiche »Histori von der Newen Welt« des Spaniers Petrus Martyr de Anghiera (1530), die »Cosmographia« von Sebastian Muenster (1541–1550) oder die Reiseberichte des Venezianers Giovanni Nattista Ramusio (1556). Die Reihe ließe sich beliebig fortsetzen.

Besondere Bedeutung gewannen die Ausführungen des amerikakundigen Las Casas, der kritisch mit dem Verhalten seiner spanischen Landsleute in Amerika ins Gericht ging. Nicht die Conquista selbst, sondern ihre Methoden wurden von Las Casas kritisiert, der damit den Gegnern Spaniens reichlich Propagandamaterial lieferte. Las Casas' Kritik an der spanischen Indianerpolitik wurde in Europa als Warnung vor Spanien interpretiert und auf europäische Verhältnisse übertragen. Amerika wurde so als ein Experimentierfeld spanischer Dominanz betrachtet; das eigentliche Anliegen Las Casas', der Schutz der Indianer und sein positives Indianerbild, ging dabei weitgehend unter. Las Casas legte nicht nur ungewollt die Basis für die »schwarze Legende«; er benutzte wie zuvor Thomas Morus mit seiner 1516 erschienenen Schrift »Utopia« Amerika als Objekt europäischer Selbstkritik. Die Kritik an europäischen Verhältnissen konnte umschlagen in die Verherrlichung Amerikas und der Amerikaner. Haßerfüllte Ablehnung und Glorifizierung Amerikas und ihrer Kinder existierten gleichzeitig. Die gedruckte Verherrlichung Amerikas erfolgte als europäisch-amerikanische Koproduktion: Europäer und Kolonisten aller Nationen waren daran beteiligt. Mit der bewußten Abschottung Spanisch-Amerikas verengte sich der Prozeß zunehmend auf Nordamerika und die Karibik. Nach den Vorarbeiten von Richard Hakluyt, Thomas Harriot und Walter Raleigh ergriffen die Engländer die Gunst der Stunde. John Smith startete 1616 zu einer bis dahin ungekannten Promotiontour zugunsten von Virginia und New England durch.[149] Thomas Gage warb in der Cromwellschen Ära 1655 für englische Eroberungs- und Kolonialprojekte in der Karibik.[150] Ihre Arbeiten, eine geschickte Mischung aus realistischer Beschreibung und Schönmalerei, prägten langfristig den Stil kolonialer Werbeschriften und beeinflußten etwa die Auswanderungsratgeber von Richard Blome für Jamaika (1672) oder Richard Ligon für Barbados (1657).[151] Auch die Niederländer verwoben koloniale Praxis mit dichterischem Wunschdenken, das besonders in den überschwenglichen Schriften von Johannes de Laet (1630) oder Jacob Steendam (1661) zutage trat.[152] Im 18. Jahrhundert erlebte die Amerikabegeisterung mit den Schriften der Aufklärer Jean-Jacques Rousseau, Albrecht von Haller oder J. Hector St. John de Crèvecœur einen regelrechten Boom, bevor sie im Deutschland des 19. Jahrhunderts Johann Wolfgang Goethe oder Heinrich Heine erfaßte. Die literarischen Bewunderer kreuzten die Federn mit Kollegen, die Amerika weitaus weniger Euphorie entgegenbrachten, den Kontinent als unbedeutend und seine Menschen, Tiere und Pflanzen im Vergleich zu Europa als minderwertig abqualifizierten. Trotz boshafter Kommentare gewann Amerika nicht nur das Image des Schmelztiegels und des Kontinents der unbegrenzten Möglichkeiten. Amerika, speziell die USA, wurden seit der Amerikanischen Unabhängigkeitserklärung von 1776 zum politisch-revolutionären Vorbild liberaler Kreise in der Alten Welt, die sich von dort das Heil und Impulse zur Sprengung der europäischen Verkrustungen erhofften. Amerika galt in der Meinung vieler als das bessere Europa, das sich gegen Willkürherrschaft, Bevormundung und Ungleichheit aufgelehnt hatte. Die europäischen Wurzeln der Amerikanischen Revolution waren unübersehbar: Schon die Unabhängigkeitserklärung nahm deutliche Anleihen bei niederländischen (Niederländer sagen ihrem Landesherrn 1581 die Treue auf) und englischen Erklärungen (Urteil gegen König Karl I. 1649; 1689 *Declaration of Rights*) wider die bis dahin geltende Obrigkeit auf. Die enge kulturelle Nähe, die zwischen den Bewohnern des atlantischen Raums entstanden war, trat in dem Moment deutlich zutage, als der erste Komplex aus der politischen Gemeinschaft ausbrach.[153] In Deutschland entstanden zur gleichen Zeit regelrechte Zentren intensiver Beschäftigung mit Amerika wie in Hamburg, Halle, Berlin oder Göttingen, wo Wissenschaftler den Höhenflug der jungen Georgia-Augusta-Universität nutzten, um sich neuen Themen und Methoden im Kontext Amerika zu widmen. Es entstand eine Göttinger Schule der Statistiker, die sich auf empirischer Ebene mit der Neuen Welt auseinandersetzte. Es waren die Göttinger Historiker August Ludwig von Schlözer und Johann Christoph Gatterer, die aus ihrem Umgang mit Amerika Begriffe wie »Völkerkunde« und »Ethnographie« in den wissenschaftlichen Diskurs einbrachten. Eine breitere Öffentlichkeit fanden Zeitschriften, die Informationen über aktuelle Ergebnisse und Trends in der modernen Amerikaforschung boten. Große Bedeutung gewannen die »Gelehrten Anzeigen« oder das von Georg Christoph Lichtenberg und Georg Forster edierte »Göttinger Magazin für Wissen und Literatur«.

Neben den schriftlichen Informationen waren es optisch wahrnehmbare Machwerke, die im wahrsten Sinne des Wortes das Bild von Amerika in europäischen Köpfen bestimmen sollten. Bilder waren auch denen zugänglich, die nicht lesen konnten. Bilder schufen eine eigene Welt und weckten Vorstellungen, die Texte nicht oder anders vermitteln konnten. Langfristig prägend für Amerikabilder wurden die sechsbändige Sammlung von Kupferstichen, die der Frankfurter Verleger Theodor de Bry gegen Ende des 16. Jahrhunderts herausbrachte. De Bry zeigte seine Auffassungen von Amerika und den Amerikanern, wobei einmal durch die beschränkten farbtechnischen Möglichkeiten des Kupferstichs, zum anderen durch seine antispanische Einstellung ein falscher Eindruck indianischer Existenz und eine einseitige Darstellung spanischer Kolonialpraktiken vermittelt wurde. De Bry richtete sich nicht nach den körperlichen Eigenarten der Indianer, sondern zeigte sie seiner wohlwollenden Haltung entsprechend in den harmonischen Körperproportionen antiker und aktueller Schönheitsideale. De Brys Bebilderung der Schriften von Las Casas unterstützte die »schwarze Legende« und trug damit im deutschen Kulturraum zur Verbreitung langlebiger Mißverständnisse und pauschaler Vorverurteilung bei.

Die künstlerische Auseinandersetzung mit Amerika entzündete sich an Texten und an realen Objekten. Lebende und konservierte Tiere, Pflanzen und indianische Artefakte gelangten nach Europa und vermittelten weitere Eindrücke von Amerika. Amerikanische Objekte hatte bereits Albrecht Dürer zustimmend kommentiert, aber wie Cortés und Karl V. beurteilte er sie weniger als Ausdruck künstlerischer Kreativität, sondern vielmehr als Wertobjekte, deren Materialien der Kunst die Schau stahlen. 1520 sah Dürer in Brüssel einen Teil der Geschenke von Motecuzoma II. an Karl V., die Cortés 1519 nach Spanien geschickt und die die Attacken französischer Piraten überstanden hatten: »Auch hab ich gesehen die ding, die man dem könig auß dem neuen gulden land hat gebracht: ein gancz guldene sonnen, einer ganczen klaffter braith, deßgleichen ein gancz silbern mond, auch also groß, deßgleichen zwo kammern voll derselbigen rüstung ...«[154] In konsequenter Mißachtung fremder Kunst wurden die wertvollen Objekte eingeschmolzen, und das Gold wanderte in die Schatztruhen des Kaisers und seiner Gläubiger.

Mit dem stetig wachsenden Strom amerikanischer Objekte wandelte sich diese Einstellung. Indianische Artefakte, mehr noch amerikanische Naturalia gewannen einen ästhetischen Wert. Brasilianische Papageien bereicherten europäische Haushalte und Gehege. Truthähne wurden nach Spanien und England verfrachtet, dort gezüchtet und Gegenstand neuartiger christlicher Festtagsbräuche. Amerikanische Pflanzen wie Geranien und Sonnenblumen dienten zur Zierde europäischer Gärten, Parkanlagen und Orangerien. Getrocknete Pflanzen, präparierte Tiere, Muscheln und Schnecken wanderten in fürstliche und großbürgerliche Sammlungen. In Kunstkammern und Kuriositätenkabinetten repräsentierten die Besitzer Reichtum, Bildung und ihre Vorstellungen vom Kosmos, wozu nun auch die amerikanische Natur gehörte. Konnten begehrte Objekte wie getrocknete südamerikanische Gürteltiere oder kostbare westindische Schnecken nicht erworben werden, beschafften sich ihre Liebhaber wenigstens deren Abbilder. Der neuartige Bildtyp des Stillebens als imaginäre Sammlung war eine Möglichkeit, der Raritäten habhaft zu werden. Der Niederländer Jan van Kessel etwa schuf zwischen 1664 und 1666 einen Zyklus von Allegorien der vier Erdteile. Das Bildzentrum von Amerika bildet die Darstellung eines Kuriositätenkabinetts u.a. mit dem Gemälde eines Indianers und einer Insektensammlung. Umgeben wird diese Darstellung von Landschafts- und Stadtansichten im Stile Braun-Hogenbergs aus dem 16. Jahrhundert und Dekorationen regional typischer Tiere.[155]

Die künstlerische Auseinandersetzung mit Amerika blieb nicht auf die exklusive Atmosphäre von Kabinetten und Ateliers beschränkt. Schon bei den Exkursionen von Walter Raleigh, Francis Drake und Samuel de Champlain gehörten Maler zum Gefolge, die den Ruhm der Führer und die Landschaft dokumentieren sollten. Besonders großen Wert legte offenbar Prinz Johann Moritz von Nassau-Siegen, Gouverneur von Nieuw Holland, auf künstlerische Zeugnisse seiner Tätigkeit. Ihn begleiteten 1637 circa 46 Künstler und Gelehrte, darunter Frans Post und Albert Eckhout, nach Brasilien, die alles auf Leinwand und Zeichenblock bannten, was ihnen vor Pinsel und Stift kam: Menschen, Tiere, Landschaften und Architektur. In kostbaren Prachtausgaben, z.B. aus dem Druckhaus Blaeu in Amsterdam, in Bildersammlungen und Tapisserien nach Eckhoutschen Entwürfen machte Johann Moritz von Nassau-Siegen ihre Arbeiten der Öffentlichkeit und seinen fürstlichen Kollegen zugänglich.[156] Der Drang nach unmittelbarer Anschauung und planmäßiger Aufnahme der amerikanischen Natur brachte 1699 eine Frau, Maria Sybilla Merian, nach Surinam. Dort zeichnete sie Käfer, Spinnen, Schmetterlinge, Raupen, Reptilien,

Vögel, Muscheln und Säugetiere, die sie realitätsgetreu in natürlicher Bewegung und Umgebung widergab, unter Verzicht auf den bis dahin Tieren zugesprochenen Symbolgehalt. Ihre Sammlung von Kupferstichen erschien 1705 in Amsterdam und offenbarte eine andere Facette Amerikas, die im Zuge eines neuen Naturverständnisses und der aufklärerischen Begeisterung für Naturwissenschaften auf großes Interesse stieß.

Das wissenschaftliche Interesse an Amerika war bereits im 16. Jahrhundert aufgeflackert. Es prägte historisch-geographische Darstellungen, erschien aber gelegentlich in Texten, die auf den ersten Blick allein das Sensationsbedürfnis der Leserschaft zu stillen schienen. Dies gilt für den Abenteuerbericht des Hessen Hans Staden (1525–1576). Der Soldat Hans Staden war in den 1550er Jahren in die Gefangenschaft brasilianischer Indianer geraten und hatte nach seiner glücklichen Rückkehr einen Bericht seiner Erlebnisse veröffentlicht: »Wahrhaftig Historia und beschreibung eyner landtschafft der wilden, naketen, grimmingen Menschenfresser Leuthen in der newenwelt ...« Er verband den Publikumserwartungen entsprechende Sensationsberichte und persönliche Erzählungen mit unpersönlichen, auffallend distanzierten Beschreibungen über die Lebensverhältnisse der Tupinamba. Frauke Gewecke meint, Staden sei unwissentlich zu einem Pionier der Ethnographie geworden.[157] Der Drang nach wissenschaftlicher Vereinnahmung Amerikas traf in besonderem Maße die Kartographen. Karten dienten praktischen Zwecken: Sie ermöglichten und erleichterten die Navigation auf See oder die Orientierung zu Lande. Sie dokumentierten, begründeten und reflektierten Besitzansprüche. Sie zeigten aber auch den Grad der Wissenschaftlichkeit, da bei ihrer Herstellung technische, physikalische und darstellerische Schwierigkeiten ausgeräumt werden mußten. Große Probleme bereitete die Projektion der Kugelgestalt der Erde auf eine Fläche. Spanier und Portugiesen suchten ihre Karten in den eigenen Reihen einiger Auserwählter zu halten. Deutsche und niederländische Kartographen trugen ihr Können in die Öffentlichkeit. Ihre Karten zeigen das Fortschreiten des Wissens. Nach kuriosen Vorstellungen über die Gestalt der Neuen Welt schälten sich allmählich die Konturen des Doppelkontinents heraus und verschwanden einige der weißen

Flecken auf den Karten, die man bislang mit Herrschaftssymbolen und – aller wissenschaftlichen Korrektheit zum Trotz – mit Phantasiedarstellungen von Lebewesen und Landschaften nur unzureichend hatte füllen können.

Amerika konnte von interessierten Europäern nicht nur durch persönliche Erfahrungen, mündliche Erzählungen, Texte jedweder Art, Bilder und Objekte wahrgenommen werden. Amerika erschien den Europäern verkörpert in seinen Menschen, den Indianern. Sie bildeten schon in der schriftlichen Beschäftigung mit Amerika eine wesentliche Attraktion. Die Diskussion um ihren rechtlichen Status hatte im Spanien Karls V. zu einer tiefgehenden, polarisierenden Kontroverse geführt. Ihre körperliche Gegenwart in Europa vermittelte eine eigene Qualität. Bereits Columbus hatte 1493 Indianer nach Spanien gebracht und dort stolz als Beweis seiner Leistung vorgeführt. Andere eiferten ihm nach. Die mittlerweile legendäre virginische Häuptlingstochter Pocahontas wurde London präsentiert und starb wie viele Indianer in Europa. Indianer kamen als Sklaven nach Sevilla, was die kastilische Krone schnell verbot. Egal, ob sie freiwillig oder unfreiwillig nach Europa reisten: Sie waren Kuriositäten, die ohne Rücksicht auf ihre Würde und Bedürfnisse begafft wurden. 1509 z. B. brachte ein Franzose »nackte Kannibalen« nach Frankreich, die als echte exotische Sensation den Bewohnern von Dieppe und Rouen vorgeführt wurden. 1534 stellten brasilianische Indianer lebende Bilder für Franz I. Kurzum: Die Menschen wurden kaum als Menschen gesehen, sondern wie die indianischen Artefakte, Naturalien und Tiere von und vor europäischen Christen ausgestellt.

Fazit: Die Möglichkeiten der Europäer, Kenntnisse über Amerika zu gewinnen, waren reichhaltig. Amerika erschien ihnen in vielerlei Gestalten, Formen und sprach alle Sinnesorgane an. Persönliche Erfahrungen in Amerika und die Präsenz der Neuen Welt in der Alten waren jedoch nicht wertfrei, sondern europäischen Interpretationen, Interessen und Konstellationen unterworfen. Die Amerikabilder umfaßten die gesamte Palette menschlicher Emotionen: Verherrlichung und Verteufelung von Land und Leuten bestanden gleichzeitig und verwirrten das übliche Schablonendenken.

Amerika beeinflußt die Europäer

Das europäische Weltbild

Amerika beeinflußte Europa bereits durch seine bloße Existenz. Die Erkenntnis, einen neuen Kontinent gefunden zu haben, drang langsam in das Bewußtsein vieler Europäer ein. Nicht jeder mußte diese Einsicht gewinnen. Vielen ungebildeten, in kulturell unterversorgten Gebieten lebenden Europäern war der Zugang zu entsprechenden Informationen verwehrt. Andere lehnten sich zunächst gegen das neue Wissen auf, da es nicht in das gängige, von antiker Überlieferung, christlichem Glauben und Vorurteilen geprägte europäische Weltbild paßte. Viele verweigerten sich wie Columbus dem neuen Wissen oder verfielen in dem Moment, als die Existenz eines weiteren Kontinents nicht länger ignoriert werden konnte, darauf, den neuen Erdteil und seine Völker traditionellen Vorstellungen einzuverleiben und als Fortsetzung der Alten Welt zu sehen.

Abenteuerliche Theorien über die Herkunft der Indianer wurden gewälzt und wieder verworfen. Ihr asiatisch-pazifischer Ursprung wurde erwogen, jedoch fand dieser unziemlich scheinende Gedanke keine positive Resonanz. Noch im 17. Jahrhundert bemühten sich neuenglische Theologen darum, die Indianer als Nachfahren versprengter vorderasiatischer Volksstämme darzustellen. Mit etwaigen Wurzeln bei den Israeliten, die aus der babylonischen Gefangenschaft nicht in ihre Heimat zurückgekehrt seien, hoffte man die Indianer und die eigenen religiösen Überzeugungen zu retten.[158] Lange wehrte man sich gegen die Erkenntnis, daß Dinge und Lebewesen existierten, die nicht in der Bibel vorkamen und damit im göttlichen Heilsplan scheinbar nicht vorgesehen waren. Die Entdeckung einer anderen Welt veränderte langfristig nicht nur die Weltsicht der Europäer, die dadurch erweitert oder auch in Frage gestellt werden konnte. Mit der Entdeckung Amerikas veränderte sich auch die Stellung Europas in der Welt. Die Weltkarten, die den neuen Kontinent berücksichtigten, veranschaulichen die tiefgreifenden Veränderungen. Europa bildete zwar auch weiterhin den optischen und damit geistigen Mittelpunkt der neuen Weltkarten von Martin Waldseemüller über Gerhardt Mercator bis hin zu Johannes Blaeu. Unübersehbar war jedoch, daß Europa schrumpfte, hingegen die Meere wuchsen. Die Entdeckung Amerikas intensivierte den Kontakt mit den Meeren. Die Proportionen zwischen Land und Wasser wurden verschoben. Die Folge der Entdeckungen, Erkundungsfahrten und kartographischen Erfassung bestand darin, daß die Alte Welt nicht länger die bekannte, Sicherheit gewährende große Landmasse blieb, die lediglich von ein wenig Wasser umgeben war. Mit den Entdeckungsfahrten reduzierten sich die sicheren Landmassen, und die gefahrenreichen Meere dehnten sich aus, solange, bis man erkannte, daß Mensch und Land sehr viel mehr Wasser gegenüberstanden, als man bislang aus der eurozentrierten Sicht hatte wahrnehmen wollen. Diese Erfahrungen produzierten ein neues Bewußtsein: Einerseits dürfte das Land, ohnehin eine Grundlage europäischer Machtstrukturen, durch die Verringerung eine zusätzliche Aufwertung erlebt haben; andererseits veränderte die Erkenntnis, auf Inseln inmitten überwältigend großflächiger Wassermassen zu leben, die Wahrnehmung vom Meer. Atavistische Ängste vor unbezähmbaren Wasserfluten kollidierten mit der wissenschaftlichen, rechtlichen und kommerziellen Vereinnahmung der Weltmeere durch den Menschen der Frühen Neuzeit. Meere bedeuteten Gefahr, aber auch kontrollierbare Rechtsräume, Verkehrsräume und Wirtschaftsräume. Die Bulle von 1493, der Vertrag von Tordesillas 1494 oder die *WIC*-Charter von 1621 betrafen keineswegs nur die Verfügbarkeit über und den Besitz auf Land. In diesen Rechtstexten erhoben die Beteiligten exklusive Ansprüche auf die Meere. Europas Expansion bediente sich der Meere als Verkehrswege und vereinnahmte zugleich das feuchte Element. Man bemühte sich um rechtliche Argumente für die Ausweitung des staatlichen Rechtsbereichs über die Festlandsgrenzen hinaus. Konsequent wurden die Meere Anfang des 17. Jahrhunderts zum Objekt von Rechtsstreitigkeiten, etwa zwischen den An-

Abb. 8: Orontius Finaeus, herzförmige Weltkarte, 1536. (Kolorierter Holzschnitt aus Recens, Et Integra Orbis Descriptio Oronontio F. Delph. Regi. Mathematic. Faciebat)

hängern des Niederländers Hugo Grotius, der das Prinzip von der Freiheit der Meere vertrat, und dem Engländer John Selden, der sich für die nationale Inbesitznahme der See aussprach.

Die direkte Einflußnahme Amerikas auf Europa erfolgte nur selten durch menschliche Kontakte der Art, daß Indianer nach Europa kamen. Zumeist kamen sie unfreiwillig und gänzlich ohne die Absicht, Europa, deren Bevölkerung, Kultur, Wirtschaft oder Umwelt aktiv verändern zu wollen. Die Einflußnahme Amerikas auf Europa bediente sich subtilerer Methoden: Die Europäer selbst und die Kolonisten brachten Amerika nach Europa. Es waren amerikanische Güter, Strukturen und Konstellationen, die Wirkungen auf den alten Kontinent ausübten. Im folgenden sollen die unterschiedlichen Formen amerikanischer Importe vorgestellt werden, die allgemeine Bedeutung für Europa gewannen oder in einem bestimmten Jahrhundert für die jeweiligen Führungsmächte des alten Kontinents typisch waren.

Amerikanische Krankheiten in Europa

Alfred Crosby beschreibt den Krankheitstransfer von Ost nach West auf treffende Weise: »Europa hat sich, was die Quantität wie die Qualität der körperlichen Qualen betrifft, die es ... in die übrige Welt verschickte, als äußerst spendabel erwiesen.«[159] Wie fiel dazu im Vergleich der Gegenzug aus? Konterte Amerika mit einer ebenso reichhaltigen Lieferung körperlicher Leiden? Die Antwort lautet: Nein, der Verkehr von Infektionskrankheiten verlief eingleisig. Was könnte diese Einseitigkeit verursacht haben? Ein Grund mag sicherlich darin liegen, daß Europäer zwar in Massen in Amerika auftauchten, daß jedoch in umgekehrter Richtung keine massenhafte Migration indianischer Völker nach Europa einsetzte. Es fehlte also der vergleichbare persönliche Kontakt. Die wenigen Indianer, die Konquistadoren, Forscher und Piraten der staunenden europäischen Öffentlichkeit als exotische Schauobjekte vorführten, kamen in zu geringer Zahl, starben meist allzu schnell, als daß sie eine Gefahr für die Gesundheit der Europäer in Europa darstellten. Die Präsenz Amerikas in Europa war keine Präsenz der amerikanischen Menschen, sondern amerikanischer Waren, Informationen und Objekte, die von Europäern und Kolonisten transportiert wurden.

Nur eine Krankheit, allerdings eine Krankheit von besonderer Wirksamkeit und mit tiefgreifenden Konsequenzen für das soziale Leben, wird auf amerikanische Ursprünge zurückgeführt: die Syphilis. Als Beweise für die These, daß die Spanier nicht nur begehrte Güter aus Amerika nach Hause brachten, sondern auch weniger erfreuliche Dinge wie die Syphilis in Europa einschleppten, gelten zwei Fakten. Zum einen, daß die eindeutig zum Krankheitsbild der Syphilis gehörenden Symptome erstmals nach 1493 in Spanien auftraten. Zum anderen legen Krankheitsbeschreibungen bzw. körperliche Beschwerden, unter denen die Konquistadoren litten, nahe, daß sie sich dieses Übel bei ihrer Version interkultureller Kontakte eingefangen hatten. Bereits ein Chronist der Erobe-rung Mexikos durch Hernán Cortés, Bernal Diaz del Castillo, beschreibt die typischen Symptome der Syphilis im ersten Stadium: Bei dem Abstieg von einem Tempel erklärte der Spanier: »Dann stiegen wir die einhundertvierzehn Stufen wieder hinunter, was einigen unserer Leute sehr schwerfiel, denn sie hatten geschwollene Leistendrüsen.«[160] Seit mehreren hundert Jahren streiten Mediziner und Historiker, ob die Syphilis wirklich ein unerwünschtes Resultat der europäischen Expansion war. Die Kontroverse ist umfangreich. Einige vertreten die Theorie, die Syphilis sei schon vor der Entdeckung Amerikas in Europa existent gewesen, jedoch seien die Erreger erst durch den Kontakt mit ihren amerikanischen Pendants virulent geworden; andere meinen, die Syphilis sei zufällig um 1500 in Europa aufgetaucht. Insgesamt scheint die traditionelle Columbianische Theorie noch die plausibelste zu sein: Die Beschreibungen der Augenzeugen und die zeitliche Parallelität unterstützen diese Theorie.

Amerika vergoldet und versilbert Spanien

Der Wunsch und die Suche nach Edelmetallen war ein wesentlicher Motor der europäischen Expansion. Gold und Silber besaßen elementaren Wert für das europäische Wirtschaftssystem, die christliche Kultur und die gesellschaftliche Hierarchie. Der Besitz von Edelmetall bildete Basis und Beweis politischer Macht. Goldene Objekte wie Krone, Zepter und Reichsapfel symbolisierten die weltliche Macht. Monarchen zeigten ihre Goldschätze, hüteten sie wie ihre Augäpfel, schmückten ihre Zeit mit Adjektiven wie »Goldenes Zeitalter«, bezeichneten sich mit ihrem Goldschmuck als Sonnenkönig oder überschütteten ihre Schlösser mit üppigen Blattgolddekorationen. Die Sucht nach Goldglanz und silbernem Schimmer machte auch vor Kapellen, Kirchen und Klöstern nicht Halt. Der überbordende Goldschmuck barocker Bauwerke demonstriert deutlich die hohe Wertschätzung der Europäer für diese Mineralien: Den inneren Wert, den man dem Glauben und den Glaubensobjekten (Kreuze, Schreine, Reliquare, Monstranzen etc.) zusprach, veranschaulichte man in der reichlichen Verwendung von Gold, Silber und Edelsteinen.

Die Edelmetallproduktion in Afrika und Europa (z. B. Deutschland, Ungarn, Frankreich) konnte den wachsenden Bedarf der vorindustriellen Gesellschaften Europas nach Geld und Wertobjekten nicht decken.[161] Mit der Nachfrage stieg der Wert dieser Materialien, wodurch die Begeisterung der Konquistadoren für die Schatzsuche wiederum angestachelt wurde. Der Wertgewinn aus den amerikanischen Edelmetallen hatte, päpstlichen Vorstellungen zufolge, die Missionsarbeit ermöglichen sollen. In der kolonialen Realität wurde der Gedanke pervertiert: Die Bekehrung der Indianer diente oft als Vorwand persönlicher Bereicherung, die zu Lasten der Indianer und jener Geistlichen ging, denen wirklich an ihrer Aufgabe als Seelsorger gelegen war. Bereits Columbus hatte bei seinem ersten Aufenthalt in der Karibik aus seiner eigentlichen Motivation keinen Hehl gemacht. Ihn trieb der Wunsch nach materieller Absicherung. In einem Anfall von Goldrausch bestürmte er die Arawaken unmittelbar nach der ersten Begegnung mit Fragen und Gesten nach Gold: »[13. 10. 1492] Ich war aufmerksam und bemühte mich, in Erfahrung zu bringen, ob es Gold gäbe, und ich sah, daß ein paar von ihnen ein Stückchen in einer Öffnung trugen, die sie in die Nasenwand gebohrt hatten, und durch Zeichensprache konnte ich folgendes herausfinden: Wenn man nach Süden gehe ... so sei dort ein König, der große Gefäße aus Gold habe und der sehr, sehr viel davon habe.« Oder am 15. 10. 1492: »... ich [ging] bei dem Kap vor Anker, um herauszufinden, ob es dort Gold gäbe ... ich will mich nicht aufhalten, weil ich viele Inseln besuchen und erforschen will, um Gold ausfindig zu machen.«[162] Wie nahe seelisches und materielles Heil einander in seiner Gedankenwelt standen, ohne daß Columbus Skrupel gekommen wären, zeigt eine Textpassage vom 12. 11. 1492: »... Und so sollten sich Eure Hoheiten [Isabella und Ferdinand] entschließen, sie [die Indianer] zu Christen zu machen, denn ich glaube, wenn man damit beginnt, wird man nach kurzer Zeit eine Vielzahl von Völkern vollends zu unserem heiligen Glauben bekehrt haben und so große Herrschaften und Reichtümer und alle diese Völker für Spanien gewinnen, denn zweifellos gibt es in diesen Gebieten riesige Mengen Goldes.«[163] Diese Hoffnung erfüllte sich nicht, aber Columbus setzte mit diesem Verhalten Maßstäbe, denen spätere Generationen von Europäern nacheifern sollten. Besonders kraß empfanden die Azteken die spanische Vorliebe für Gold. Angewidert verglichen sie die eitlen Konquistadoren mit hungrigen Schweinen, die gefräßig wie ihre tierischen Kumpanen nach Gold wühlten.[164]

Bei allen kolonialen Unternehmungen hofften deren Initiatoren und Kapitalgeber auf Edelmetallfunde. Alle Monarchen, seien es Spanier, Franzosen, Portugiesen oder Engländer, spekulierten auf reiche Beute und wahrten sich ihre Regalien und Zugriffsmöglichkeiten, indem sie zumeist 20 Prozent der potentiellen Edelmetallfunde für sich reservierten. Diese Praxis findet man in sämtlichen kolonialen Chartern, unabhängig davon, ob die Privilegien Territorien in der Karibik, in der Acadie oder in Virginia betrafen. Überall hoffte man auf reiche Funde, die einerseits die Krone direkt bereichern und andererseits zur weiteren Besiedlung anregen und somit auch das königliche Steuereinkommen erhöhen würden.

Amerika war das Land des sagenumwobenen vergoldeten Herrschers *El Dorado*, den viele Europäer unter großen Gefahren suchten, den aber nur wenige fanden.

Hernán Cortés und Francisco Pizarro fanden ihn: Cortés in den Reichtümern der Azteken – Pizarro in den Schätzen der Inkaherrscher. Wie auf den karibischen Inseln kamen die Spanier auf dem amerikanischen Festland anfangs auf zumeist friedliche Art in den Besitz der begehrten Edelmetalle. Dabei bedienten sie sich der unterschiedlichen Wertvorstellungen, wonach Gold für die Arawaken nur ästhetische Bedeutung besaß. Oftmals profitierten sie von den religiösen Vorstellungen der einheimischen Bevölkerung. Im Glauben, die Weißen seien die heimgekehrten Götter, ließ etwa Motecuzoma II. Cortés prächtigen goldenen Schmuck überreichen. Diese Gabe diente sowohl als Unterwerfungsgeste als auch zur Beschwichtigung, bestärkte jedoch die Europäer in ihrer Habgier und Aggression.

In der Phase der eigentlichen Eroberung begnügten sich die Spanier nicht länger mit dem, was ihnen mehr oder weniger freiwillig übergeben wurde. Edelmetallprodukte wurden geraubt oder als Lösegelder erpreßt. So hatte ein Inkaherrscher vergeblich versucht, sich durch die Überlassung von circa 13 000 Pfund Gold und 26 000 Pfund Silber aus spanischer Gefangenschaft freizukaufen. Bei Beginn der Conquista beschränkten sich die Edelmetallsendungen von Amerika nach Europa auf Zufallsfunden. Wie reich Südamerika an Edelmetallen war, zeigten die Gewinne Pizarros. Noch auf einen einfachen Fußsoldaten in seinem Gefolge entfiel ein Beuteanteil von 45 Pfund Gold und 90 Pfund Silber, eine ungeheure Summe und ausreichend für ein Leben im großherrschaftlichen Stil.[165] Die Spanier beanspruchten das Gold und Silber, das sie bei den Indianern vorfanden und beschränkten sich zunächst auf die Ausbeutung der Minen und Vorkommen, die bereits unter den Azteken und Inka entdeckt worden waren. Erst als dieser in Jahrzehnten und Jahrhunderten von den Indianern angesammelte Vorrat in nur zwanzig Jahren von Spaniern weggeschleppt worden war, begann die systematische Suche der Spanier nach neuen Edelmetallvorkommen. Logischerweise startete diese Entwicklung auf Hispaniola, dem Gebiet, das als erstes die spanische Conquista hatte ertragen müssen. 1529 war es zu Absprachen zwischen Karl V. und den Welsern in Augsburg gekommen, die 80 schlesische Bergarbeiter zur Suche und zum Abbau von Goldlagern in die Karibik schikken wollten. Dieses Projekt scheiterte jedoch.

Bis in die 1530er Jahre hinein konzentrierte sich das spanische Interesse auf Gold. Man entdeckte neue Goldvorkommen in Kolumbien, Ecuador, Peru und Mexiko. Das Gold wurde aus Flüssen herausgewaschen, im Tagebau und auch unter Tage gewonnen. Das Flußgold in Kolumbien etwa sollte eine beachtliche Bedeutung gewinnen; es bildete die Grundlage für die rasante Entwicklung von Cartagena. Obwohl Gold ein höherer Wert als Silber beigemessen wurde (10:1) und von daher mehr Achtung genoß, sollte im Laufe der 1530er Jahre die Silberproduktion die Goldgewinnung überrunden. Der Boom des Silbers steigerte sich mit der Entdeckung eines Silberbergs im heutigen Bolivien im Jahre 1545. In der Nähe des 4800 Meter hohen Silberbergs Cerro Rico de Potosí entstand nach 1545 eine Siedlung, die Villa Imperial de Potosí. 1555 lebten dort 45 000, 1585 120 000 und 1610 160 000 Menschen. Laut Wolfgang Reinhard war Potosí nicht nur eine der größten Städte der damaligen Welt, sondern auch eine der »reichsten und unmoralischsten dazu«; sie bot die Wahl zwischen 800 Kneipen und 120 weißen Prostituierten, »darunter solche der internationalen Spitzenklasse«.[166] Im Hochland der Anden, auf 4000 Meter Höhe, kam es im 16. Jahrhundert zu einem Silberrausch, der dem Goldrausch in Kalifornien oder am Klondike im 19. Jahrhundert nicht nachstand: weder im Hinblick auf seine wirtschaftliche Bedeutung noch im Hinblick auf seine gesellschaftspolitischen Auswirkungen. Hinzu kam 1548 die Erschließung von Silbererzadern in Neuspanien, im heutigen Nordmexiko.

Die Organisation des Silberbergbaus in Südamerika unter spanischer Regie verband Elemente Amerikas und Europas. Die Arbeit bestand aus der Kombination des vorkolumbianischen Mita-Systems der Inka und der kastilischen *encomienda*, der Zwangsarbeit von Bauern für den Grundherrn. Die einheimische Bevölkerung arbeitete mehrere Monate für die Spanier, wurde großenteils über weite Entfernungen in die unwirtliche Gegend der Anden getrieben, bevor sie in ihre Dörfer zurückkehren durfte. Die Arbeit in der großen Höhe und unter den katastrophalen Bedingungen des Bergbaus nach spanischer Art war hart, überaus gefährlich und körperlich strapaziös. Viele Indios ertrugen die Situation nur dank ihrer Anpassung an die Höhenlage und des Genusses von Cocablättern. Das Kauen der Cocablätter war unter der Inkaherrschaft allein dem Adel und den Priestern vorbehalten gewesen; nur sie hatten die stimulierenden Wirkstoffe der Pflanze in religiösen Ritualen aufnehmen dürfen. Die Spanier nahmen den Cocablättern den Statuscharakter; sie machten sie zu Sucht- und Beruhigungsmitteln der breiten Masse, um so deren Arbeitskraft zu erhalten.

Weiße und schwarzafrikanische Sklaven waren nur selten in der Lage, die mühevolle Arbeit in den Bergwerken zu erbringen und den schwierigen Bedingungen standzuhalten. Angesichts des Arbeitskräftemangels und des Stellenwerts der Edelmetallgewinnung für das spanische Wirtschaftssystem änderten die Spanier ihr Verhalten gegenüber den Indios. Ohne daß die Spanier ihre grundsätzliche Einstellung überdachten, bemühten sie sich aus arbeitsökonomischen Überlegungen um relative Schonung der dienstverpflichteten Indianer. Die Arbeitszeit in den Bergwerken war auf täglich acht Stunden begrenzt. Die Bergleute erhielten Bezahlung in Form u. a. von Naturalien und einem Anteil an dem geförderten Silbererz. Die Versorgung der Arbeitskräfte mit Lebensmitteln erfolgte immer weniger aus eigener indianischer Produktion, immer mehr über den Handel und über spanisch-amerikanische Agrarbetriebe wie Hazienden und Ranchen. Der spanische Einfluß machte vor dem Nahrungsangebot nicht halt: Die überwiegend frugale Ernährungsweise der Indianer änderte sich. Fleisch ursprünglich altweltlicher Tiere wie Rinder, Schafe, Schweine, Ziegen und Hühner hielt Einzug in indianische Töpfe. Während Fleisch in Europa die Speise der Wohlhabenden war oder besonderen Anlässen vorbehalten blieb, bildete es in der kolonialen Welt einen selbstverständlichen Teil des Alltags. Die Entstehung landwirtschaftlicher Großbetriebe unter kolonialer Leitung profitierte von dem Rückgang der indianischen Bevölkerung, wodurch großräumig landwirtschaftliche Nutzflächen frei wurden. Während die Indianer zunehmend die Landwirtschaft aufgaben, in die Städte drängten und tiefer in Abhängigkeit zu den Kolonialherren gerieten, zog es wohlhabende Kreolen aufs Land, wo sie königlicher Absicht zuwider kolonale Kopien altspanischer Gutsherrschaft etablierten. Neben den langfristigen Auswirkungen des Bergbaus auf die Landwirtschaft und Siedlungsstrukturen zeigten sich schnell seine unmittelbaren Folgen für die Umwelt. Hatten die Indianer Edelmetalle in kleinen Mengen im Einklang mit den natürlichen Gegebenheiten gewonnen, so veränderten die Spanier auf der Suche nach den begehrten Mineralien radikal die Landschaft. Berge wurden unterhöhlt, Wälder ohne Rucksicht auf spätere Erosionsschäden als Brennstofflieferant abgeholzt. Intensiviert wurde die Silberproduktion durch deutsches und andalusisches Know-how. Die Habsburger nutzten das Wissenspotential ihres weiten Reiches. Fachleute aus den Bergbauregionen ihrer Länder kamen nach Spanisch-Amerika und verbesserten die gängigen Verfahren zur Silbergewinnung, wobei sie geschickt die örtlichen Gegebenheiten ausnutzten. Die Indianer hatten Silber in nur geringem Umfang gewonnen, indem sie das Erz aus dem Gestein durch wiederholtes Erhitzen in Windöfen isoliert und gereinigt hatten.[167] Die Europäer nutzten die Standortgegebenheiten in den Anden, das Klima, das Wasser von Flüssen und extra angelegten Stauseen als Antriebskraft und die chemischen Eigenschaften des in Peru reichlich vorhandenen Quecksilbers, um diesen Trennungsprozeß zu beschleunigen und zu erleichtern. In zahlreichen Arbeitsgängen, durch Zerkleinern des silberhaltigen Gesteins, Vermischung mit verschiedenen Substanzen (Salz, Wasser, Kupfervitriol und Quecksilber), Erhitzen, Trocknen, Waschen und Verdampfen ließ sich Silber aus dem silberhaltigen Gestein herauslösen und von Quecksilber trennen, wobei das Quecksilber zum Teil bei weiteren Amalgamierungsverfahren wieder verwendet werden konnte. Zur Gewinnung von 10 Kilogramm Silber benötigte man 14 bis 17 Kilogramm Quecksilber. Die Quecksilberbestände in Peru entdeckte man 1563. Ihr Abbau folgte dem Organisationsmodell, das man auch im Silberbergbau praktizierte. Die spanische Krone verpachtete ihr Monopol auf Bodenschätze an Privatpersonen, die mit Zwangsarbeitern die Vorkommen ausbeuteten. Die Arbeit in den Quecksilberminen übertraf an Härte die im Silberbergbau. Das große Quecksilberlager in der Nähe von Lima (Huancavelica) hieß bei den Zeitgenossen »Schlachthaus der Indianer«.[168]

In Mexiko fand man zwar reichlich Silber, jedoch keine Quecksilberlager. Das Quecksilber mußte entweder aus Peru oder aus Spanien nach Mexiko transportiert werden. Trotz der Abhängigkeit der mexikanischen Silberproduktion von interkolonialen und transatlantischen Versorgungslinien herrschten in mexikanischen Silberminen weniger miserable Arbeitsbedingungen als in den Bergwerken Südamerikas. Dort waren überwiegend freie Bergleute beschäftigt, die auf Dauer sehr viel höhere Produktionszahlen lieferten als die zur Zwangsarbeit verpflichteten andinen Indios. Mexiko wurde im 18. Jahrhundert der spanisch-amerikanische Silberproduzent; allein die brasilianischen Gold- und Diamantenvorkommen, die gegen Ende des 17. Jahrhunderts entdeckt worden waren, konnten ihnen gleichkommen und sie letztlich überrunden.

Den Transport der kostbaren Edelmetalle nach Spanien übernahm die *flota*, eine Flotte von 10 bis 14 teilweise arg lädierten Schiffen, die von wendigen, hochgerüsteten Kriegsschiffen begleitet wurde. Von den südspanischen Atlantikhäfen aus, von Sevilla, Cádiz oder San Lucar segelten ein bis zwei Flotten jährlich in die Karibik, liefen Kolumbien/Panama (August) oder Mexiko (April/Mai) an. Die *Carrera de las Indias* dauerte in Ost-West-Richtung circa 80 Tage; die Liegezeit betrug insgesamt circa anderthalb Jahre. Zur Rückfahrt nach Spanien sammelten sich die Schiffe vor Havanna/Kuba. Von dort aus machte man sich auf den Heimweg, beschützt durch die *Armada de la Guardia de las Indias*, vorbei an Florida, um mit dem Golfstrom in circa 120 Tagen langsam und bedächtig nach Spanien zurückzuschippern. Neben natürlichen Risiken wie Stürmen oder Schiffsbrüchen gingen Gefahren von den Mitmenschen aus, die in Küstennähe vor Kuba, vor Florida und vor Spanien auf der Lauer lagen. Dort warteten Piraten, Freibeuter, Kaperfahrer – je nach internationaler Lage – und bedrohten die spanischen Silberschiffe. Zwischen 1551 und 1554 mußte die Krone wegen der großen Anzahl französischer Piraten vor der spanischen Küste die Fahrten der Silberflotte einstellen. Trotz schwieriger Kommunikationsmöglichkeiten und den Tücken der Schiffahrt war das spanische Konvoisystem insgesamt ausgesprochen erfolgreich: Nur selten gelang es den zahlreichen Gegnern Spaniens oder Liebhabern von Edelmetallen, spanische Silberschiffe aufzubringen. Ein solches Bravourstück bewerkstelligte 1628 der Niederländer Pieter Heyn, der ob dieser Leistung zum niederländischen Nationalhelden wurde.[169]

Es war kein Wunder, daß die Spanier weder Kosten noch Mühen scheuten, ihre *flota* gegen Angriffe zu sichern. Die Ladung lohnte jede Anstrengung. Amerikanische Edelmetalle waren im 16. bis zum 18. Jahrhundert der in Spanien nachgefragte amerikanische Artikel schlechthin: Zwischen 1531 und 1700 machten Edelmetalle, vor allem Silber, circa 90 bis 99 Prozent des Ladungswertes aus. Indigo, Häute, Färbemittel, Zucker oder Kakao nahmen sich damit verglichen bedeutungslos aus.[170] Zwar hat die *Casa de la Contratación* Verzeichnisse der Edelmetallimporte hinterlassen, jedoch betreffen ihre Angaben nur den legalen Handel. Der Schmuggel von Privatpersonen, von Funktionären, Kaufleuten, Pflanzern, kann nur geschätzt werden. Eventuell lag der tatsächliche Edelmetallimport sehr viel höher, als die offiziellen Zahlen infolge von Unwissenheit und Korruption vermuten lassen. So konnte dank privater inoffizieller Dokumente nachgewiesen werden, daß allein im Jahr 1659 fünfmal mehr Silber an Bord der Silberschiffe nach Spanien gelangte, als man aufgrund der offiziellen Angaben für die Jahre 1656 bis 1660 angenommen hatte.[171]

Wie wirkte sich die Silberflut in und für Spanien aus? Durch die großen Edelmetallimporte verfügte die spanisch-kastilische Krone über ein beachtliches Budget, das sich unmittelbar in politische Macht – das hieß in militärisches Machtpotential – umwandeln ließ. Der Aufstieg der führenden Militärgroßmacht Spanien im 16. Jahrhundert, ihre fortschrittliche Waffen- und Kampftechnik, stand in unmittelbarem Zusammenhang zum Aufstieg spanischer Kolonialmacht und lateinamerikanischer Edelmetallproduktion. Zweifellos zog die spanische Krone den Großteil ihrer Einnahmen aus Kastilien und aus den burgundischen Erblanden, den Niederlanden; die Silberimporte aus Amerika eröffneten jedoch eine zusätzliche Einnahmequelle, die Spanien den entscheidenden Vorsprung gegenüber anderen europäischen Herrschern und Ländern ermöglichte.

Die Silberlieferungen verführten erst Karl V., dann seinen Sohn Philipp II. zu einer aggressiven Eroberungs- und Hegemonialpolitik innerhalb Europas. Karl V. nutzte die Silberflut zur Anwerbung großer Heere, um die traditionelle habsburgische Umklammerungsstrategie gegen Frankreich fortzusetzen. Wiederholt kam es unter seinem Einfluß zu habsburgisch-französischen Kriegen, wobei Italien zu einem Hauptschauplatz der Auseinandersetzungen wurde. Der französische Einfluß in Italien, vor allem im reichen Oberitalien, sollte zurückgedrängt und eine Landverbindung zwischen dem Deutschen Reich, Spanien und den habsburgischen Besitzungen in Süditalien hergestellt werden. Die Folge dieser erst durch die amerikanischen Einnahmen ermöglichten Politik waren fünf Kriege zwischen Frankreich und Spanien allein in der Regierungszeit Karls V. Das Vorgehen des deutschen Kaisers gegen den frankophilen Papst 1527 in der *Sacco di Roma* wirkte über den bilateralen Konflikt hinaus, da Karls massiver Druck den Papst bewog, dem englischen König Heinrich VIII., der sich von Karls Tante, der spanischen Prinzessin Katharina von Aragón, scheiden lassen wollte, eben diese Scheidung zu verweigern. Daraufhin begründete 1534 Heinrich VIII. die anglikanische Kirche, als deren Oberhaupt er auftrat. Wie mittelbar in Hinblick auf die englische Reformation, so stellte der amerikanische Silbersegen bzw. die spanische Spekulation auf weitere Lieferungen ebenso die Weichen für den religionspolitischen Kurs Karls V. im Deutschen Reich. Unmittelbar nach den gescheiterten Vermittlungsversuchen zwischen protestantischen und katholischen Fürsten auf dem Regensburger Reichstag 1546 hatte der Schmalkaldische Krieg begonnen, der erste Religionskrieg. Heinz Schilling zufolge hatte Karl V. diesen Krieg bewußt provoziert.[172] Er führte ihn als eine Art Strafexpedition gegen die evangelischen Fürsten (vor allem Philipp von Hessen und Johann Friedrich von Sachsen), die mit ihrer Hinwendung zum Protestantismus nach Karls Auffassung seine Position als Kaiser und Repräsentant der christlichen Einheit untergruben. 1547 endete der Krieg mit Karls Sieg in der Schlacht bei Mühlberg an der Elbe (Wittenberg), wobei der Erfolg weniger seiner militärischen Finesse als vielmehr den taktischen Fehlern seiner Kontrahenten zuzuschreiben war. Der Sieg Karls war der Schritt zum Augsburger Interim von 1548, in dem die Protestanten zwar einige Zugeständnisse erhielten, die Kirche und die Krone jedoch ihre Position festigen konnten. Das Heer, das Karl bei Mühlberg hatte aufmarschieren lassen, war durch amerikanisches Silber finanziert. Karl V. begann bereits mit einer Finanzierungspolitik, die sein Sohn Philipp II. intensivieren sollte. Je mehr Silber aus Amerika nach Spanien kam, desto mehr stiegen die Schulden der spanisch-habsburgischen Krone. Offenbar vertrauten die Könige auf unerschöpfliche Edelmetallvorräte, die sie ungestraft jahrelang im voraus als Sicherheiten für Kredite bei italienischen und niederländischen Geldgebern einsetzen konnten. So gesehen betrieben die spanischen Könige eine Geldpolitik mit völlig paradoxen Folgen. Der scheinbar unendliche Geldsegen aus Amerika ermöglichte und bestärkte Spanien in seiner Hegemonialpolitik in Europa und ließ Spanien angesichts seiner Erfolge als die führende europäische Großmacht auftreten. Die militärische Präsenz zu Lande und zu Wasser setzte jedem ersichtliche, deutliche Zeichen. Zugleich bedeutete der Geldsegen aber auch Spaniens Schwäche, indem er die Monarchen veranlaßte, ihre tatsächlichen Möglichkeiten zu überschätzen und sie in Verschuldung, finanzielle Abhängigkeiten und Staatsbankrotte führte. Auch die Zeitgenossen, vor allem die Spanier erkannten dieses Dilemma. 1586 erklärte ein erboster Delegierter der Cortés von Kastilien: »Je mehr Geld aus Westindien kommt, desto weniger besitzt dieses Königreich.«[173] Das Geld floß aus Spanien heraus und verschwand in den Taschen der ausländischen Bankiers und Kreditgeber. Bereits 1557, kurz nachdem der körperlich und geistig erschöpfte Karl V. seinem Sohn Philipp die Herrschaft über Spanien, die Niederlande, Italien und die Kolonien überlassen hatte, erklärte Philipp II. den Staatsbankrott bzw. die vorübergehende Zahlungsunfähigkeit Spaniens. Der spanisch-französische Frieden von Cateau-Cambrésis 1559 resultierte nicht aus Philipps Einsicht, daß dieser Krieg seinen Verbündeten England und den Niederlanden schadete, sondern ergab sich zwingend aus Philipps II. finanziellen Engpässen. Zu dem Zeitpunkt betrug die Verschuldung Kastiliens circa 36 Millionen Dukaten. 1598, im Todesjahr Philipps II., war der Schuldenberg auf 85 Millionen Dukaten angestiegen – trotz kontinuierlich steigender Silberimporte aus Amerika.[174]

Ein Grund der Dauerfinanzkrise war sicherlich die spanische Politik in den Niederlanden. Der spanische Versuch, die aufständischen niederländischen Provinzen – strategisch wichtige Hochburgen des Handels sowie des Gewerbes und damit wichtige Einnahmequellen – im spanisch-habsburgischen Reichsverband zu halten, verschlang Unsummen. Die großen Truppenverbände in den Niederlanden, die Philipp II. bzw. seine Feldherren Alba, Parma und Farnese aus aller Herren Länder zusammengeholt hatten, kosteten Spanien jede Menge Geld. Bereits in den Anfangsjahren der militärischen Auseinandersetzungen zwischen den Niederländern und ihrem spanischen Landesherrn um Zentralmacht und Partikularinteressen in den Jahren 1566 bis 1574 schickte Spanien 218 Millionen Dukaten in die Niederlande zur Bezahlung des spanischen Heeres. Hinzu kamen 121 Millionen Dukaten aus Spanisch-Amerika.[175] Ohne das amerikanische Silber bzw. ohne die Absicherung durch amerikanische Silberbestände wäre die spanische Politik in den Niederlanden nicht durchführbar gewesen. Die Niederländer sahen sich einer widersprüchlichen Situation gegenüber: Als Ziel spanischer Zentralisierungspolitik litten sie unter den Auswirkungen spanischer Kolonialmacht; als Kaufleute, Kreditgeber und Piraten profitierten sie von der spanischen Politik. Das amerikanische Silber schuf eine wichtige Voraussetzung für Spaniens Aufstieg zur Großmacht; umgekehrt war es die Sicherung dieser Ressourcen, die Spaniens Europapolitik bestimmte, ihr Ketten anlegte und den Abstieg Spaniens hervorbrachte.

Dies galt in Hinblick auf Spaniens Rolle als Seemacht. In den 1540er bis 1550er Jahren hatte die Sicherung der atlantischen Schiffahrt, vor allem die Sicherung der *flota* zu einer Schwächung der spanischen Präsenz im Mittelmeer geführt, mit langwierigen Folgen. So wurde dadurch die Position der Türken gestärkt, hingegen verödeten die mediterranen Gebiete Spaniens. Vor allem Katalonien litt unter der Hinwendung Spaniens zum Atlantik und unter dem Aufstieg Andalusiens und der Handelsmetropole Sevilla. Das katalonische Schiffsbaugewerbe war mittlerweile in einem solchen Maße heruntergekommen, daß Philipp II. 1562 bei seinen Versuchen, diese Gewerbezweige zu reaktivieren, auf das Know-how italienischer Fachleute zurückgreifen mußte. Auch Philipps II. Wunsch, Spanisch-Amerika und die amerikanischen Silberbestände gegen europäische Kontrahenten zu schützen, führte langfristig zu einer für Spanien fatalen Politik. Die Ziele der Armada von 1588 richteten sich nicht nur gegen England als Gegner innerhalb Europas. Die Armada wandte sich auch gegen die englischen Einbrüche in das spanische Kolonialreich und war als Revanche für die Übergriffe von Francis Drake im Jahr 1587 auf die *flota* im Hafen von Cádiz gedacht. Der Ausgang des Unternehmens ist bekannt: Die Armada scheiterte an ihrer eigenen Größe, den Winden und englischer Unverfrorenheit, wodurch dem Ansehen der Seemacht Spanien nachhaltiger Schaden zugefügt wurde. Schließlich verleitete Philipps Hang, Spaniens Position stärken und eine katholische Universalmonarchie etablieren zu wollen, die die väterlichen Leistungen weit in den Schatten stellen sollte, ihn zu einer Entscheidung, die Spanien Kosten und Kriege bereiten sollte. Mit Hilfe mexikanischer Silberpesos, dem Verweis auf Erbansprüche und militärischer Gewaltandrohung übernahm Philipp II. 1580 die portugiesische Krone und das portugiesische Kolonialreich.

Die wirtschaftlichen Folgen der Edelmetallzufuhr wurden schnell offenbar. Sie beschleunigte nicht nur die Verschuldung der Krone und deren Abhängigkeit von Geldgebern außerhalb Spaniens, sie führte durch das ständige Überangebot auch zu gravierenden Veränderungen innerhalb der spanischen Wirtschaft. Die auch durch die amerikanischen Edelmetallimporte beeinflußten Preisrevolutionen, die das gesamte 16. Jahrhundert andauerten und in die legendäre »Krise des 17. Jahrhunderts« ganz Europas einmündeten, brachten empfindliche Preissteigerungen. Zwar stiegen im gleichen Zeitraum ebenfalls die Löhne, jedoch nicht in dem Maße wie die Lebenshaltungskosten. Die Folge waren Verarmung breiter Bevölkerungsschichten, sinkender bzw. stagnierender Besitzstand bei gleichzeitig horrenden Steuererhebungen seitens der Krone, die ihre Schuldenberge abbauen wollte. Trotz des Silbersegens und kurzzeitiger Konjunkturaufschwünge verarmte Spanien langfristig – der Silberimport erwies sich für die Mehrheit der spanischen Bevölkerung als Nachteil.[176]

Spielte Spanien militärisch lange Zeit überzeugend die Rolle eines Goliaths, dann stand seine Macht in finanzpolitischer Hinsicht auf extrem tönernen Füßen. Abgesehen vom Prestigewert und der Kreditwürdigkeit, die die Silberimporte dem Lande bescherten, blieb Spanien selbst von der amerikanischen Silberflut wenig – außer einer ruinierten Geldpolitik. Das von Indianern unter Mühen geförderte Produkt und von der Krone unter großen finanziellen und organisatorischen Aufwendungen herbeigebrachte Mineral kam zwar nach Sevilla, floß jedoch zum überwiegenden Teil schnell aus dem Lande ab, abgesehen von dem Silber, das die Kirchen des Landes ausschmückte oder zu kostbarem sakralem Gerät verarbeitet wurde. Zum einen landete das Silber bei Financiers in Genua oder Venedig. Zum anderen ging es an französische, niederländische, flämische und italienische Kaufleute und Handwerker. Ähnlich erging es Portugal im 18. Jahrhundert: Sein brasilianisches Gold landete zum überwiegenden Teil bei seinem Haupthandelspartner Großbritannien. Aus der Sicht des europäischen Auslandes wurde das Spanien des späten 16. und 17. Jahrhunderts oftmals als europäisches Amerika bezeichnet. Wie Spanisch-Amerika in Relation zu seinem Mutterland, so stand Spanien Europa gegenüber: Spanien selbst produzierte und exportierte vor allem landwirtschaftliche Rohstoffe und Güter wie Wolle, Öl und Wein; bei der Eigenversorgung wie bei der Versorgung seiner Kolonien mit hochwertigen Gewerbegütern (Metallwaren und Textilien wie Spitze, Seide, Leinenstoffe, Samt, Damast) war Spanien jedoch auf Importe ausländischer Produkte durch fremde Lieferanten angewiesen. Durch diese Abhängigkeit wurden die auswärtigen Lieferanten in Paris, erst Antwerpen, dann seit 1576 Amsterdam und London die eigentlichen Nutznießer des spanisch-amerikanischen Silbers. Dies geschah, während Niederländer und Spanier sich mit aller Macht militärisch bekämpften; politische Differenzen führten nicht zur Aufgabe lohnender Handelskontakte. Ende des 17. Jahrhunderts stammte die Mehrheit der Waren, die über Cádiz nach Spanisch-Amerika ausgeführt wurden, aus dem Besitz von Kaufleuten aus Frankreich, Italien, England, der niederländischen Republik und Flandern. Spaniens Anteil an der Ausstattung der Amerikaflotte lag bei circa sechs Prozent und entsprach der Hamburger Beteiligung. Die Versorgung der spanischen Kolonien befand sich somit nur noch formal in spanischer Hand; tatsächlich jedoch beherrschten sie ausländische Kaufleute und deren Vertreter in Sevilla.[177] Amerikanisches Silber konnte demnach auf verschiedenen

Wegen zu den westeuropäischen Kontrahenten Spaniens gelangen: zum einen über den innereuropäischen Warenhandel, zum anderen über den afrikanisch-amerikanischen Sklavenhandel der Asiento-halter. Eine dritte Möglichkeit, in den Genuß amerikanischen Silbers zu kommen, bot die Beteiligung am mexikanisch-pazifischen Handel, der allerdings von Madrid mit Argusaugen bewacht wurde. Im Laufe des 17. Jahrhunderts wurde spanisch-amerikanisches Silber zum wichtigen Handelsgut der englischen und niederländischen Ostindiengesellschaften. Amerikanisches Silber war der einzige Artikel im europäischen Warenangebot, der asiatische Käufer, Japaner und Chinesen vor allem, interessierte. Europäische Waren konnten sie wenig locken. Zu groß war das Kulturgefälle zwischen Asien und Europa, als daß die verwöhnten Asiaten europäische Gewerbegüter gekauft hätten. Lediglich asiatische Güter und amerikanisches Silber fanden Interesse, wodurch die Europäer nicht nur asiatische Märkte verbanden, sondern auch Kontakte zwischen Asien, Afrika und Amerika herstellten und die Kontinente zu einem Weltwirtschaftssystem verknüpften.[178]

Amerika versüßt, vernebelt und ernährt Europa

Mehrere Nahrungs- und Genußmittel Amerikas fanden im Laufe der Frühen Neuzeit ihren Weg nach Europa. Von Beginn an reizten die Europäer die reichen Fischfanggründe vor Neufundland, deren Nutzung schon im 17. Jahrhundert zu heftigen Querelen zwischen Skandinaviern, Briten, Niederländern und Franzosen führte. Fisch besaß große Bedeutung als Nahrungsmittel breiter Schichten und spielte eine wichtige Rolle in christlich bestimmten Speisevorschriften. Der atlantische Fischfang diente auch militärpolitischen Erwägungen, insofern als die Machthaber beim Aufbau oder Ausbau ihrer Kriegsflotten auf die Erfahrungen der Hochseefischer zurückgriffen. Weniger militant, doch gleichfalls wirkungsvoll gestaltete sich das weitere Nahrungs- und Nutzpflanzenangebot Amerikas an Europa: Erdnüsse, Rohrzucker, Tabak, Kaffee, Kakao, Mais, Kartoffeln, Paprika, Peperoni, Ananas oder Tomaten sollten fortan Europas Küchen bereichern, Gaumenkitzel verschaffen, Hunger stillen und Suchtverhalten hervorbringen. Allerdings unterscheiden sich diese Erzeugnisse in Hinblick auf ihre Herkunft und weitere Entwicklung. Zum Beispiel Erdnüsse, Tabak, Kakao, Mais, Kartoffeln und Tomaten waren genuin amerikanische Pflanzen, die erst infolge der Entdeckung Europäern allmählich bekannt wurden. Zuckerrohr und Kaffeesträucher hingegen waren nicht in Amerika heimische Pflanzen, die die Europäer aus Asien, dem Mittelmeerraum und über die atlantischen Inseln nach Amerika brachten.

Man kann diese Gruppe auch nach anderen Gesichtspunkten ordnen: Aufgrund der klimatischen Bedingungen, die ihr Anbau erfordert, waren Pflanzen wie Zuckerrohr, Kaffee oder Kakao an tropische und subtropische Zonen gebunden. Man kann Kakaobäume und Kaffeesträucher zwar in gemäßigten Klimazonen anpflanzen, jedoch kommen dort die Früchte nicht zur Reife, und ihre Samen, Kakao- und Kaffeebohnen entwickeln nicht die erforderlichen Aromastoffe. Sie benötigen beständige Wärme und Feuchtigkeit. Auch das Zuckerrohr, eine bis zu 7 Meter hohe Grasart, braucht während der gesamten Wachstumsphase von 9 bis 15 Monaten konstante Temperaturen zwischen 24 °C und 30 °C, womit es für weite Teile Nord- und Westeuropas als potentielle Nutzpflanze ausfällt.

Dem gegenüber steht die Gruppe der genuin indianischen Pflanzen Tabak, Mais und Kartoffel. Zwar importierte Europa während der gesamten frühen Neuzeit amerikanischen Tabak, vorzugsweise aus Virginia und Maryland, jedoch begann man schon früh mit dem Anbau von Tabak in Europa. Auch Mais und Kartoffeln sollten allmählich in Europa selbst angebaut werden, da sich ihr transatlantischer Transport nicht rentierte. Mais konnte man wie Tabak trocknen, jedoch verlor er bei den langen Atlantikfahrten an Geschmack und Nährwert. Das hohe Frachtvolumen und die Lagerungsprobleme von Kartoffeln führten dazu, daß man auf die Kartoffel als atlantischen Handelsartikel verzichtete. Die Amerikaner Kartoffeln und Mais eroberten im Laufe des 17. und 18. Jahrhunderts europäische Anbauflächen, wodurch sie im auffallenden Gegensatz zum indianischen Tabak, der gleichfalls als Zierpflanze in Gärten und als Nutzpflanze auf Äckern der Alten Welt heimisch wurde, allmählich das indianische Image verloren und von Europa vereinnahmt wurden. Wie unterschiedlich diese Prozesse ablaufen konnten, zeigt sich in der Namensgebung. »Mais« ist eine spanische Verballhornung der indianischen Bezeichnung für ein Getreidegras, »*Zea mays*«. Über das Spanische ist das Wort in die französische, die englische und deutsche Sprache integriert worden, d. h., der Begriff »Mais« reflektiert Spaniens Vermittlerrolle. Der Begriff »Kartoffel« entstand auf komplizierterem Wege. Das deutsche Wort »Kartoffel« ist im 18. Jahrhundert aus den Wörtern »Tartuffel« oder »Tartüffel« entstanden; diese wiederum basieren auf dem italienischen Wort »*tartufolo*«. Aufgrund ihrer Form, Farbe und unterirdischen Wachstumsweise hatte man in Italien die neuartige, ungewohnte Kartoffelknolle mit dem eßbaren Trüffelpilz verglichen. Die wirtschaftlich-kulturelle Nähe zwischen Italien und Deutschland trat bei dieser Entlehnung klar zutage. Ebenso deutlich verweist ein anderes italienisches Wort für »Kartoffel«, »*patata*«, oder das englische »*potato*« auf die gleichzeitigen engen Beziehungen dieser Länder und ihrer Herrscher zu Spanien. Wie beim Mais übernahmen einige Länder das spanische Wort »*batata*«, »*patata*« für die Kartoffel, das wiederum in Anlehnung an »*papa*«, der Bezeichnung von Inkas und Kariben entstanden war.

Zucker

Das Zuckerrohr kam mit den Spaniern 1493 in die Neue Welt. Gefördert durch Portugiesen, Niederländer, Engländer und Franzosen, entwickelte es eine ungeahnte Eigendynamik und gewann allmählich im Verein mit Tabak das Image der amerikanischen Kolonialpflanze schlechthin. Tabakblätter und mit Tabakpfeifen versehene Indianer ebenso wie Zuckerbrote oder in die Form von Hüten gepreßter Zucker avancierten zu den typischen Attributen, die Amerika in der europäischen Vorstellung charakterisierten.

Die Europäer erfreuten sich bereits einer innigen Bekanntschaft mit Zucker, bevor sie das Zuckerrohr in die Neue Welt verpflanzten. Auch hier hilft ein Blick auf die Etymologie, um die Entwicklungsgeschichte des Zuckers zu erkennen: Das althochdeutsche »zuccer«, neuhochdeutsche »Zucker«, englische »*sugar*«, französische »*sucre*«, niederländische »*suiker*« und spanische Wort »*azucar*« verweisen auf das arabische Wort »*sukkar*« als die Bezeichnung für ein süßes, in Wasser leicht lösliches Kohlenhydrat. Der arabischen Vermittlung verdankte das mittelalterliche Europa die Kenntnis und den Genuß von Zucker. Eventuell wurde bereits in den vorchristlichen Jahrhunderten in Indien und den arabischen Ländern Rohrzucker produziert; einige Formulierungen antiker Texte scheinen darauf hinzudeuten. Bis 500 n. Chr. gibt es keinen unumstößlichen schriftlichen Beweis für die Produktion von Rohrzucker in kristalliner Form, also raffinierten weißen Zucker. Erst im 7. Jahrhundert finden sich eindeutige Belege für Zuckerrohrproduktion am Indus, Euphrat und Tigris. Im 8. Jahrhundert hatten der Zuckerrohranbau und die Rohrzuckerproduktion das östliche Mittelmeer erreicht. Die arabische Expansion schließlich brachte den Anbau dieser Pflanzen über die Inseln Zypern, Sizilien, Malta und die nordafrikanische Küstenzone des Maghreb nach Spanien und Portugal.[179]

Der Zuckerkonsum blieb zunächst den Bewohnern des mediterranen Raums vorbehalten. Nordeuropa lernte den süßen Stoff frühestens im 11. Jahrhundert kennen. Für die Christen nördlich der Alpen galt Zucker als der süße Luxusartikel überhaupt. Honig besaß zwar seinen Reiz, konnte jedoch mit dem Nimbus des exotischen Artikels nicht mithalten. Zucker war ein rares Gut, das allein die Eliten, Herrscher, Kirchenfürsten und der Adel, genießen durften. Wenn Angehörige anderer Schichten im Hochmittelalter mit Zucker in Berührung kamen, dann nur, wenn sie ihre Heimat und Europa verließen. Teilnehmer des ersten Kreuzzugs von 1096 bis 1099 in den Nahen Osten berichteten von ihren ersten Erfahrungen mit Zucker, die ihre phantastischen Vorstellungen vom Heiligen Land als dem Land, wo Nahrungsüberfluß herrsche, wo Milch und Honig strömten, bestätigten. Die Bedeutung des Zuckers als einem begehrenswerten Element des süßen Lebens wirkte um so mehr, als die Europäer chronischen Hungersnöten ausgesetzt waren und

Hunger eine ständige Bedrohung darstellte.[180] »In den Feldern ... fand man auch reichlich ein Honigschilf, das sie dort zucra nennen; die Leute saugten die Rohre mit Wonne aus; freuten sich über den wohltuenden Saft und konnten sich wegen seiner Süßigkeit an diesem Genusse gar nicht ersättigen.«[181] Zu verdanken hatte das christliche Abendland den Zucker den islamischen Arabern. »Wo immer sie hinkamen, brachten die Araber den Zucker mit – das Produkt und die Technologie seiner Herstellung ... folgte dem Koran.«[182] Die hochstehende arabische Kultur in Spanien und Portugal wurde seit dem Hoch- und Spätmittelalter von den aggressiven katholischen Machthabern zerstört. Viele kulturelle Spitzenleistungen der Araber, etwa auf dem Gebiet der Bewässerungstechnik, der Architektur, Medizin und Philosophie verschwanden, wurden abgedrängt, zerstört, vergessen oder von Christen vereinnahmt. So schlug das relativ tolerante Nebeneinander dreier Weltreligionen in Andalusien um in die Verdrängung der Mohammedaner und Juden durch die Christen. Nur wenige der mohammedanischen Leistungen wurden in Anerkennung übernommen. Zu den raren Ausnahmen gehörte die Zuckerproduktion. Spanier und Portugiesen übernahmen die arabischen Kenntnisse der Zukkerproduktion inklusive der Verbindung mit Sklaverei und benutzten sie, um die eroberten atlantischen Inseln wirtschaftlich an die Mutterländer zu binden. Die Kanaren und die Kapverdischen Inseln fungierten praktisch als Prototypen für die amerikanische Zuckerwirtschaft: Bereits hier fanden sich alle Elemente vereint, die in Amerika praktiziert werden sollten. Das sogenannte kanarische System kannte die Plantagenbewirtschaftung, die Zwangsarbeit schwarzer Sklaven, die Kontraktarbeit Weißer und die Zuckerproduktion in Verbindung mit Kapitalaufwendung, allerdings den geographischen Möglichkeiten entsprechend im relativ kleinen Rahmen. Einzig auf Madeira erfolgte die Zuckerproduktion durch freie Lohnarbeiter.

Bereits mit diesem Schritt im 14./15. Jahrhundert erfolgte die iberische Hinwendung zum Atlantik und begann der Aufstieg der flämischen Metropole Antwerpen zur Zentralraffinerie für europäischen Zucker. Die Entscheidung, Zuckerrohr nach Amerika zu bringen, dürfte sich für Spanien wie selbstverständlich ergeben haben. Zucker gehörte auch zur Hofkultur von Isabella und Ferdinand.

Die Nachfrage nach Zucker stieg im 16. Jahrhundert europaweit, dennoch bewahrte der Zucker weiterhin seinen Luxuscharakter. Zucker blieb eine Rarität – kostbar wie Perlen und Gold, mit denen wohlhabende Feinschmecker ihren Zucker vermischten. Selbst weniger verspleente Zeitgenossen schätzten den Zucker so hoch, daß man ihn nur in kleinen Dosen als teures Arzneimittel und Gewürz zum Süßen der ohnehin schweren Weine benutzte. Die vielen Sorten Zucker, die man mittlerweile produzierte, wurden ihrem extravaganten Wert entsprechend in kleinen Mengen in Apotheken verkauft, wie später Tee, Kaffee, Kakao oder Tabak. Wie wichtig Zucker für die Medizin war, zeigt ein zeitgenössisches Sprichwort: »Ohne Zucker, Wachs und Wein, kann man kein Apothecker seyn.«[183]

Mit der Nachfrage stieg der Wert des Zuckers, so daß das Risiko des Zuckerrohranbaus in Amerika eingegangen werden konnte. Die Spanier waren die Pioniere, jedoch verzichteten sie auf die Chance, ein Zuckerimperium aufzubauen. Nach großen Anlaufschwierigkeiten bis 1512 kam die Zuckerrohr- und Zuckerproduktion allmählich auf den Großen Antillen in Gang. Wie bei dem Umgang mit den Edelmetallen nutzten die Habsburger das Wissenspotential ihres weitgespannten Reichs und brachten wieder 1515 kanarische Zuckerfachleute auf die Antillen. 1530 gab es auf Santo Domingo 34 Zuckermühlen; 1568 existierten Zuckerrohrplantagen mit bis zu 200 Sklaven.[184] Zucker war demnach ein boomendes Gewerbe, aber dennoch ging es seit den 1580er Jahren mit dieser Branche bergab. Vielleicht verloren die Spanier das Interesse an diesem kapitalaufwendigen Geschäft. Vielleicht widersprach die riskante Zuckerherstellung ihren Vorstellungen vom süßen Leben eines Kolonialherren. Vielleicht kapitulierten die spanischen Zukkerpflanzer vor dem Tatendrang der Portugiesen, die in Brasilien zwischen den 1530er und 1580er Jahren florierende Zuckerplantagen in Pernambuco und São Vicente aufbauten. Ein guter Indikator für das rasante Wachstum der brasilianischen Zuckerproduktion bietet die Anzahl der Zuckersiedereien, der *engenhos*. 1550 gab es 30, 1570 60, 1583 131, 1610 230, 1629 346 und 1710

Abb. 9: Zuckerproduktion in Pernambuco/Brasilien, ca. 1624. (Stich aus Reysboeck van het rijcke Brasilien, Rio de la Plata ende Magellanes)

528 Zuckersiedereien, in denen *Muscovado*, brauner Rohzucker, hergestellt wurde.[185] Der Zuckerboom in Brasilien wirkte sich in Portugal ähnlich aus wie die Silberflut in Spanien: Der Zucker und die Profite verblieben nicht in Portugal, sondern wanderten mit Hilfe portugiesischer Kaufleute in die Raffinerien von Antwerpen, Amsterdam und Hamburg, wo er verfeinert und die eigentlichen Gewinne eingefahren wurden. 1559 hatte die Krone Brasilien begünstigen wollen und den Aufbau von Raffinerien im Mutterland verboten. Schnell erwies sich diese Entscheidung als Fehler, der jedoch von der Krone nicht revidiert wurde. Damit war Portugal der einzige Zuckerproduzent, der keine eigenen Raffinerien besaß. Von Lissaboner Fehlgriffen profitierte die Konkurrenz. Selbst in Schweden, Dänemark und Rußland entstanden Zuckerraffinerien; allein in Hamburg waren eventuell 8000 Arbeiter im Zuckergewerbe beschäftigt.[186] Bereits im letzten Jahrzehnt des 16. Jahrhunderts dominierte in Antwerpen der Import von Brasilzucker. Der Import von Zucker von den atlantischen Inseln ließ deutlich nach – spanischer Zucker von den Antillen bildete weitabgeschlagen das Schlußlicht.[187]

Der Zuckerreichtum Brasiliens verlockte die Niederländer seit 1624 zu wiederholten Angriffen auf die portugiesische Kolonie. Die Attacken waren um so besser zu rechtfertigen, als Portugal seit 1580 der spanischen Krone unterstand und so in den 1621 neuentfachten niederländisch-spanischen Konflikt hineingezogen wurde. Unterstützung fanden die Niederlande bei den *conversos*, den sephardischen Juden in Brasilien, die von den Portugiesen stark bedrängt und in der Ausübung ihres Glaubens behindert worden waren. Mit der niederländischen Eroberung der portugiesischen Kolonie Brasilien 1630 erlebten die Niederländer, vor allem die Holländer, ihr Coming out als Zuckerproduzenten.

Mit ihrer tatkräftigen Mitwirkung wurde das 17. Jahrhundert zu einem Jahrhundert des Zuckers und der Sklaverei: Süße und Menschenverachtung gingen eine ebenso perverse wie unnötige Verbindung ein. Obwohl die Niederländer trotz massiver finanzieller und personeller Unterstützung durch sephardische Kaufleute und Pflanzer-Händler in den Niederlanden und in Brasilien bereits 1654 wieder die Kolonie Nieuw Holland an Portugal verloren, blieben die Niederländer bzw. die ehemaligen Neuholländer, Christen wie Juden, der Zuckerproduktion und dem Zuckerhandel treu. Es waren viele sephardische Juden aus Brasilien und den Niederlanden, die seit 1667 Surinam zur niederländischen Zuckerkolonie ausbauten, und es waren niederländische Kapitalgeber, Kaufleute und Pflanzer, ebenfalls Juden und Christen, die in den 1630er Jahren die Zuckerrevolution auf die karibischen Inseln trugen. Dieser langwierige Prozeß mit radikalen Folgen für die Umwelt, Wirtschaft und Demographie in der Karibik war das Ergebnis internationaler Kooperation. Besonders schnell vollzog er sich auf Barbados. Die Barbadianer brachten ihr Land und ihre Produkte ein – die Niederländer lieferten ihr brasilianisches Know-how in den Bereichen Zuckerrohranbau und Zuckerproduktion, stellten Kapital, Fachleute, schwarze Sklaven und fungierten lange als wichtige Abnehmer der barbadischen Zuckerproduktion. So konnte sich die barbadische Bevölkerung ihre Opposition gegen Cromwell von 1651 bis 1655 nur dank ihrer guten Beziehungen zu den Niederländern leisten, die allen englischen Forderungen und Gesetzen zum Trotz munter und vergnügt auf Barbados Handel trieben. Die Zuckerrevolution bestand nicht nur in der Hinwendung zum Zuckerrohr als bevorzugt angebauter Pflanze; sie ging auch einher mit einem Wandel der Besitzverhältnisse.

Eine Zuckerplantage mußte soviel Zuckerrohr produzieren, daß die Auslastung der teuren Zuckermühlen sichergestellt war. Der hohe Kapitalaufwand bei der Technisierung der Zuckerproduktion führte zum Verschwinden der vielen Kleinpflanzer, die bis dahin auf zahlreichen kleinen Pflanzungen diverse Früchte angebaut hatten. Während die vielen erfolglosen Pflanzer die Insel Richtung Heimat oder Nordamerika verließen, trat an ihre Stelle eine kleine Gruppe von Großgrund- und Sklavenbesitzern, die Zuckerrohr in Monokulturen anbauten und das Land unter sich verteilten. Gleichzeitig verschoben sich die Proportionen zwischen schwarzer und weißer Bevölkerung: Die Anzahl der Weißen auf Barbados war rückläufig, die Anzahl der schwarzen Sklaven stieg beständig. Der Sklavenhandel in der Karibik ist somit auch ein Indikator für die Situation der Zuckerwirtschaft.[188]

Auf Jamaika konnte man die strapaziöse Experimentierphase

vermeiden, die Barbados mit schweren Opfern hatte durchlaufen müssen. Dort konnte man auf spanische Vorarbeiten und barbadische Erfahrungen zurückgreifen und gleich in die Zuckerrohrproduktion einsteigen. Jamaika und vor allem Barbados entwickelten sich zu den englischen Zuckerkolonien des 17. Jahrhunderts. Sie konkurrierten mit ihren französischen Gegenstücken Martinique und Guadeloupe, bevor Haiti im 18. Jahrhundert den Löwenanteil einstreichen und zum größten Zuckerproduzenten der Welt aufsteigen sollte.

Die Produktion des Zuckers folgte in allen Kolonien den gleichen Regeln. Um konkurrenzfähig und profitträchtig zu sein, förderte der Zuckerrohranbau die Monokultur, woraus der Verzicht auf Selbstversorgung im Nahrungsmittelbereich resultierte. Alle Zuckerkolonien, egal ob unter französischer, englischer oder niederländischer Leitung waren auf externe Versorgung angewiesen. Gehorchte man den mutterländischen Vorschriften, bezog man den Nachschub aus dem eigenen Mutterland oder von Kolonien aus dem gleichen nationalen Stall. Üblich war jedoch ein lebhafter interkolonialer und transatlantischer Handel, der sich nicht um nationale Grenzen und Vorschriften scherte. Die Neuengländer lieferten Surinam Lebensmittel, Gebrauchsgüter und Pferde, die mit Zucker und Melasse bezahlt wurden; die Melasse wiederum kam nach New England, wo sie zu Rum verarbeitet wurde und in dieser hochprozentigen Version den Sklavenhandel in Afrika anregte. Die Konzentration auf den Zucker brachte für die Produzenten bestimmte Zwangsläufigkeiten: Der Anbau von Zuckerrohr und die Herstellung von Zucker erforderten ein präzises Zusammenspiel von Kapital (Pflanzmaterial, Anbau, Personalkosten, Maschinen, Ausstattung, Energieträger und Arbeitstiere), von Fachkenntnissen und Arbeitskraft. Zucker bedurfte der Plantagen, intensiver landwirtschaftlicher Pflege, einer hohen Anzahl von Arbeitskräften, ausgefeilter Technik und exakt kalkulierter Arbeitsabläufe bei dem Pressen des Rohrs, dem Erhitzen, Abkühlen und Klären der Melasse bzw. der Gewinnung des kristallinen Zuckers. Die Zuckerplantagen waren protoindustrielle Großbetriebe mit Arbeitsteilung unter Beachtung präziser Logistik. Ernte, Materialbereitstellung und die einzelnen Arbeitsschritte bei der Verarbeitung des Zuckerrohrs mußten exakt abgestimmt sein. Vor allem die körperlich schwere Arbeit in den Mühlen und Siedehäusern verlangte Präzision und Disziplin. Ein Zuckerpflanzer des 17. Jahrhunderts, der Barbadianer Thomas Tryon, hat eine anschauliche Beschreibung der Arbeitsatmosphäre in einer Zuckermühle hinterlassen:

»[...] es herrscht ein unablässiger Lärm und eine immerwährende Hitze, ... es ist heiß, und die Arbeit reißt niemals ab, die Bediensteten/die Sklaven stehen Tag und Nacht in großen Siedehäusern, wo sechs oder sieben riesige Kupferkessel ständig am Kochen gehalten werden, aus denen sie mit schweren Schöpfkellen und Schaumlöffeln die kotartigen Abfälle des Zukkerrohrs abschöpfen, bis es seine Vollkommenheit und Reinheit erreicht, während andere im Versuch die Öfen in Gang zu halten, gleichsam bei lebendigem Leib geröstet werden, ein Teil der Leute ist dauernd damit beschäftigt, die Mühle mit neuem Zuckerrohr zu füttern, Tag und Nacht, die gesamte Zuckersaison hindurch, die etwa sechs Monate im Jahr dauert ...«[189]

Arbeitsunfälle waren die Regel. Übermüdung infolge der körperlichen Überanstrengung und der großen Hitze in den Mühlen führten zu Verletzungen – Arbeiter liefen Gefahr, zwischen die Mühlwalzen zu geraten. Messer und Beile standen bereit, um im Ernstfall eingeklemmte Finger oder Arme abzutrennen.

Das 17. Jahrhundert gilt als vorindustrielles Jahrhundert; doch die Beschreibung des Zuckerrohrpflanzers erinnert stark an die menschenverachtenden Arbeitsbedingungen im frühindustrialisierten England des 18. Jahrhunderts. Die Zuckerbetriebe der Karibik im 17. und 18. Jahrhundert verbinden und unterscheiden zugleich ökonomische Systeme verschiedener Entwicklungsstufen. Mit dem Rückgriff auf Sklaverei standen sie noch dem europäischen Feudalismus nahe; mit der Hinwendung zu Massenproduktion, hohen Kapitalinvestitionen und aufwendiger Technisierung leiteten sie über zum Industriekapitalismus des späten 18. und frühen 19. Jahrhunderts. Außerhalb Europas entstanden unter europäisch-amerikanisch-afrikanischer Mitwirkung in Gestalt der karibischen Zukkerplantagen protoindustrielle Organisationsformen, die mancher zeitgenössischen Manufaktur Europas an Effektivität weit voraus waren. Zu untersuchen wäre, wie stark diese Produktionsformen

Europa beeinflußt haben. Die Frage liegt nahe, ob eventuell wesentliche Voraussetzungen der Industriellen Revolution Europas außerhalb Europas geschaffen worden sind.

Steigende Produktion von Zucker in Übersee und wachsende Nachfrage in Europa standen in einer Wechselbeziehung. Die Erwähnung der Importzahlen erübrigt sich, da sie nur Facetten, aber keine Gesamtsicht der tatsächlichen Produktion und des Verbrauchs liefern. Auch der Zuckerhandel fand das Interesse von Schmugglern, die allen staatlichen Handelsgesetzen und Raummonopolen von Handelsgesellschaften zum Trotz Zucker dort kauften und verkauften, wo sie den besten Markt fanden. Der beste Markt nach Ansicht der Schifferhändler, die für den Verkauf der Schiffsladungen von Zucker oder Melasse als Basis zur Rumproduktion verantwortlich waren, deckte sich nicht automatisch mit den Erwartungen der jeweiligen Leitung. Zuckerschmuggel erfreute sich großer Beliebtheit, so daß die Zahlenangaben der Forschung lediglich Richtwerte über legale Trends im Zuckerhandel bieten. Aufschlußreicher, aber gleichfalls mit Problemen behaftet, erscheinen Angaben über den Verkaufspreis von Zucker. Allerdings war der Zucker, der in Amsterdam, London, Bristol, Hamburg, Nantes, La Rochelle oder Bordeaux in den Handel ging und seine Endkonsumenten fand, nicht mehr in dem Zustand, in dem er in Bridgetown (Barbados), Paramaribo oder Kingston (Jamaika) aufs Schiff transportiert worden war: Der Rohzucker durchlief in Europa zusätzliche Veredlungsprozesse, in deren Verlauf er reiner, feiner, vor allem weiß und wiederum teurer wurde.

Zucker wurde schon aufgrund seiner weißen Farbe zu einem edlen Kultobjekt für den Frühbarock, der die Farbe Weiß verherrlichte und weiße Nahrungsmittel bevorzugte. Zucker wurde auch zum Pendant von Salz, ein ebenfalls extrem reines Nahrungsprodukt. So wie früher die Position des Salzfasses die Rangordnung an der herrschaftlichen Tafel symbolisiert hatte, so übernahm im 17. Jahrhundert Zucker die Funktion eines Statusspenders. Zahlreiche Zuckerraffinerien entstanden in den europäischen Handelsmetropolen, den Städten mit unmittelbarem Zugang zum Atlantik. Antwerpen hatte im Zuge der niederländisch-spanischen Kontroversen seit 1585 seine Stellung als Entrepôt eingebüßt; an die Stelle der

Scheldestadt trat Amsterdam. Begünstigt durch ihre Lage, ein kapitalstarkes Handelsbürgertum und Offenheit gegenüber erfolgversprechenden Wirtschaftszweigen, boomten dort in den 1650er bis 1660er Jahren die Zuckerraffinerien. 1662 gab es in Amsterdam circa 50 Zuckerraffinerien, etwa die Hälfte aller europäischen Betriebe dieser Art operierten allein in der Amstelstadt. Hinzu kamen circa 12 Betriebe in Rotterdam, Middelburg, Delft und Gouda. Die niederländischen Unternehmungen arbeiteten offenbar so gut und preiswert, daß englische und französische Zuckerimporteure ihren karibischen Rohzucker in die Niederlande brachten und dort raffinieren ließen. Ende des 17. Jahrhunderts kam es zu einer Art Flurbereinigung, doch 1700 arbeiteten noch immer 30 bis 34 Raffinerien im Stadtgebiet.[190]

Zwischen 1677 und 1687, ungeachtet wirtschaftlicher Engpässe in den Niederlanden, sank in Amsterdam der Zuckerpreis um 30 Prozent, während sich der Zuckerkonsum vervierfachte. Noch günstiger trotz Importe und Reimporte entwickelten sich die Preise in England. 1600 kostete ein Pfund Zucker in London 2 Shilling (= 24 pence); 1685 nur noch 8 Pence. Gleichfalls veränderten sich die Maßeinheiten und Mengen, in denen Zucker gekauft wurde: mit Zucker wurde nicht länger gekleckert, sondern geklotzt. Statt in kleinen, vorsichtig dosierten Mengen kaufte man Zucker in großen Stücken, in pfundschweren Zuckerbroten oder Zuckerhüten. Wie wertvoll Zucker dennoch auch im 17. Jahrhundert noch eingeschätzt wurde, sieht man daran, daß Zuckerhüte als passendes Geschenk für hochgestellte Persönlichkeiten betrachtet wurden.

Nach wie vor war Zucker ein Luxusartikel, der den Eliten vorbehalten war. Zucker diente als Medizin, als Würze, als Dekor und als Konservierungsmittel. Ein Nahrungsmittel war es nicht. Von besonderer sozialkultureller Bedeutung wurde Zucker zur Dekoration auf den Tafeln der Reichen. Wie Zucker zuvor benutzt worden war, um die Vorrangstellung des Monarchen zu zeigen, der solche kostbaren Produkte in Mengen zum Genuß bereitstellen konnte, funktionalisierten seit der Mitte des 17. Jahrhunderts die Reichen »Zuckerwerk«, die hochkomplizierten Kunstwerke der Zuckerbäcker für ihre Selbstdarstellung. Vergoldete Zuckerhirsche schmückten hochherrschaftliche Festmähler, die roten Bordeaux

»bluteten«, wenn Spielzeugpfeile auf sie abgeschossen wurden. Marzipanfiguren, Lebkuchenherzen, Lebkuchenhäuser oder Zukkerbrezel, heute saisongebundene Mitbringsel oder Kirmesartikel, stammten aus den Küchen der Reichen.[191] Lange wurden derartige kunstvolle Objekte in Schauessen der staunenden Öffentlichkeit gezeigt, bevor sich die Eßkultur unter französischem Einfluß langsam verfeinerte und Mahlzeiten zu kleinen, intimen Angelegenheiten wurden.[192] Die Wertschätzung des Zuckers beschränkte sich nicht auf die Oberschichten. Das Bedürfnis nach Süße, der süße Zahn, ist eine menschliche Grundorientierung – bereits Muttermilch zeichnet sich durch einen höheren Glukosegehalt als vergleichbare tierische Produkte aus. Zucker erfüllt nicht nur physiologische Bedürfnisse des Körpers, insofern als man seine Substanzen, vor allem Glukose, dringend zur Aufrechterhaltung der Körperfunktionen benötigt. Süße hat auch eine kulturell-gesellschaftliche Funktion. Die europäischen Sprachen sind voll idiomatischer Ausdrücke über die Verbindung von Süße und Emotionen, von Süße und Schönheit. Süße kann trösten, ablenken, beruhigen, stimulieren und aufbauen, sei es in seelischen Konfliktsituationen, sei es bei extremer körperlicher Belastung. Im Übermaß genossen führt Süße jedoch zur Abhängigkeit, zu Übergewicht oder Zahnproblemen.

Süße allein reicht den Feinschmeckern nicht immer – der Zucker brauchte einen Geschmacksträger, und eben dieser passende geschmackliche Rahmen wurde zeitgleich mit der Ausdehnung der karibischen Zuckerproduktion den Europäern zugänglich. Die Europäer entdeckten den arabischen Kaffee, den chinesischen Tee und die mexikanische Trinkschokolade. Alle drei Getränke erschienen dem europäischen Geschmack zunächst als bitter, ölig oder unangenehm – erst durch die Verbindung mit Zucker wurden diese exotischen Produkte für europäische Gaumen genießbar. Diese extravaganten Genüsse, die mit Alkohol konkurrierten, wollte man jedoch nicht nur zu Hause genießen wie der Londoner Tagebuchschreiber und Marinebürokrat Samuel Pepys, dem im Juni 1667 Tee noch relativ fremd war. Seine Frau trank Tee als Heilmittel auf Anraten ihres Apothekers. Pepys stand dieser Aktion zwar skeptisch gegenüber, war aber zugleich von Stolz gebläht, daß er seiner Frau eine solch teure Marotte erlauben konnte.[193] Man wollte seinen Wohlstand, seinen Modesinn und seine Weltgewandtheit demonstrieren, indem man öffentlich Tabak rauchte, kaute oder schnupfte und dazu aus chinesischen Porzellantassen oder der billigeren Delfter Kopie Tee oder Kaffee mit Zucker trank. Mitte des 17. Jahrhunderts entstanden auf dem Kontinent und in England die ersten Kaffee- und Teehäuser und damit ein neues Kommunikationsforum, das nachhaltigen Einfluß auf die politische Öffentlichkeit, die Diskussionskultur und das künstlerische Selbstverständnis ausüben sollte. Über den öffentlichen Genuß von gezuckerten Aufputschmitteln wie koffeinhaltigen Warmgetränken erweiterte sich die potentielle Konsumentenschicht. Der Konsum von Zucker und Tee in England, Zucker und Kaffee auf dem Kontinent sickerte in der Gesellschaft langsam von oben nach unten weiter. Der Zuckerkonsum bzw. die Bereitschaft und Möglichkeit, Zucker zu verbrauchen, kann somit als Indikator für gesellschaftliche Positionen und Veränderungen angesehen werden. Stanley Mintz hat dargelegt, wie der mit Zucker gesüßte Tee aus der Oberschicht im Laufe des 18. und frühen 19. Jahrhunderts die Unterschichten erst in der Stadt, dann auf dem Land erreichte. Das süße Gut, das in protoindustriellen außereuropäischen Betrieben in großen Mengen hergestellt worden war, diente seit dem 18. Jahrhundert zur Beruhigung, Stärkung und als identitätsstiftendes Nahrungsmittel der Industriearbeiter. Amerikanische Sklaven produzierten Genußstoffe für die europäischen Fabrikarbeiter, die durch die Versorgung mit dem emotional reich aufgeladenen Zucker nicht nur bei Laune gehalten wurden, sondern die im wesentlichen der glukosereichen, insgesamt eintönigen und fettarmen Nahrung den Erhalt ihrer stark strapazierten Arbeitskraft verdankten. Gesüßter warmer, relativ dünner Tee mit einem Marmeladenbrot, wobei die zuckerhaltige Marmelade in England zu den ersten industriell gefertigten Nahrungsmitteln zählte, war zumeist die einzige warme Mahlzeit, die außer Haus tätigen Arbeitern zugänglich war. Warmer Tee erleichterte die eintönige Arbeit. Teepausen strukturierten den langen Arbeitstag und befriedigten die Wünsche der Arbeiter, die oppulenten *High teas* der Oberschichten nachzuahmen und damit eine scheinbare

Gleichstellung zu erreichen. Zugleich waren es die schnellbereiteten zuckerhaltigen Mahlzeiten, die Frauen und Kinder zu Hause mit dringend nötigen Kalorien versorgten, während das sonntägliche Fleischstück und rares Fett als Geschmacksträger den Männern vorbehalten blieben. Es finden sich erste Ansätze einer geschlechtsspezifischen Ernährung, die das Barockzeitalter noch nicht gekannt hatte: Zuckersüßes Konfekt, dessen Üppigkeit noch heute auf seine barocken Ursprünge verweist, und Tabakspfeife bzw. Schnupftabak hatten im 17. Jahrhundert beide Geschlechter gleichermaßen erfreut.

War Zuckerkonsum vom 11. bis zum 17. Jahrhundert in Westeuropa ein Symbol für Macht, Reichtum und Einfluß gewesen, so verkam der massenhafte Zuckerkonsum seit der zweiten Hälfte des 18. Jahrhunderts zu einem Indiz von Ohnmacht, Armut und Abhängigkeit. Eine Umkehr der Werte fand statt. In dem Moment, da bestimmte Ernährungsprodukte wie Zucker im Preis sanken und jedem Konsumenten zugänglich waren, verloren sie bei den Oberschichten ihren Statuswert und wurden verpönt. Eine Gegenbewegung setzte ein. Während die Oberschichten ihren Zuckerkonsum reduzierten, wurde Zucker zu einem wichtigen Kalorienspender der Unterschichten, die nun ihren eigenen gesellschaftlichen Status auch über den reichlichen Genuß von Zucker definierten.

Die Konzentration der breiten Masse auf zuckerreiche Ernährung und ihre wachsende Abhängigkeit von der Droge Zucker in fester und flüssiger Form beeinflußte in bestimmter Weise die europäische Wirtschafts- und Kolonialpolitik. Die englisch-französischen Auseinandersetzungen des 18. Jahrhunderts waren auch Kriege um die karibischen Zuckerinseln und damit ein Kampf um die Kontrolle über den europäischen Zuckermarkt. Das Zuckerrohr hat nicht nur die amerikanische Landschaft verändert, Afrika seiner Menschen beraubt und das amerikanische Rassenspektrum erweitert, amerikanischer Zucker prägte nicht nur europäische Ernährungsgewohnheiten und Schönheitsideale, bereicherte Kaufleute, Sklavenhändler, Industrielle und Zahnärzte und half bei der Anpassung der Arbeiterschaft an die Arbeitsbedingungen der Industrialisierung – die wirtschaftlichen Interessen der Zuckerhändler, das *West India Interest*, gewannen Einfluß auf die Londoner Politik und waren somit an der britischen Haltung gegenüber Frankreich, dem Konkurrenten in Sachen Zucker, maßgeblich beteiligt.

Ein kurzes Fazit zum Zucker: kleine Ursache, große Wirkung mit tiefgreifenden wirtschaftlichen, sozialen, kulturellen und politischen Konsequenzen für Europa und Amerika.[194] Stanley Mintz faßt die Bedeutung des Zuckers knapp zusammen: »Die erste Tasse gesüßten heißen Tees, die von einem englischen Arbeiter getrunken wurde, war ein bedeutsames historisches Ereignis, weil es die Transformation einer ganzen Gesellschaft, eine völlige Neugestaltung ihrer ökonomischen und sozialen Basis urbildlich vorwegnahm.«[195]

Der Mais

Fungierte Zucker als heiß begehrter, seit 1750 massenhaft konsumierter zusätzlicher Kalorienspender in Form von Süßigkeiten (Pies, Puddings, Trifles, Charlotten), Getränken (Rum), Teigwaren, Salaten, Fleischgerichten oder Suppen – in praktisch allen Nahrungsmitteln, die Menschen vertilgen konnten –, so wurden Mais und Kartoffeln in bestimmten europäischen Gebieten zu eigenständigen Hauptnahrungsmitteln bzw. gelegentlich zum einzig verfügbaren Nahrungsmittel, das Kalorien, Vitamine und eine Ahnung von Sättigung geben konnte. Mais und Kartoffeln liefern Kohlenhydrate wie Getreide, zum Beispiel Weizen, Roggen, Hafer oder Gerste. Im Gegensatz zu Getreide und Getreideprodukten ist ihr Kaloriengehalt in Relation zur Anbaufläche höher als der von Getreide bei gleichen Produktionsflächen.

Mais gehörte zu den altamerikanischen Nahrungsmitteln, die fast alle Indianervölker kannten, selbst anbauten oder durch Tausch erhandelten. Mais bildete z. B. bei den Irokesen der Nordostküste Nordamerikas eine Komponente der von ihnen hochgeschätzten Kulturpflanzentrias, den sogenannten drei Schwestern: Mais, Bohnen und Kürbisse. Bei dieser gängigen Kombination wurde der Mais zuerst gepflanzt und diente praktischerweise den Bohnensprossen als ideale Kletterstange. Die Kürbisse wuchsen zwischen den Maisstangen und vervollständigten die Symbiose, indem sie mit ihren breiten, schattenspendenden Blättern den Boden feucht hielten, wodurch dem Mais die für sein Wachstum nötige Feuchtigkeit erhalten wurde. Über die Entstehung des Mais, einer bei allen indianischen Völkern hochverehrten Pflanze, kursieren zahlreiche Legenden und Mythen. So glaubten die südöstlichen Indianerstämme Nordamerikas, die Miccosuke in Florida und Alabama, der Mais sei aus den Gräbern von Kindern gewachsen, die von ihrer Mutter getötet worden seien, da sie ein Geheimnis der Mutter entdeckt hatten. Die Söhne hatten gesehen, wie ihre Mutter Haut von ihrem Körper abgerieben, zu Kügelchen geformt und daraus eine köstliche neuartige Speise bereitet hatte. Hier trat klar die enge Verbindung zwischen Frauen und der Maispflege zutage. Bei dem Großteil der nordamerikanischen Indianervölker waren Frauen für die Landwirtschaft und Produktion der Nahrungsmittel zuständig. Die mittelamerikanischen Hochkulturen hingegen betrachteten bestimmte männliche Götter als Quelle, deren Wohlwollen die Menschen den Mais verdankten. Durch Opfer wollten die Azteken ihre Dankbarkeit beweisen, die Götter preisen und weiterhin gute Maisernten erhalten.

Bereits Columbus hatte mit Mais Bekanntschaft gemacht. Cortés hatte sich in Mexiko von Maisfladen ernährt. Es gehörte zum Standardprogramm nachfolgender Reisebeschreibungen und Expeditionsberichte von Europäern quer durch alle Schichten und Nationen, auf den indianischen Umgang mit Mais hinzuweisen. Besonders aufschlußreiche Einblicke in die Agrarproduktion der Mohawks etwa gewährt der Reisebericht des Neuniederländers van den Bogaert aus den Jahren 1634/1635.[196]

Angesichts der Beachtung, die die meisten Europäer in Amerika dem Mais entgegenbrachten, überrascht es nicht, daß Mais schon früh nach Europa kam. Auf der Überfahrt verlor er allerdings sein Ansehen. In Europa angekommen, fand er nicht das Wohlwollen der Oberschichten, sondern weckte das Interesse der bäuerlichen Bevölkerung Europas. Ein ungewöhnlicher Prozeß für einen Artikel, den man dem königlichen Vorpreschen in ferne Welten verdankte. Zuerst landete er den spanischen Verkehrsrouten entsprechend in Andalusien und wanderte nach Kastilien und Katalonien. Mit einiger Verzögerung erreichte der Mais 1520 Spaniens

Konkurrenten Portugal. 1523 fand man ihn in Südwestfrankreich. Seit den 1530er Jahren begann sein Anbau außerhalb der Iberischen Halbinsel und der Pyrenäen. Über Oberitalien, die Lombardei und Venetien erreichte er den Balkan, Ungarn, Rumänien und das Donaumündungsgebiet, von dort aus gelang dem Mais um 1650 schließlich der Sprung nach Asien. Der Vormarsch des Mais erfolgte völlig ungezielt, ohne staatlichen Zwang zumindest innerhalb der ersten 150 Jahre. Die Forschung fragt zu Recht, warum sich die südeuropäischen Bauern dieser neuen, von daher eigentlich potentiell riskanten Pflanze annahmen. Möglicherweise war es Neugierde, möglicherweise war es Pioniergeist, der dem Mais eine Nische zwischen Getreide und Reis bot. William McNeill und Massimo Montanari lehnen diese Erklärungen ab, da sie der prinzipiell konservativen Wirtschaftspraxis bäuerlicher Kleinbetriebe widersprächen. Statt dessen verweisen sie auf die Art, in der dieser frühe Maisanbau erfolgte. In dieser Phase wurde der Mais nicht anstelle anderer Feldfrüchte auf Äckern angepflanzt, sondern auf den Gartengrundstücken der Bauern. Damit unterlag der Mais nicht der Besteuerung und Abgabepflicht an den Grundherren, sondern allein der Bauer oder sein Vieh kamen in den Genuß der noch unüblichen und damit steuerlich nicht erfaßten Körner. Der Maisanbau in Südeuropa resultierte also aus existentieller Notwendigkeit und wurde durch die klimatischen Gegebenheiten begünstigt. Erst im 18. Jahrhundert entdeckten die Grundeigentümer den Mais, verlangten seinen Anbau auf Feldern und die entsprechenden Abgaben. Prompt wehrten sich die Bauern – sie wehrten sich jedoch nicht gegen den Mais, sie wehrten sich gegen das adelige Recht, den Mais zu besteuern.[197] Zu dem Druck der Grundherren kamen die Hungersnöte, wobei Mais einen Ausweg aus der kritischen Ernährungslage bot. Gerade auf dem Balkan tauchte der Mais nach 1740/41 im Feldanbau neben Hirse- und Gerstekulturen auf. Maisbrei trat neben Zwieback und dünne Breie aus Gersten- und Hirsemehl. So wurde die *Polenta* geboren, die man als nahrhaft und sättigend empfand, die allein zur Ernährung jedoch nicht genügte. Ihr Defizit an bestimmten Säuren und für den menschlichen Organismus lebensnotwendigen Vitaminen führte zur *Pellagra*, einer Mangelkrankheit, die Wahnsinn und schließlich den Tod brachte. Erste Pellagrafälle fanden sich seit 1730 in Spanien; wenige Dekaden später wurden sie zu einer häufigen Krankheit der ländlichen Bevölkerung in Südfrankreich, Oberitalien und auf dem Balkan. Die Ausweitung der *Pellagra* war eine Folge der Verbreitung des Maisanbaus. Die Hinwendung zum Mais besaß die Konsequenz, daß ungeachtet des Geschmacksverlusts die lange Haltbarkeit von Mais die Besiedlung und Nutzung bis dahin lebensfeindlicher Räume in den Bergen des Balkans und Griechenlands ermöglichte. McNeill verweist auf eine weitere, langfristige Konsequenz, die sich aus der Eroberung der Bergzonen dank des Rückgriffs auf Mais ergeben habe. Trotz des Krankheitsrisikos wuchs die Bevölkerung z. B. in Griechenland und in Serbien gerade in den Bergdörfern, die vor türkischen Repressalien sicherer waren als die Stadtbevölkerung in Küstennähe. Die Bergbevölkerung nutzte, so McNeill, ihre Rückzugsmöglichkeiten zu plötzlichen Attacken gegen die türkische Besatzungsmacht. Die solcherart erreichten Verschiebungen im Machtgefüge sollen der griechischen Freiheitsbewegung den Boden bereitet haben, die schließlich von 1821 bis 1828 mit Duldung der meisten europäischen Großmächte zum Ausbruch kam.[198]

Im Gegensatz zu den Indianern, die den Mais in einem solchen Maße verehrten, daß sie seinen Ursprung auf Magie und göttliche Einwirkung zurückführten, behandelten die Europäer den Mais eher stiefmütterlich. Von den Grundherren lange übersehen, von den Bauern verborgen, gewann er kein Prestige. Alle anderen amerikanischen Importartikel erfreuten sich, so lange sie rar und von daher teuer waren, zunächst der Hochachtung der Oberschichten – nicht so der Mais: Er war die Frucht der Bauern und stand im Ruf ärmlicher Nahrung. Lange blieb der Maiskonsum auf das bäuerliche Milieu beschränkt. Als die *Polenta* mit den ländlichen Wanderarbeitern in die Städte Griechenlands, Serbiens und Oberitaliens kam, wurde sie zur Speise der armen urbanen Unterschichten. Ihr bescheidenes Image hat die *Polenta* bis weit ins 20. Jahrhundert behalten; der Begriff »Polentaesser« wurde zum Schimpfwort in den Auseinandersetzungen zwischen Nord- und Süditalien. Waren die Norditaliener »Polentaesser«, so galten die Mittel- und Süditaliener als »Maccaroniesser«. Gemeinsam ist beiden, daß kohlenhydratreiche Kost das Zentrum ihrer Ernährung ausmachte. Erst im 20. Jahrhundert sollten diese Nahrungsmittel an den Tellerrand rücken und dank verbesserter Vorratshaltung und Transportbedingungen anderen Produkten wie Fisch, Fleisch oder Gemüse, zum Teil altamerikanischen Ursprungs wie Tomaten, Peperoni oder Paprika Platz machen. Die geringe Wertschätzung, die der Mais in europäischen Küchen fand, zeigt sich auch daran, daß er in den Kochbüchern der feinen mediterranen Küche keine Spuren hinterlassen hat. Finden sich dennoch Hinweise auf Maisverwendung, so sind es Rezepte, die auf Traditionsbewußtsein, Nostalgie und Verklärung bäuerlicher Lebenswelten von Städtern beruhen.

Die Kartoffel

Auch die Kartoffel verdankte Europa spanischer Vermittlung. Ihre Verbreitung innerhalb Europas schien zunächst der des Mais zu gleichen; dauerhaft ging der Kartoffelanbau in Europa in andere Richtungen. Bereits kurz nach der Eroberung Perus und Chiles übernahmen die Spanier die Kartoffel, indem sie sie als billige Nahrung für die Besatzung der Küstenschiffahrt verwandten. Dummerweise mangelte es ihnen an Geschick im Umgang mit den Knollen, und sie kapitulierten vor den Schwierigkeiten der sachgerechten Lagerung. Aus Peru brachten die Spanier die Kartoffel nach Hause, wo sie offenbar früh angebaut wurde. Trotz der schnellen Übernahme fand sie wenig Resonanz bei den Oberschichten, die neuen Artikeln durch ihren Zuspruch Prestige verleihen und somit die Nachfrage ankurbeln konnten. 1573 erschien die Kartoffel auf den Rechnungslisten eines Hospitals in Sevilla: Man nutzte die Kartoffel als Nahrungsmittel, jedoch schätzte man sie anscheinend so gering bzw. war sie so preiswert, daß man sie bei der Ernährung größerer Gruppen Kranker und Pflegebedürftiger einsetzte.

Ein kurzes Zwischenhoch erlebte die Kartoffel, als sich Botaniker ihrer annahmen. 1597 veröffentlichte der englische Botaniker John Gerard seine Arbeit »Herball or generall historie of plantes«, in der er die Kartoffel ausführlich beschrieb und seine Ausführungen mit einer Abbildung der blühenden Pflanze mitsamt Wurzelknollen ergänzte. Er pries ihre geschmacklichen Qualitäten und empfahl die Knollen als wirkungsvolles Aphrodisiakum. Damit stellte er die Kartoffel auf eine Ebene mit anderen exotischen Importen wie der Tomate. Auch der Tomate sprach man stimulierende Qualitäten zu. Folglich nannte man die Tomate auch »Liebesapfel«; vielleicht spielten die Bezeichnungen »Ardappel« oder »Erdapfel« für die peruanische Knolle auf diese ähnliche Anwendung an. Unter dem Begriff »Erd-Aepffel« findet man in der wichtigen deutschsprachigen Enzyklopädie des 18. Jahrhunderts, in dem sogenannten »Zedler« (Halle/Leipzig 1732–1754), einen Kommentar zur Kartoffel. In einem umfangreichen Eintrag äußert sich dieses Sprachrohr der deutschen Aufklärung detailliert über die Qualitäten der Kartoffel als Nahrungsmittel und Arznei. So nennt es Rezepte für zahlreiche Kartoffelgerichte, die für heutige Geschmäcker überraschende Verbindungen von Gewürzen und Zutaten aufweisen: So werden die giftigen Triebe des Nachtschattengewächses als hervorragendes Abtreibungsmittel beschrieben. Zugleich durchbricht es die streng wissenschaftlichen Ausführungen, indem auf magische Vorstellungen in Verbindung mit der Kartoffel verwiesen wird. Der aufklärerische Geist erläutert ausdrücklich, die Kartoffel müsse – wolle man gute Ernten erzielen – im Mondenschein gepflanzt werden.[199]

Dank der anregenden Wirkungen, die der Kartoffel, der »falschen Trüffel«, zugesprochen wurden, entwickelte sie sich vorübergehend zu einem Modeartikel der Oberschichten. Als sie die hochgesteckten Erwartungen nicht erfüllte, ließ man sie fallen »wie eine heiße Kartoffel« und überließ ihr weiteres Schicksal anderen Bevölkerungsgruppen mit anderen Sorgen. Die Kartoffel wanderte nach Frankreich, erreichte vermutlich Anfang des 17. Jahrhunderts die Spanischen Niederlande, das heutige Belgien, die Britischen Inseln und um 1651 Brandenburg. Europa war somit in zwei Zonen kohlenhydratreicher Kulturpflanzen geteilt: Nördlich der Linie von Pyrenäen und Alpen verbreitete sich allmählich die Kartoffel; im mediterranen und südosteuropäischen Raum dominierte der Maisanbau. Wie der Mais wurde die Kartoffel in dieser Phase noch überwiegend als Gartenbaufrucht angebaut – mit einer Ausnahme: Irland. Die Gründe für die Hinwendung dieser Gebiete zur Kartoffel sind schnell genannt. Zum einen begünstigen Klima und Bodenbeschaffenheit ihren Anbau, zum anderen galt die Kartoffel als ein krisenfestes Gewächs in einer von Hungersnöten und Kriegen erschütterten Zeit. Im 17. und 18. Jahrhundert bildeten in West- und Nordwesteuropa Kriege die Regel, Frieden die Ausnahme. Ein elsässisches Dokument verweist auf den angesichts dieser Zustände besonders großen Vorzug der Kartoffel: »Die Kartoffel ist den Verheerungen des Krieges niemals ausgesetzt.«[200] Reifes Getreide mußte geerntet und in Scheunen und Getreidespeichern gelagert werden. In Friedenszeiten waren Getreidevorräte das Ziel für Steuereintreiber, im Krieg weckten sie die Begehrlichkeiten hungriger Truppen. Entweder wurden die Vorräte geplündert oder offiziell von der Regierung gegen Zahlungsanweisungen requiriert – die Folgen waren für die Bevölkerung identisch: sie waren ihrer Nahrungsmittel beraubt und litten Hunger. Kartoffeln jedoch mußten nicht im Herbst geerntet und gelagert werden. Sie blieben im Boden und wurden nach Bedarf verlesen; Soldaten machten sich nur selten die Mühe, Kartoffeln zu ernten, so daß mit einem bestimmten unterirdischen Vorrat an Kartoffeln eine gewisse Aussicht bestand, kriegsbedingte Verwüstungen und Plünderungszüge zu überstehen.[201]

Die Kartoffel bot Sicherheit. Ihr Genuß bescherte keine Mangelkrankheiten, ganz im Gegenteil ist ihr ernährungsphysiologischer Wert beachtlich. Ohne Kenntnis der biochemischen Substanzen, aber in Hoffnung auf die Eitelkeit ihres Publikums verwiesen Propagandisten des Kartoffelanbaus auf die Wirkung der Kartoffel: Die Kartoffelesser seien »wunderschöne Menschen, stark und vollkommen gesund«.[202] Im Gegensatz zum Mais fand die Kartoffel Eingang in die frühneuzeitlichen Kochbücher, was ihre beginnende Hochschätzung und Neuentdeckung durch herrschaftliche Schichten dokumentiert. Ihr Anbau verlangte relativ wenig Kapital, wenig Technik, aber viel Sorgfalt und Arbeitsaufwand bei der Ernte. Ihre relativ geringe technische Anspruchslosigkeit, gekoppelt mit dem Bedarf nach billigen Arbeitskräften, begründete ihre Vorrangstellung in Irland. Auf der grünen Insel entstand seit Mitte des 17. Jahrhunderts eine zweigeteilte Wirtschaft. Irische Bauern und Landarbeiter produzierten Fleisch und Molkereiprodukte, die jedoch weitgehend den zahlungskräftigen englischen Konsumenten vorbehalten waren. Sie selbst lebten von einer jämmerlichen Kost auf der Basis von Kartoffeln, Kohl, Buttermilch, Bier oder Tee und Zucker. Fleisch fand sich nur selten auf irischen Tellern. Die einseitige Ausrichtung der Iren auf Kartoffeln führte im 19. Jahrhundert zur Katastrophe, als Virenkrankheiten und Ungeziefer wiederholt ganze Kartoffelernten vernichteten. Hungersnöte und Massensterben der armen Bevölkerung waren die Folge, der sich viele nur durch Auswanderung nach Amerika, der Heimat der Kartoffel und der Kartoffelkäfer, entziehen konnten.

Im Deutschland des 18. Jahrhunderts wurde der Kartoffelanbau zwar von staatlicher Seite zum Beispiel in Preußen vehement gefördert, aber die Kartoffelbefürworter hatten einen schweren Stand gegenüber den Anhängern des Getreideanbaus. Anfangs wehrten sich preußische Bauern gegen diese neuartige Frucht, die so ganz und gar nicht in den traditionellen Rhythmus der Dreifelderwirtschaft paßte und lediglich in Gärten angebaut wurde. Seit den Hungerjahren im Gefolge des Siebenjährigen Kriegs (1756–1763) änderte sich die Einstellung, und die Kartoffel erntete die ihr gebührende Anerkennung. Spätestens im 19. Jahrhundert waren sämtliche Bedenken vergessen, und Kartoffelfelder boten ein selbstverständliches Bild. Auch in Deutschland sollte die Kartoffel wichtige Impulse auf die Verbesserung der allgemeinen Ernährung, auf die Arbeitskraft und damit auf die Industrialisierung ausüben. Gesteigerter Kartoffelanbau, Sinken der Sterblichkeitsraten, Bevölkerungswachstum und Industrialisierung erfolgten gleichzeitig und standen in einer Wechselwirkung, ohne daß man über deren Art exakte Aussagen machen kann. Kartoffeln liefern mehr Kalorien pro Einheit als Getreide, d. h., Kartoffeln erfüllten schneller als Zerealien mit geringerem Flächenbedarf die Nahrungsbedürfnisse einer stetig wachsenden Bevölkerung, die Arbeit in den Fabriken fand. Die Veränderungen in der Landwirtschaft und der Nachfragestrukturen schufen damit seit dem frühen 19. Jahrhundert in Deutschland einige der Voraussetzungen für den Ausbau einer Industriegesellschaft, die sich schließlich im wirtschaftlichen Profitrausch an ihren hochfliegenden Vorstellungen imperialistischer Großmachtpolitik übernehmen sollte.[203]

Tabak gehörte auch zu den Pflanzen, die erst im Zuge der Entdekkung und Eroberung Amerikas den Europäern bekannt wurden. Tabak war ein genuin amerikanisches Produkt, und sein Konsum war tief in den indianischen Kulturen Mittel- und Nordamerikas verwurzelt. Die Maya und Azteken gebrauchten die Blätter der Tabakpflanze zu kultischen, medizinischen und gemeinschaftsstiftenden Zwecken. In ihren Gesellschaften scheint der Genuß des Tabaks ein Privileg der Priesterschaft gewesen zu sein. Ihre Priester nutzten die narkotische Wirkung des Rauches der weitgehend unbehandelten, frischen Tabakblätter, um sich selbst in Trance zu versetzen und den Gläubigen den Eindruck zu vermitteln, sie, die Priester, stünden in Kontakt zu den Göttern. Diesen Zustand, dessen Besonderheit durch den intensiven Rauch und Geruch des Tabaks verstärkt wurde, nutzten sie auch, um ihre eigene Position zu festigen. Sie fungierten als Orakel, um Weissagungen über glückliche oder unglückliche Resultate künftiger Kämpfe und Kriege zu geben.

In ähnlichen Konstellationen kannte auch die Alte Welt den Umgang mit stark duftenden, rauchenden und berauschenden Stoffen. Schon bei den Ägyptern und im Pharaonenkult bediente man sich des Feuers und des Rauches, um seiner Verehrung göttlicher Wesen Ausdruck zu verleihen. In der Bewegung des aufsteigenden Rauchs verbanden sich menschliche Erde und göttlicher Himmel. Damit die Priester den beizenden Qualm und stinkenden Rauch besser ertragen und gleichzeitig die große Bedeutung ihrer Tätigkeit unterstreichen konnten, gaben sie wohlriechende, überaus wertvolle Essenzen ins Feuer, z. B. eine Mischung verschiedener Harze, Gewürze und getrockneter Blüten – damit begann der Aufstieg des Weihrauchs zum kostbaren Kultobjekt. Mit dem Volk Israel, das die ägyptische Gefangenschaft verließ, fand er seinen Weg in die Bibel. Sowohl im Alten wie im Neuen Testament spielt Weihrauch bei der Verehrung eine bedeutsame Rolle, Rauchaltäre gehörten zum Standardequipment jüdischer Tempel, und die Heiligen Drei Könige ehrten mit ihren wertvollen Gaben Gold, Weihrauch und Myrrhe Christus als König der Juden.

Griechen und Römer blieben der mediterranen Wertschätzung für Rauchgaben treu. Im Orakel zu Delphi und bei römischen Opfergaben gebrauchte man gleichfalls Weihrauch oder Lorbeer zur Schaffung berauschenden Rauchs, um in Trance zu verfallen und durch geschickte Inszenierung die Mystik des Moments zu steigern. Den katholischen Spaniern dürfte die Idee, Rauch als Teil des religiösen Kults zu sehen, nicht unbekannt gewesen sein. In der katholischen Liturgie, etwa bei Festgottesdiensten, bildet Weihrauch eine besondere Komponente, und die Kostbarkeit der Weihrauchkessel reflektiert die Wertschätzung. Allerdings wollten oder konnten sie die Parallelen zwischen der eigenen und der aztekischen Form religiöser Verehrung nicht erkennen.

Bei den Azteken fungierte Tabak nicht nur als Element der Götterverehrung, man sah auch dessen praktischen Nutzen. Priester agierten als Heiler. Sie sprachen dem Tabak aufgrund seiner Nähe zu den Göttern auch Heilkraft zu: Tabakblätter wurden auf offene Wunden gelegt, ihr Rauch wurde als Medizin gegen Brustkrankheiten inhaliert, oder ein Saft aus Tabakblättern sollte gegen Kopfschmerzen helfen. Auch die kulturell weniger entwickelten Arawaken benutzten den Tabak als religiöses und heilendes Mittel, aber sie betrachteten Tabak als ein Genußmittel, das nicht ihren *Kaziken* vorbehalten war, sondern von allen Gruppenmitgliedern konsumiert werden konnte. Vielfach wurde der Tabak bereits kultiviert. In den Sprachen der mittelamerikanischen Indianer existierten mehrere Bezeichnungen für das Kraut. Das Wort »Tabak« ist vermutlich eine spanische Verballhornung eines Worts aus der Sprache der Arawaken oder Azteken. Lange glaubte man, das Wort »Tabak« stehe in Zusammenhang zu der Provinz Tabasco in Mexiko. Dort wurde Tabak seit langer Zeit angepflanzt, und es gibt Hinweise auf Handelsbeziehungen zwischen den Antillen und Yukatan, wodurch Produkt samt Bezeichnung im karibischen Raum Verbreitung gefunden haben könnten. So vielfältig wie Motivation und Anlässe zum Tabakkonsum der Indianer, so vielfältig waren die Formen ihres Tabakkonsums. Bereits Columbus war auf seiner ersten Fahrt mit Tabakblättern in Kontakt gekommen und hatte diesem Gut nichts abgewinnen können. Erst nachdem ihm wiederholt Arawaken bei der ersten Kontaktaufnahme Tabakblätter geschenkt hatten, registrierte er, daß sie einen Wert besitzen mußten, da sie stets mit feierlichem Gebaren überreicht wurden. Er bemerkte, ohne sich wirklich für die Gebräuche zu interessieren, daß diese Blätter offenbar bei den Arawaken als Delikatessen galten.[204]

Zwei Späher, Rodrigo de Jerez und Luis de Torres, die Columbus im November 1492 abkommandierte, um das Innere von Kuba zu erforschen und Goldlager zu entdecken, fanden zwar kein Gold, dafür beschrieben sie eine Form des Umgangs mit den unbekannten Blättern: Die Arawaken trügen trockene Blätter, die sie an glühenden Steinen entzündeten und mit denen sie sich und die Fremden parfümierten. Tatsächlich aber praktizierten die Taino auf Kuba das gleiche Ritual wie wenige Jahre später die Waldindianer am St. Lorenzstrom gegenüber Jacques Cartier. Die Indianer, die Rauch durch den Mund einsogen und durch die Nase ausatmeten, wodurch ihre Nasen wie die »Schornsteine von Häusern« wirkten, bliesen den Rauch gegen die Fremden, eine Mischung aus Ehrenbezeugung, Demutsgebärde und Einbeziehung in die Gruppe.[205]

Es ist nicht bekannt, ob Columbus Isabella und Ferdinand von den Tabakblättern berichtete; vermutlich erschienen ihm die braunen Blätter allzu unbedeutend und unspektakulär – gleichwohl müssen Heimkehrer aus seinem Gefolge Tabak nach Spanien gebracht haben. Rodrigo de Jerez, der 1492 bei der Erkundung Kubas teilgenommen hatte, kehrte als überzeugter Raucher nach Andalusien zurück. Als ihn seine Familienangehörigen in Ayamonte aus Mund und Nase qualmen sahen, erschraken sie und glaubten, der Teufel sei in ihn gefahren. Sie riefen den Pfarrer, der sich an die Inquisition wandte. Jerez mußte sich zwar keinem Exorzismus unterziehen, statt dessen wanderte er für Jahre in den Kerker. Während er dort für seine Rauchleidenschaft bitter büßen mußte, wurde der Tabak allmählich in Spanien bekannt, wobei Hofbedienstete wie Gonzalo Fernandez de Oviedo y Valdes ungewollt zur Bekanntheit des Tabaks beitrugen. Schon in seiner Beschreibung von 1526, der »historia general y natural de las Indias« klingt die Ambivalenz an, mit der Europäer dem Tabakkonsum begegnen sollten. Die Reaktionen schwankten zwischen Begeisterung und Ablehnung:

»Die Indianer übten unter anderen Lastern ... ein sehr schädliches, das darin besteht, eine Art Rauch zwecks Betäubung in sich aufzunehmen, den sie Tabacco nennen ... Die Kaziken nahmen hierzu ein gegabeltes Rohr in Form eines Y, gaben die beiden Gabelenden in die Nasenlöcher und das Rohr in ein angezündetes Kraut. In dieser Weise zogen sie dann den entstehenden Rauch ein-, zwei-, drei- oder viermal ein, soviel sie eben vertragen konnten, bis sie bewußtlos wurden und, wie berauscht auf der Erde hingestreckt, in einen schweren und sehr tiefen Schlaf verfielen.
Die Indianer, welche jene Hölzer nicht bekommen konnten, nahmen den Rauch mittels eines Binsenrohrs ... Die Indianer schätzten dieses Kraut sehr und pflanzten es in ihren Obstgärten oder auf ihren Farmen ... Ich [Oviedo] kann mir nicht vorstellen, welches Vergnügen eine solche Handlungsweise bereitet ... Ich weiß, daß einige christianos es schon gebrauchen, besonders einige, welche von der Lues [Syphilis] betroffen sind, denn sie sagen sich, daß sie in jenem verzückten Zustande die Schmerzen ihrer Krankheit nicht fühlen, und es scheint mir, daß der, der solches tut, nichts anderes macht, als sich lebendig in Todesschlaf zu versetzen, was ich für schlechter halte als den Schmerz ...«[206]

Bartolomé de Las Casas beschrieb ein Jahr später eine andere Variante, die Wirkstoffe des Tabaks aufzunehmen:

»Die Pflanze, deren Rauch die Indianer einziehen ... ist wie eine Art Stutzen oder Fackel in ein trockenes Blatt hineingestopft ... Die Indianer zünden es auf der einen Seite an und saugen oder schlürfen am anderen Ende, indem sie den Rauch beim Atmen innerlich einziehen, was ihren ganzen Körper in gewissem Sinne einschläfert und eine Art Trunkenheit hervorruft. Sie behaupten, daß sie dann keine Müdigkeit mehr empfänden. Diese ... Tabaccos ... sind auch schon bei den Ansiedlern in Gebrauch. Ich habe mehrere Spanier auf der Insel Hispaniola gesehen, die sich dieser Dinge bedienten und, als man sie wegen solch häßlicher Gewohnheit tadelte, antworteten, daß es ihnen nunmehr unmöglich sei, diese wieder abzulegen.«[207]

Auf seiten der Obrigkeit, der weltlichen wie der geistlichen, wurde der Tabak im 16. Jahrhundert und bis in die Mitte des 17. Jahrhunderts aufgrund seiner indianischen Herkunft als gefährliches Teufelswerk oder als Wegbereiter von Müßiggang, Verschwendung und Dummheit verdammt. Während sich amerikanischer Tabak und der Anbau von Tabak über Spanien erst im Mittelmeerraum bis in die Türkei, dann über Frankreich in die Niederlande, Deutschland und England ausbreiten sollte, wetterten die europäischen Herrscher und Kirchenoberen gegen dieses Mittel amerikanischer Einflußnahme. Gewissermaßen wertete man den Tabak als indianische Variante der Pandorabüchse, als eine Form indianischer Rache für die europäische Kolonisation – offenbar hatte man seine Skrupel wegen der Behandlung der Indianer nicht gänzlich unter einen Teppich von Missionsauftrag, Paragraphen und Traktaten kehren können. 1650 erklärten besonders sittenstrenge katholische Theologen, das Rauchen, zumal während des Gottesdienstes – ein beliebter Zeitvertreib der Kirchgänger –, sei eine Todsünde. Andere katholische Hardliner meinten, das Rauchen sei eine Erfindung des Teufels, der mit den Indianern in Amerika einen Pakt geschlossen habe, damit diese mit Hilfe des Tabaks dem Teufel die Seelen der Christen zuschanzen könnten.[208] Weniger religiös als volkswirtschaftlich motiviert, formulierte der Amerikakenner Alexander von Humboldt Ende des 18. Jahrhunderts sein Urteil über den Tabak: »Zwei Pflanzen von großer Bedeutung sind von Amerika zu uns herübergekommen, die eine zum Segen, die andere zum Verderben. Die Segenspflanze ist die Kartoffel, die Pflanze des Verderbens das Kräutlein Tabak.«[209] Besonders heftig schimpfte der englische König Jakob I. über das Tabaktrinken. 1603, unmittelbar nach seinem Regierungsantritt, veröffentlichte der Sohn Maria Stuarts seine Schrift: »Der Rauchgegner oder ein königliches Scherzstück über den Mißbrauch des Tabaks.« »Da es nach meiner Absicht«, schreibt Jakob I., »nichts Verderblicheres unter den Völkern gibt als der häufige Tabakgenuß, der sich bei uns eingenistet hat, so habe ich geglaubt, daß es meiner Muße durchaus nicht abträglich sein wird, wenn ich solch absurden Brauch in dieser Schrift geißle.«[210] Jakob I. geißelte mit Inbrunst. Er attackierte die Trägheit, die Verschwendungssucht, die laxe Moral der Raucher und die Gefahren des Tabaktrinkens: »Es müßten mit Recht jene Dinge mit dem Stempel der Schamlosigkeit gebrandmarkt werden, welche aus der Schande geboren, von Barbaren herstammend, sich einzig durch den Eindruck der Neuheit einbürgern konnten.«[211]

Die Neuheit, die exotische Herkunft des Tabaks, sein Anfang des

17. Jahrhunderts relativ hoher Preis machten Tabak zum idealen Statussymbol. Während viele Mediziner den Tabak als Schadstoff für Körper und Geist beschrieben und ablehnten, unterstützten andere Mediziner die Tabakeuphorie allen königlichen Meinungen zum Trotz und übernahmen unbewußt die indianische Wertschätzung des Tabaks als Heilmittel. Die in botanischen Gärten und privaten Gärten Europas mittlerweile heimisch gewordene Tabakpflanze avancierte zum Allheilmittel gegen jedes Zipperlein und jede ernste Krankheit, sei es die Syphilis oder die Pest.

Bei den Pestepidemien, die Europa im 17. Jahrhundert wiederholt heimsuchten, empfahlen Ärzte den Geruch und Geschmack von Tabak, also Tabakrauchen und Tabakkauen, als passende Prophylaxe. Folglich rauchten Schüler in Eton oder Studenten in Cambridge ununterbrochen Tabakpfeifen ebenso wie das Personal, das die Pesttoten aus den Häusern holen und zu den Sammelgräbern transportieren mußte. In diesem Fall kollektiver Hysterie tritt Samuel Pepys als exzellenter Zeuge auf. Im Juni 1665 passierte Pepys in der Londoner Drury Lane einige Häuser mit roten Kreuzen und der Kreideaufschrift: »Gott erbarme sich unser.« Ein klarer Hinweis auf Pestopfer, die dort verstorben waren. Augenblicklich fühlte sich Pepys ausgesprochen unwohl und kaufte sofort eine Rolle Tabak, um sich gegen alle Gefahren zu wappnen. Pepys' Verhalten offenbart nicht nur seine Panik und Hypochondrie; es beweist, wie selbstverständlich Tabak im Londoner Alltag mittlerweile geworden war, daß man ihn jederzeit und an beliebiger Stelle erwerben konnte.[212]

Trotz aller Verbote und Gebote hatte sich der Tabakkonsum in England und auf dem Kontinent Mitte des 17. Jahrhunderts allgemein durchgesetzt. Weder die verbalen Attacken eines schreibfreudigen Königs wie Jakob I. noch die brutalen Maßnahmen türkischer Herrscher, die das Rauchen mit sofortiger Hinrichtung der Nikotinsüchtigen bestraften, hatten die Begeisterung der Alten Welt für das Produkt der Neuen Welt bremsen können. Weder Aufrufe des deutschen Kaisers noch Gebote des Kölner Erzbischofs gegen das »Tubackdrinken« hatten Gewicht oder zeigten die erwünschte Wirkung. Aufrufe der Autoritäten schienen eher das Gegenteil des Erwünschten zu bewirken: Der Konsum stieg, die Konsumformen variierten zunehmend. Unbeeindruckt von staatlichen Rauchverboten und Gesetzen zum eingeschränkten Tabakkonsum, war die Verbreitung von den Oberschichten zu den Unterschichten nicht zu stoppen. Die Art des Tabakkonsums wurde zur gesellschaftlichen Standortbestimmung und folgte Modeimpulsen. Lange war die Tabakspfeife ein Statussymbol der Oberschichten gewesen. Durch die zahlreichen Kriege, den niederländischen Krieg (1566–1648) oder den Dreißigjährigen Krieg (1618–1648) entdeckte auch die breite Masse das Tabakrauchen. Wie in anderen Bereichen wurde der Krieg auch für den Tabakkonsum zum Trendsetter. Ein Franziskanermönch aus Aachen beschrieb 1587 anschaulich, wie im niederländischen Krieg Tabak zum selbstverständlichen Genuß- und Beruhigungsmittel der Soldaten wurde:

»[es ist] viel spanisch Volk hier, alwo sie schlechte sitten eynführen, wie da besonderlich sie eyn neue art von ausgelassenheyt demonstrieren, alß da ist daß ausblasen von rauch ... die soldatt außm spanischen lant stoltzyren allhiero umher und fressen feuer zambt deme rauch und daß domp vollk obwondert sich schier.«[213]

Das »domp vollk« wunderte sich nur kurz. Schnell übernahm es die Sitten der Krieger, die ihrerseits ihre Herren nachgeahmt hatten, und so wurde die Tabakspfeife zum Alltagsgegenstand der Bauern, selbst der Tagelöhner und Bettler, wie Jakob Christoffel von Grimmelshausen in seiner Schrift »Woher das tabak-trincken kompt« um 1648 kritisch registrierte: »Teils saufen sie den Tabak ... andere fressen ihn, und von etlichen wird geschnupft, also daß mich wundert, warum ich noch keinen gefunden, der ihn auch in die Ohren steckt.«[214]

Als die Unterschichten mit dem Rauchen und Kauen von Tabak begonnen hatten, waren die Oberschichten auf das Schnupfen umgeschwenkt, doch auch diese Form entdeckte – wie Grimmelshausen belegt – die breite Masse relativ schnell für sich. Kostbare Tabatieren aus feinbemaltem Porzellan, Messing oder Edelmetallen, exklusive Tabakskollegien und Tabaksgesellschaften waren neue Mittel der Eliten, sich gegen die niedrigeren Schichten abzusetzen. Neben den Kriegen bildeten die Kaffee- und Teehäuser, die seit

Abb. 10: Das Tabakskollegium Königs Friedrich Wilhelm I. von Preußen, Gemälde um 1737, Georg Lisiewski (1674–1750) zugeschrieben.

Mitte des 17. Jahrhunderts europaweit entstanden, einen wichtigen Faktor bei der Demokratisierung des Tabakkonsums.

Woher kam jedoch der Tabak, den die Europäer so begeistert verbrauchten und der von den Obrigkeiten so vehement bekämpft wurde?

Ein Teil wurde inzwischen in Europa selbst und in Asien angebaut. In der Türkei etwa boomte der Tabakanbau allen staatlichen und religiösen Verboten und Repressalien zum Trotz dermaßen, daß viele Türken Tabak oftmals für eine einheimische Pflanze hielten. Die Quantitäten der altweltlichen Tabakproduktion sind ebensowenig belegbar wie der Umfang der amerikanischen Herstellung, die nach Europa gelangte. Mit dem steigenden Bedarf in Europa nach dem beruhigenden, stimulierenden Genuß- und Suchtmittel Tabak veränderte sich die Angebotslage. Wie die Spanier in ihren Kolonien, so entdeckten auch die Engländer in Virginia den Tabak als Kulturpflanze und die Tabakblätter als idealen, äußerst profitträchtigen Exportartikel. Um 1614 begannen die Kolonisten in Virginia mit dem Anbau von Tabak. Die Konzentration der Chesapeake-Bay-Kolonie auf eine Pflanze prägte nachhaltig die Mentalität und Interessen der virginischen Agrargesellschaft. Die Boomjahre im Tabakhandel der 1620er bis 30er Jahre erlaubten den Virginiern eine eigenständige Handelspolitik. Die Kolonisten nutzten zu ihren Gunsten die Chancen, die sich aus den europäischen Konsumentenwünschen ergaben. Sie handelten den frühmerkantilistischen Vorstellungen im Mutterland zum Trotz mit niederländischen Kaufleuten, die selbst nach Virginia kamen, um Tabak vor Ort direkt bei den Produzenten zu kaufen. Auf die Kritik von Karl I., der wie sein Vater Jakob I. den Tabakkonsum verabscheute und die Tabakmonokultur der allzu selbständigen Virginier ablehnte, reagierte die virginische Führung mit einem vehementen Bekenntnis zum Recht auf freien Handel, speziell zum Handel mit den Niederländern. Die harmonischen Handelskontakte zwischen Virginia, den Niederlanden und Nieuw Nederland vertieften sich seit den 1640er Jahren. Angesichts des Verfalls des Tabakpreises brauchten die virginischen Tabakproduzenten jeden kaufwilligen und vor allem zahlungswilligen Abnehmer. Der Tabakpreis verfiel u. a. auch dadurch, daß Virginia seit den 1630er Jahren mit der

Gründung der Nachbarkolonie Maryland ein gefährlicher Konkurrent im Tabakgeschäft erwuchs. Maryland hatte vom Vorbild des *Old Dominion* gelernt, dessen Startschwierigkeiten vermeiden können und war direkt in die Tabakproduktion eingestiegen. Zur gleichen Zeit änderten in Europa die Obrigkeiten ihre Strategien in ihrem unergiebigen Kampf gegen den Tabak. Durch Verbote und Zwang hatten sie den Tabakkonsum nicht eindämmen können. Nun versuchte man die Genußsucht der Zeitgenossen dadurch zu bekämpfen, daß man ihre Geldbeutel attackierte: 1643 erhob England erstmals eine Steuer auf Tabak. Diese Steuer war gleichermaßen eine Disziplinierungsmaßnahme als auch ein staatliches Eingeständnis, im Kampf gegen den Tabak zu kapitulieren. Zugleich aber entdeckte man in der Niederlage einen Sieg: Zwar betrachtete die Krone den Tabakkonsum nach wie vor als Gefahr für Arbeitsmoral und die Gesundheit ihrer Untertanen, aber immerhin konnte sie zumindest in finanzieller Hinsicht von deren Schwächen profitieren. In eine ähnliche Richtung zielten die 1621 verhängten Anbauverbote für Tabak in England. Sie sollten nicht die koloniale Produktion schützen, sondern galten der Sicherung königlicher Handelsmonopole. Auch die englische Krone war mittlerweile dazu übergegangen, den Tabakhandel zu monopolisieren. Das Tabakmonopol und die Tabaksteuern bedeuteten langfristig einen Umschwung im staatlichen Umgang mit dem Tabakkonsum.

Die lange praktizierte Verbotspolitik des Staats schlug um in eine Kontrollpolitik der Tabakproduktion und des -handels. Die Obrigkeiten hatten im Konsumverhalten ihrer Untertanen ein beachtliches finanzielles Potential entdeckt, das es nun zu sichern galt. Die Folgen bestanden in einer verschärften Gangart der Regierung gegen die Kolonien, die Tabak produzierten: Antigua, die Bermudas, Barbados, vor allem aber Maryland und Virginia weckten nun das Interesse der Regierung, die bislang eher lässig mit ihren kolonialen Besitzungen umgegangen war. Der Tabakhandel mußte aus fiskalischen Erwägungen unter die Kontrolle des Mutterlandes gestellt werden. Den Käufern und Konsumenten aus den Niederlanden sollte der Kontakt und Zugang zu den Produzenten in den Kolonien verwehrt werden. Ein Embargo 1650, die Navigationsakte von 1651 und die englische Flotte in den Kolonien 1652 als Demonstration englischer Militärgewalt sollten dieser Politik Nachdruck verleihen. Diese Maßnahmen scheiterten ebenso wie die Versuche Oliver Cromwells, König Karls II. und seines Bruders Jakob, mit der Eroberung Nieuw Nederlands eine riskante Lücke im englischen Kolonialreich zu schließen. England erhielt zwar 1674 Nieuw Nederland und taufte es New York, die internationalen Handelskontakte der Tabakproduzenten an der Chesapeake-Bay wurden dadurch jedoch nicht unterbunden. Sie blieben bei ihren bewährten Kontakten zu den Niederländern beiderseits des Atlantiks, verließen sich jedoch nicht länger nur auf niederländische Schiffe und Kaufleute, sondern fuhren nun selbst nach Amsterdam und Rotterdam und lieferten Tabak an die niederländischen Händler, die den europäischen Markt versorgten.

Die englisch-niederländischen Kriege des 17. Jahrhunderts hatten nicht nur europäische Ursachen, sie waren auch Versuche von englischer Seite, die niederländischen Handelskontakte mit den Siedlern in Virginia und Maryland zu zerstören und damit die totale Kontrolle über den kolonialen Tabakexport und die entsprechenden Einnahmen zu gewinnen. So gesehen beeinflußte der Tabakkonsum der Europäer direkt die internationale Politik innerhalb und außerhalb Europas. Aber auch indirekt nahmen die Raucher Einfluß auf die europäische Mächtekonstellation. Die Erträge der Tabaksteuern, die nach und nach alle Herrscher für sich und ihre chronisch leeren Kassen entdeckten, stiegen mit der europäischen Tabakbegeisterung. Sie waren eine wichtige Voraussetzung für die Bildung stehender Heere als einem Merkmal des europäischen Absolutismus. Es ist eine Ironie der Geschichte, daß ein Fürst wie Wilhelm von Oranien, der 1688 auszog, um den französischen Absolutismus und Ludwig XIV. zu bekämpfen, eine Grundlage in diesem Streit, den englischen Thron, einer solch absolutistischen Maßnahme wie der Tabaksteuer verdankt: Die Gelder der englischen Tabaksteuer wurden am 15. November 1688, dem Auftakt zur »Glorreichen Revolution«, der holländischen Regierung überlassen. Holland und die niederländischen Generalstaaten hatten mit etlichen Millionen Gulden Wilhelms Invasionskorps gegen Jakob II. vorfinanziert.

Europa und Amerika: die Entstehung einer atlantischen Welt

Bei den Treffen zwischen Europa und Amerika waren die Karten anfangs eindeutig verteilt: Die Europäer ergriffen die Initiative, kamen nach Amerika und machten den für ihre Verhältnisse neuentdeckten Doppelkontinent zum Schauplatz des Geschehens. Von Beginn an zeigte sich im Verhalten aller Europäer eine unauslöschliche Ambivalenz Amerika gegenüber. Einerseits empfanden die Europäer Amerika und die dort lebenden Menschen als Teil, als Fortsetzung und Erweiterung ihrer alten Welt. Aus dieser Überzeugung heraus beanspruchten alle Monarchen amerikanisches Territorium als Teil ihrer ureigenen Domäne, und es entstanden Namen wie Hispaniola, Neuspanien, Neuengland, Neuschweden oder Neufrankreich als Bezeichnung verpflanzter Machtsphären. Hier ist die Idee einer transatlantischen Erweiterung des europäisch-nationalen Herrschaftsbereichs deutlich greifbar. Andererseits betrachteten die Europäer dieses Land als herrenlos und seine nichtchristlichen Bewohner als kulturell minderwertig, so daß man Land und Menschen aus einem überhöhten christlichen Selbstverständnis heraus entdecken, erobern, kultivieren und beliebig eigenen Interessen unterwerfen konnte. Die Behandlung der Indianer durch die Kolonisten folgte den jeweiligen Bedürfnissen und Gegebenheiten, wobei den Europäern frühere Erfahrungen mit anderen Kulturen, Rassen sowie außereuropäischer Kriegsführung ebenso zugute kamen wie ihr technischer Vorsprung, ihr Besitzstreben, altweltliche Krankheiten und innerindianische Differenzen.

Traten die Europäer in geringer Anzahl auf, waren sie auf Kooperation der Indianer angewiesen. Dies war der Fall in Südamerika. Angesichts der geringen Migrationsbereitschaft in der Heimat brauchten Spanier und Portugiesen Indianer als Arbeitskräfte; indianische Frauen dienten den sexuellen Bedürfnissen der iberischen Junggesellenschar. Nur anfangs ergaben sich diese Beziehungen auf freiwilliger Basis; seit der Conquista bildeten sie einen Teil der Unterdrückungspolitik. Die Folge der geschlechtlichen Kontakte war die Entstehung einer neuen Bevölkerungsgruppe, der Mestizen, die zwischen den Kulturen stand und zugleich eine besondere Form europäisch-amerikanischer Begegnungen verkörperte. Traten die Europäer in größeren Mengen auf, so störten die Indianer bei der europäischen Übernahme des Landes. Engländer und Niederländer behandelten die Indianer ähnlich brutal wie die Spanier, wobei sie anders als diese die Indianer von ihren Gemeinschaften ausgrenzten, kaum zwischenmenschliche Beziehungen aufnahmen und wenig Interesse an der christlichen Erziehung der einheimischen Bevölkerung bekundeten. Die »schwarze Legende« wirkt bis heute insofern nach, als das Unrechtsregime der katholischen Spanier gegenüber den Indianern Allgemeingut ist, hingegen die nicht minder inhumanen Umgangsformen, die englische und niederländische Protestanten gegenüber den Algonkins und Irokesen praktizierten, eher als notwendiges Übel des Frontier-Mythos heruntergespielt werden. Begegneten die Kolonisten den Indianern im Bewußtsein kultureller Übermacht, so zielten die mutterländischen Vorstellungen darauf ab, die Kolonisten ihrerseits in Abhängigkeit und am Gängelband zu halten. Die Kolonien sollten unselbständige Gebilde sein, die alleine dem Wohl des Mutterlandes, der Krone, der Eigentümer oder der jeweiligen Handelskompanie dienten. Widersprüchliche Vorstellungen betrafen die Möglichkeiten der innerkolonialen Leitungen. Nach außen sollten die Kolonien stark auftreten, um etwaige Angriffe mutterländischer Feinde abwehren zu können; im inneren jedoch, in den Bereichen Verwaltung, Wirtschaft und Handel sollten die Kolonien auf die Mutterländer fixiert werden. Sie sollten sich an die Anweisungen und Gesetze aus der europäischen Heimat halten, in den Selbstverwaltungsorganen lediglich lokale Angelegenheiten behandeln, aber keineswegs eigenständig gegen die metropolitanen Interessen Entscheidungen fällen. In den Vizekönigreichen und Kronkolonien fungierte der Vertreter der Krone als Garant konformer Politik; in den Eigentümer- und Charterkolonien hoffte die Regierung auf die gleichgelagerten Interessen des Establishments und der metropolitanen Wirtschaftskräfte. Alle Kolonialmächte vertraten das Ideal national abgeschotteter Reiche: Die Kolonien sollten allein mit dem jeweiligen Mutterland im Austausch stehen, koloniale Rohstoffe produzieren und mutterländische Waren abnehmen, zu deren Schutz koloniale Produktionen unterdrückt wurden. Von den Kolonisten wurde erwartet, daß sie sich widerspruchslos auf ein System einließen, das sie in Abhängigkeit und Unterordnung unter geographisch weitentfernte Kräfte hielt. Die Mutterländer sahen sich als Zentrum, dem die Peripherie, sprich die Kolonien, dienstbar sein sollte. Die Kolonien stellten sich nach ihrer Meinung als ein Gebiet unterschiedlicher nationaler Herrschaftsräume dar, deren Grenzen von den Kolonisten, wenn überhaupt, allein zugunsten der Mutterländer überschritten werden durften. Recht, Sprachen, Religionen, Kulturen und emotionale Beziehungen halfen bei dem Ausbau der transatlantischen nationalen Systeme. Kastilien suchte Spanisch-Amerika durch eine rigide Einwanderungspolitik, durch die Inquisition und durch zentrale Kontrolle des Amerikahandels von fremden Einflüssen fernzuhalten. Auch die Niederländer, Engländer und Franzosen bemühten sich mittels Gesetzen, Monopolvergabe und Lenkung der Landvergabe, die Kolonien den nationalen Interessen zu unterwerfen. Sie übersahen dabei, daß Navigationsakten und Handelsmonopole eher ein Zeichen von Schwäche denn ein Indiz für Stärke bieten. Zugleich gingen ihre Modelle der Verhältnisse zwischen Amerika und Europa, zwischen Kolonien und Mutterland, von einer gewissen Unveränderlichkeit aus. Sie ignorierten die Veränderungen auf beiden Seiten des Atlantiks, die sich aus der ständigen Begegnung ergaben.

Zweifellos wurde Amerika radikal, dauerhaft und bis heute unübersehbar durch die Europäer verändert: Die Neuankömmlinge fanden sich nicht mit dem Amerika in seinem vorkolumbianischen Zustand ab, sondern sie schufen aus der altamerikanischen Welt eine neue Welt nach ihrem Bild. Sie veränderten die Umwelt, die Flora und Fauna: Altweltliche Tiere und Pflanzen gaben Amerika ein neues Erscheinungsbild mit gravierenden Folgen für Wirtschaftsformen, Kulturen und Mentalitäten der beteiligten Menschen. Die Europäer vernichteten direkt und indirekt indianische Völker und bereicherten Amerikas ethnisches Spektrum gleichzeitig um völlig neue Versionen, indem sie sich selbst mit Indianerinnen und Schwarzafrikanerinnen verbanden oder Angehörige indianischer und afrikanischer Völker untereinander in Kontakt traten. Die Europäisierung Amerikas betraf Herrschaftssysteme, Religionen und Sprachen. Noch heute reflektieren die kulturellen Verhältnisse in Amerika exakt die frühneuzeitlichen Machtverhältnisse: Die europäischen Sprachen fungieren als Kultur- und Verkehrssprachen, während die indianischen Sprachen lange abgedrängt wurden und erst in den letzten Dekaden als Zeichen neugewonnenen indianischen Selbstbewußtseins und des politischen Widerstands eine Renaissance erleben. Der Kontakt mit Europa veränderte jedoch nicht allein Amerika. Amerika revanchierte sich mit tiefgreifender Langzeitwirkung. Der amerikanische Einfluß auf Europa erwies sich weniger spektakulär als die Aktionen, die Europäer in Amerika vollzogen hatten: Keine Indianer landeten in Sevilla oder London und suchten die Europäer zum Glauben an ihre Götter und Geister zu bekehren. Keine Indianer kamen in Scharen nach Europa, um dort das Land zu bebauen, Städte zu zerstören oder Pelzhandel zu betreiben. Der Einfluß Amerikas auf Europa bediente sich europäischer Vermittlung, konzentrierte sich auf Naturstoffe und brauchte eine Weile, um sich durchzusetzen. Indigene amerikanische Nutzpflanzen wie Tabak, Mais oder Kartoffeln und in Amerika angebaute altweltliche Pflanzen wie Zuckerrohr, nach Europa gelieferte Waren wie Zucker, Reis und Kaffee veränderten Europa für immer. Der Anbau von Kartoffeln und Mais in Europa war von einschneidender Bedeutung für die Landwirtschaft. Derartige Güter bereicherten den Speiseplan und das Genußstoffangebot. Sie verbesserten nachhaltig die chronisch prekäre Ernährungslage in Europa und damit die Leistungsfähigkeit der europäischen Arbeiter und Bauern, wodurch wichtige Grundlagen zu den agrarischen und industriellen Entwicklungsschüben des späten 18. und frühen 19. Jahrhunderts geschaffen wurden. Produktion, Handel und Finanzierung der kolonialen Güter brachten Gewinne, die neue Eliten auf den Plan riefen und langfristig die gesellschaftlichen und politischen Strukturen in den europäischen Staaten veränderten. Damit setzte sich der Trend fort, der im 16. Jahrhundert mit den Edelmetalleinfuhren Spaniens begonnen hatte. Europa wurde im Austausch mit Amerika zu einer neuen Welt. Zum einen zogen die Staaten aus der kolonialen Erfahrung ein neues Bewußtsein als einem Europa der prinzipiell gleichwertigen Nationalstaaten, deren Umgang durch das Völkerrecht geregelt wurde. Das Völkerrecht wiederum, das erstmals bei den Verhandlungen zum Westfälischen Frieden von 1645 bis 1648 zum Tragen kam, übernahm wesentliche Anregungen aus der Diskussion um den »gerechten Krieg«, die Las Casas zugunsten einer humanen Indianerpolitik in Spanien ausgelöst hatte. Zum anderen verwandelten sich unter mittelbarem amerikanischen Einfluß die europäischen Verhältnisse in allen Lebensbereichen, sei es Wirtschaft, Gesellschaft, Politik, Ernährung, Kultur und Mentalität. Nur die Begriffsimporte aus indianischen Sprachen nahmen sich relativ bescheiden aus. Weder kann man den amerikanischen Einfluß auf Europa in konkrete Zahlen fassen noch schlüssig beweisen, daß zum Beispiel der Zucker mitsamt seinen Einflüssen auf Produktionsformen, Kapitaleinsatz und Sklavenhandel dem Kapitalismus und der Industrialisierung den Boden bereitet hätte. Ohne einseitige Kausalitäten feststellen oder in die Dependenztheorie über den europäischen Reichtum zu Lasten der kolonialen Welt verfallen zu wollen, kann man sagen, daß aus dem Zusammentreffen von Europa und Amerika eine neuartige, eine atlantische Welt entstand. Diese Welt trug seit ihrer Entstehung an einer schweren Hypothek. Zu Lasten der Indianer und schwarzafrikanischer Sklaven entstand aus der Vermischung kolonialer und metropolitaner Interessen zwischen 1493 und 1776 eine atlantische Gemeinschaft. Lange waren die Kräfte in diesem Gebilde ungleich verteilt. Daran änderten auch die Alleingänge selbstbewußter Kolonien wenig. Die Mutterländer und deren Vertreter stellten die Bedingungen, die Kolonisten hatten zu gehorchen. Im Kern war die atlantische Kultur zutiefst europäisch: Betuchte Kolonisten besuchten vorzugsweise europäische Universitäten, europäische Neuerscheinungen auf dem Buchmarkt waren bei Kolonisten heißbegehrt, europäische Modetorheiten wurden von den Kolonisten mit Begeisterung übernommen. Kritiken an mutterländischen Maßnahmen bezogen ihren Zündstoff aus tradiertem europäischen Gedankengut. Man sah sich als Teil des jeweiligen nationalen Reichs, definierte sich selbst als treuer Untertan der jeweiligen Obrigkeit und pochte auf die angestammten Rechte, die sich aus der individuellen Herkunft ergaben. Das betraf die imperiale Orientierung. Zunehmend entwickelten die Kolonisten konkurrierende Identitäten. Getreu dem Harringtonschen Motto von 1654 »for men, like flowers ... being transplanted take after the soil wherein they grow« ergriff die Kolonisten, zumal deren kommerziell interessierte Vertreter, ein aufkeimendes Regionalbewußtsein.[215] Man fühlte sich nicht mehr allein England, den Niederlanden oder Spanien verbunden, sondern empfand sich als Teil einer amerikanischen Region, sei es Massachusetts, New York, Virginia, Surinam, Mexiko oder Peru. Die widersprüchlichen Loyalitäten wuchsen mit der räumlichen Entfernung zum Mutterland und mit dem Wechsel der Generationen. Emotional drifteten die Kolonisten langsam aus dem jeweiligen Reichsverband. Verschiedene Identitäten waren gleichermaßen Ursache und Folge des lebhaften inneramerikanischen Handels der weißen Amerikaner. Unmerklich verschoben sich die Gewichte, sowohl in Europa als auch in Amerika selbst. Ihre wachsende Bedeutung im interkolonialen Handel bewog gerade die Bewohner der englischen Kolonien Nordamerikas zu selbstbewußten Aktionen. Konsequent waren es die britischen Maßnahmen gegen den kolonialen Handel, das koloniale Gewerbe und die koloniale Finanzpolitik, also die britischen Attacken auf das koloniale Eigentum, die den regionalen Unwillen schürten, der sich imperialer europäischer Rechtsargumente und der europäischen Tradition des Widerstandsrechts bediente.[216]

Mit der amerikanischen Unabhängigkeitserklärung von 1776 erlebte das atlantische System in seiner bisherigen Form einen tiefen Schnitt. 1783 durchtrennten die USA mit dem Frieden von Paris, mit Frankreich als Hebamme die politische Nabelschnur, die sie mit Großbritannien verbunden hatten. Damit löste sich ein großer territorialer Komplex von der politischen Dominanz Europas. Die Gewichte im atlantischen System verschoben sich insofern, als mit der Gründung der USA erstmals kolonialpolitische Abhängigkeiten verschwanden und künftig die Gesetze des Marktes galten. Die engen europäisch-nordamerikanischen Wirtschaftsbeziehungen wurden durch die Staatswerdung der USA nicht belastet. Großbritannien konnte seinen Einfluß auf die US-amerikanische Wirtschaft sogar noch verstärken. Das weitere Verhalten der USA zeigt, daß sie ihre Lektion gelernt hatten: Sie traten ihrerseits in die Fußstapfen des europäischen Kolonialismus, indem sie seit 1787 (*North West Ordinance*) als expansive Macht in Amerika aktiv wurden. Während Mittel- und Südamerika, Haiti und Santo Domingo, angeregt von dem amerikanischen Vorbild, der Französischen Revolution und charismatischen Führern wie François Dominique Toussaint Louverture (1745–1803) und Simón Bolívar (1783–1830), zwischen 1794 und 1824 die Kolonialherren vertrieben und der übrige karibische Raum unter seinen kolonialen Machthabern verblieb, stand die nächste Kolonialmacht schon in Warteposition: die USA. Mit der Monroedoktrin von 1823 formulierten die USA, das bessere Europa, ihren Führungsanspruch auf die amerikanische Welt, die nach ihrem Willen gegen das morbide Europa und europäische Einflußnahme abgeschottet werden sollte.[217] Von Europa aufgebrachte politische Ideen richteten sich nun gegen ihre Urheber. Das atlantische System des europäischen Kolonialismus verwandelte sich in das atlantische System der imperialistischen Mächte. Europa und Amerika trafen einander auch weiterhin, nun jedoch auf einer anderen Ebene.

Anhang

Anmerkungen

1 Vgl. dazu Jürgen Osterhammel, Kolonialismus. Geschichte – Formen – Folgen, München 1995, S. 8f.

2 Vgl. Charles Verlinden und Eberhard Schmitt (Hg.), Die mittelalterlichen Ursprünge der europäischen Expansion, (= Dokumente zur Geschichte der europäischen Expansion, Bd. 1), München 1986, S. 29f.; Inge Langenberg, Die Vinlandfahrten. Die Entdeckung Amerikas von Erik dem Roten bis Kolumbus (1000–1492), Köln/Wien 1977; Anne und Helge Ingstad, The Discovery of a Norse Settlement in America, Oslo 1977.

3 Vgl. Jürgen Elvert, Geschichte Irlands, München 1993, S. 90ff.

4 Siehe Frauke Gewecke, Wie die Neue Welt in die Alte kam, München 1992.

5 Zur Entdeckungsgeschichte siehe Urs Bitterli, Die Entdeckung Amerikas. Von Kolumbus bis Alexander von Humboldt, München 1991; Georg Friederici, Der Charakter der Entdeckung und Eroberung Amerikas durch die Europäer, 3 Bde. [1925–1936] Ndr. Osnabrück 1969.

6 Amérigo Vespucci, Mundus novus. A. Vesputius Laurentio Petri de Medici salutem [...] dicit, o. O. [Rom], o. J. [1502]; siehe Christof Dipper, Guanahaní, 12. Oktober 1491: Der welthistorische Augenblick, in: ders. und Martin Vogt (Hg.), Entdeckungen und frühe Kolonisation, Darmstadt 1993, S. 161.

7 Vgl. Helga Schultz, Handwerker, Kaufleute, Bankiers. Wirtschaftsgeschichte Europas 1500–1800, Frankfurt a. M. 1997, S. 139.

8 Vgl. Jörg Fisch, Die europäische Expansion und das Völkerrecht. Die Auseinandersetzungen um den Status der überseeischen Gebiete vom 15. Jahrhundert bis zur Gegenwart, Stuttgart 1984, S. 49f.

9 Vgl. dazu Frances G. Davenport (Hg.), European Treaties Bearing on the History of the United States and its Dependancies, 4 Bde., [1929] Ndr. Gloucester/Mass. 1967, Bd. 1, S. 56–58, S. 84–100.

10 Siehe Daniel Deckers, Die Kontroverse um die Rechtmäßigkeit der Eroberung Amerikas, in: Zeitschrift für Historische Forschung 21 (1994), S. 345–373; vgl. Verlinden und Schmitt, Ursprünge [wie Anm. 2], S. 190ff.

11 Vgl. Richard Konetzke, Die Indianerkulturen Altamerikas und die spanisch-portugiesische Kolonialherrschaft, Frankfurt a. M. 1965, S. 165f.; Urs Bitterli, Kolumbus und die Wilden, in: Geschichte in Wissenschaft und Unterricht 44 (1993), S. 19–28.

12 Vgl. William S. Maltby, The Black Legend in England. The Development of Anti-Spanish Sentiment, 1558–1660, Durham 1968.

13 Dazu Svetlana Alpers, The Art of Describing. Dutch Art in the Seventeenth Century, Chicago 1983; Bob Haak, Das Goldene Zeitalter der holländischen Malerei, Köln 1984; M. Montias, Artists and Artisans in Delft, Princeton/NJ 1982; Simon Schama, Überfluß und schöner Schein. Zur Kultur der Niederlande im Goldenen Zeitalter, München 1988; Michael North, Geschichte der Niederlande, München 1997, S. 60ff.

14 Vgl. David B. Quinn (Hg.), New American World. A Documentary History of North America to 1612, Bd. 3, New York 1979, S. 34–60; dazu ausführlicher Hermann Wellenreuther, Land, Herrschaft und Alltag. Die Indianer und die englischen Kolonien vor der Amerikanischen Revolution, in: Hans Thomas (Hg.), Amerika – eine Hoffnung, zwei Visionen, Herford 1991, S. 215ff.; Karen Ordahl Kupperman, Settling with the Indians. The Meeting of English and Indian Cultures in America, 1580–1640, London 1980.

15 Dazu interessante Ausführungen bei Alain Corbin, Meereslust. Das Abendland und die Entdeckung der Küste, Frankfurt a.M. 1994; Michel Mollat du Jourdin, Europa und das Meer, München 1993.

16 Mit der Schrift »Utopia« von 1516 wurde ihr Verfasser, der Engländer Thomas Morus, zum Namensgeber einer noch heute aktuellen Literaturgattung. Nicht zufällig nimmt Morus als fiktiven Erzähler einen Reisekumpan von Amérigo Vespucci und siedelt Utopia in brasilianischen Gefilden an. Thomas Morus, Utopia [1516], Stuttgart 1987.

17 Zu den sogenannten »push and pull«-Faktoren existiert eine ebenso reichhaltige wie interessante Literatur, z.B. Timothy H. Breen und Stephen Foster, Moving to the New World: The Character of Early Massachusetts Immigration, in: Timothy H. Breen, Puritans and Adventurers, New York 1980, S. 46–67; David Cressy, Coming over. Migration and Communication between England and New England in the Seventeenth Century, 2. Aufl., Cambridge 1989; Leslie Choquette, Frenchmen into Peasants: Modernity and Tradition in the Peopling of French North America, in: Proceedings of the American Antiquarian Society 104 (1994), S. 27–49; Bernard Bailyn, The Peopling of British America, New York 1988; Peter Boyd-Bowman, Patterns of Spanish Emigration to the New World, 1493–1580, Buffalo/NY 1973. In groben Zügen kann man davon ausgehen, daß zwischen 1500 und 1800 circa 6 Millionen Europäer nach Amerika kamen, davon stammten circa 3,5 Millionen aus Spanien, circa 1,8 Millionen aus England, um die 300000 aus Deutschland und höchstens 100000 aus Frankreich. Zahlen nach: Matthias Meyn, Manfred Mimler u.a. (Hg.), Der Aufbau der Kolonialreiche, (= Dokumente zur Geschichte der europäischen Expansion, Bd. 3), München 1987, S. 268.

18 Einen guten Einstieg in die Geschichte einzelner europäischer Staaten bietet: Harm Klueting, Das konfessionelle Zeitalter 1525–1648, Stuttgart 1989.

19 Vgl. Fisch, Expansion [wie Anm. 8], S. 96 ff.
20 Vgl. E. H. Kossmann und A. F. Mellink, Texts Concerning the Revolt of the Netherlands, Cambridge 1974, S. 216–228.
21 Georg Christoph Lichtenberg, Ausgewählte Werke, Bd. 1, Frankfurt a. M., S. 227: »Der Amerikaner, der Kolumbus zuerst entdeckte, machte eine böse Entdeckung.«
22 Nach Wolfgang Reinhard, Geschichte der europäischen Expansion, Bd. 2: Die Neue Welt, Stuttgart 1985, S. 12 f.
23 Vgl. Arthur J. O. Anderson und Charles E. Dibble (Hg.), Bernardino de Sahagún, Florentine Codex: General History of the Things of New Spain, 13 Bde. Santa Fe/NM 1950–1982.
24 Vgl. Wolfgang Haberland, Amerikanische Archäologie. Geschichte, Theorie, Kulturentwicklung, Darmstadt 1991.
25 Pierre Chaunu, Séville et l'Amérique aux XVIe et XVIIe siècles, Paris 1977, S. 81; vgl. Urs Bitterli, Alte Welt – neue Welt. Formen des europäisch-überseeischen Kulturkontakts vom 15. bis zum 18. Jahrhundert, München 1992, S. 77.
26 Nach Ursula Dyckerhoff, Geschichte der Indianer bis zur Conquista, in: Horst Pietschmann, Walther L. Bernecker, Raymond Th. Buve u. a. (Hg.), Handbuch der Geschichte Lateinamerikas, Bd. 1, Mittel-, Südamerika und die Karibik bis 1760, Stuttgart 1994, S. 101–203.
27 Vgl. Bitterli, Alte Welt [wie Anm. 25], S. 89.
28 Vgl. Dyckerhoff, Geschichte [wie Anm. 26], S. 123–126.
29 Annerose Menninger, Die Macht der Augenzeugen. Neue Welt und Kannibalen-Mythos, 1492–1600, Stuttgart 1995.
30 Vgl. Hanns Prem, Die Azteken. Geschichte, Kultur, Religion, München 1996, S. 19.
31 Nach Reinhard, Geschichte [wie Anm. 22], S. 25 f.
32 Siehe Wolfgang Behringer (Hg.), Lust an der Geschichte. Amerika. Die Entdeckung und Entstehung einer neuen Welt. Ein Lesebuch, München 1992, S. 94 f.
33 Vgl. Prem, Azteken [wie Anm. 30], S. 57 f.
34 Nach Verlinden und Schmitt, Ursprünge [wie Anm. 2], S. 320–325; Prem, Azteken [wie Anm. 30], passim; Dyckerhoff, Geschichte [wie Anm. 26], passim.
35 Vgl. Dyckerhoff, Geschichte [wie Anm. 26], S. 169 ff.
36 Nach Bernard H. Slicher van Bath, Het stille drama van de Indianen, in: ders., Indianen en Spanjaarden. Een ontmoeting tussen twee werelden, Latijns Amerika, 1500–1800, Amsterdam 1989, S. 87–115, hier: S. 99–104.
37 Vgl. Frederick Jackson Turner, The Significance of the Frontier in American History [1893], in: Everett E. Edwards (Hg.), The Early Writings of Frederick Jackson Turner, Madison/Wisc. 1938.
38 Vgl. Francis Jennings, The Founders of America, New York 1993; und ders.,

The Invasion of America. Indians, Colonialism, and the Cant of Conquest, Chapel Hill/NC 1976.

39 Vgl. Wolfgang Lindig, Band 1: Nordamerika. Von der Beringstraße bis zum Isthmus von Tehuantepec, in: Wolfgang Lindig und Mark Münzel, Die Indianer. Kulturen und Geschichte, 2 Bde., 5. Aufl. München 1992.

40 Vgl. Lindig, Nordamerika [wie Anm. 39], S. 111.

41 Ebd., S. 115.

42 Ebd., S. 87–103; William C. Sturtevant (Hg.), Handbook of North American Indians, Bd. 15, Washington/DC 1978.

43 Zitiert nach Behringer, Lust [wie Anm. 32], S. 414–417.

44 Ebd., S. 315, S. 317f.

45 Die weiteren Ausführungen sind der Studie von Urs Bitterli, Alte Welt [wie Anm. 25], hier speziell S. 25, besonders verpflichtet.

46 Vgl. Rolf Decot, Weltbild und Erdform in der theologischen Betrachtung von 1450–1550, in: Dipper und Vogt, Entdeckungen [wie Anm. 6], S. 107–134.

47 Zitiert nach Behringer, Lust [wie Anm. 32], S. 396.

48 Vgl. Tzvetan Todorov, Die Eroberung Amerikas. Das Problem *des Anderen*, Frankfurt a. M. 1985, S. 80ff.

49 Vgl. James Axtell, Beyond 1492. Encounters in Colonial North America, New York 1992.

50 Zitiert nach Behringer, Lust [wie Anm. 32], S. 24.

51 Zitiert nach ebd., S. 320.

52 Zitiert nach ebd., S. 149.

53 Zitiert nach ebd., S. 150.

54 Zitiert nach ebd., S. 155, S. 150.

55 Zitiert nach ebd., S. 23.

56 Vgl. W. Cronon, Changes in the Land, New York 1983.

57 Reinhard, Geschichte [wie Anm. 22], S. 69.

58 Vgl. John H. Elliott (Hg.), The Spanish World: Civilization and Empire, Europe and the Americas, Past and Present, New York 1991, passim; Wolfgang Reinhard, Das überseeische Kolonialreich Spaniens, in: Dipper und Vogt, Entdeckungen [wie Anm. 6], S. 241–271.

59 Hernán Cortés reagierte 1504 sehr unwirsch auf den Vorschlag, Land zu erwerben und als Landwirt tätig zu werden: »Aber ich kam, um Gold zu holen, nicht um den Boden zu pflügen wie ein Bauer.« Zitiert nach John R. Fisher, Gold in the Search for the Americas, in: Gold Bulletin 9 (1976), S. 58–63, S. 59. Der Dünkel seiner Landsleute, in deren Selbstverständnis körperliche Arbeit keinen Platz fand, war dem Vizekönig von Peru wohlbekannt. In einem Schreiben an den Indienrat 1563 fand er klare Worte: »Eure Gnaden … mögen sich über eine Sache keiner Täuschung hingeben, nämlich daß die Bergwerke mit Spaniern ausgebeutet werden könnten, denn hierfür gibt es wenige und diese sind von so großer Einbildung, daß sie

eher vor Hunger sterben, als daß jemand eine Hacke in die Hand nimmt.« Zitiert nach Richard Konetzke (Hg.), Lateinamerika seit 1492, Stuttgart 1971, Nr. 24.

60 Vgl. Renate Pieper, Hispanoamerika. Die demographische Entwicklung, in: Pietschmann u. a., Handbuch [wie Anm. 26], S. 313–328; Peter Boyd-Bowman, Patterns of Spanish Emigration to the Indies until 1600, in: Hispanic American Historical Review 56 (1976), S. 580–604.

61 Vgl. dazu Barbara Potthast-Jutkeit, Die Frauen in der Conquista, in: Bericht über die 39. Versammlung deutscher Historiker in Hannover, 23.–26. 9. 1992, Stuttgart 1994, S. 300.

62 Vgl. Meyn und Mimler u. a., Aufbau [wie Anm. 17], S. 291–300, mit zahlreichen Literaturhinweisen.

63 Horst Pietschmann, Hispanoamerika: politisch-administrative Organisation, in: ders. u. a., Handbuch [wie Anm. 26], S. 328–364, der ausführlich und detailliert die Verwaltungsstrukturen der spanischen Kolonien in Amerika beschreibt.

64 Vgl. ebd., S. 342.

65 Vgl. John H. Elliott, Imperial Spain 1496–1716, [1963] Harmondsworth 5. Aufl. 1976, S. 175.

66 Vgl. Pietschmann, Hispanoamerika [wie Anm. 63], passim.

67 Vgl. Francisco de Solano Pérez-Lila, Die hispanoamerikanische Stadt, in: Pietschmann u.a., Handbuch [wie Anm. 26], S. 555–575.

68 Zitiert nach ebd., S. 573.

69 Vgl. ebd. und Pieper, Hispanoamerika [wie Anm. 60], passim.

70 Charles R. Boxer, The Portuguese Seaborne Empire, 1415–1825, New York/London 1969, passim.

71 Vgl. zu dem gesamten Komplex Brasilien Georg Thomas, Die portugiesische Expansion, in: Pietschmann u. a., Handbuch [wie Anm. 26], S. 297–310.

72 Vgl. Bitterli, Alte Welt [wie Anm. 25], S. 74.

73 Zu dem Komplex spanischer und portugiesischer Kolonialpolitik siehe Lyle N. McAllister, Spain and Portugal in the New World 1492–1700, Minneapolis/MN 1984.

74 Vgl. Reinhard, Geschichte [wie Anm. 22], S. 153.

75 Siehe dazu Merrill Jensen (Hg.), English Historical Documents, Bd. 9: American Colonial Documents to 1776, London 1969, S. 103–106.

76 Vgl. Karen Ordahl Kupperman, Roanoke: The Abandoned Colony, Totowa 1984; David B. Quinn, Set Fair for Roanoke: Voyages and Colonies, 1584–1606, Chapel Hill/NC 1985.

77 Zu den wechselhaften Beziehungen zwischen englischer Regierung und amerikanischen Kolonien siehe z. B. Alison Gilbert Olson, Anglo-American Politics, 1660–1775. The Relationship between Parties in England and Colonial America, New York 1973; James A. Henretta, »Salutary neglect«: Colonial Administration under the Duke of Newcastle, Princeton/NJ 1972.

78 Zur Stellung des *Board of Trade and Plantations* siehe Ian K. Steele, Politics of Colonial Policy. The Board of Trade in Colonial Administration 1696–1720, Oxford 1968.

79 Hermann Wellenreuther, Der Aufstieg des ersten Britischen Weltreiches. England und seine nordamerikanischen Kolonien, 1660–1763, Düsseldorf 1987, S. 16.

80 Vgl. Samuel Urlsperger, Ausführliche Nachricht von den Saltzburgischen Emigranten. Die sich in America niedergelassen haben, Augsburg 1735; K. Coleman, Colonial Georgia. A History, New York 1976.

81 John Smiths Schriften finden sich in der kritischen Edition bei Philip L. Barbour (Hg.), The Complete Works of Captain John Smith (1580–1631), 3 Bde. Chapel Hill/NC 1986.

82 Zu den schwierigen Anfangsjahren von Virginia siehe Edmund S. Morgan, American Slavery – American Freedom. The Ordeal of Colonial Virginia, New York 1975.

83 Siehe dazu die Aufzeichnungen von William Bradford, des ersten Gouverneurs von *Plymouth Plantation*. William T. Davis (Hg.), Bradford's History of Plymouth Plantation 1606–1646, New York 1908.

84 Zahlen nach Wellenreuther, Aufstieg [wie Anm. 79], S. 18.

85 Siehe Timothy H. Breen, Tobacco Culture. The Mentality of the Great Tidewater Planters on the Eve of Revolution, Princeton/NJ 1985.

86 Vgl. John C. Rainbolt, The Absence of Towns in Seventeenth-Century Virginia, in: Journal of Southern History 35 (1969), S. 343–360.

87 Vgl. Hermann Wellenreuther und Carola Wessel (Hg.), Herrnhuter Indianermission in der Amerikanischen Revolution. Die Tagebücher von David Zeisberger 1772 bis 1781, Berlin 1995.

88 Zu diesem gesamten Themenkomplex vgl. Reinhard., Geschichte [wie Anm. 22], S. 156 ff.

89 Dazu Silvio Dumas, Les filles du roi en Nouvelle France. Etude historique avec répertoire biographique, Quebec 1972.

90 Zum Vergleich: In den englischen Kolonien Nordamerikas wohnten zur gleichen Zeit circa eine Million Menschen europäischer Herkunft, siehe R.C. Simmons, American Colonies, London 1976, passim.

91 Vgl. K. G. Davies, The North Atlantic World in the Seventeenth Century, Minneapolis/MN 1974, S. 284 f.

92 Weitere Informationen und Literatur zu Französisch-Amerika bieten Reinhard, Geschichte [wie Anm. 22], S. 153–167; M. Trudel, The Beginnings of New France 1524–1663, Toronto 1973; W. J. Eccles, Canada under Louis XIV, 1663–1701, London 1964; Charles-André Julien, Les Français en Amérique au XVIIe siècle, Paris 1976; Nellie M. Crouse, French Pioneers in the West Indies, 1624–1664, New York 1940.

93 Siehe das Verzeichnis der Beute aus dem Überfall auf die spanische Silberflotte in: Pieter Emmer, Manfred Mimler, Anneli Partenheimer-Bein u. a.

(Hg.), Wirtschaft und Handel der Kolonialreiche (= Dokumente zur Geschichte der europäischen Expansion, Bd. 4), München 1988, S. 463–467.

94 Vgl. Jonathan I. Israel, The Dutch Republic and the Hispanic World 1606–1661, Oxford 2. Aufl. 1989; Charles R. Boxer, The Dutch in Brazil, 1624–1654, Hamden 1973.

95 Vgl. Gerard Willem van der Meiden, Betwist Bestuur: een eeuw strijd om de macht in Suriname, 1651–1753, Diss. phil. Amsterdam 1986; R.A.J. van Lier, Frontier Society. A social Analysis of the History of Surinam, Den Haag 1971; Cornelis Ch. Goslinga, A Short History of the Netherlands Antilles and Surinam, Den Haag 1979; ders., The Dutch in the Caribbean and in the Guianas 1680–1791, Assen 1985.

96 Vgl. Oliver A. Rink, Holland on the Hudson. An Economic and Social History of Dutch New York, Ithaca/NY 1989, S. 94–116; Thomas Condon, New York Beginnings: The Commercial Origins of New Netherland, New York 1968; Charles R. Boxer, The Dutch Seaborne Empire, 1600–1800, London 1965; Ruud Spruuit, Zout en slaven. De geschiedenis van de Westindische Compagnie, Houten 1988; Henk de Heijer, De geschiedenis van de WIC, Zutphen 1994.

97 Vgl. Langdon G. Wright, Local Government and Central Authority in New Netherland, in: The New-York Historical Society Quarterly 57 (1973), S. 7–29; Philip L. White, Municipal Government Comes to Manhattan, in: The New-York Historical Society Quarterly 37 (1953), S. 146–157.

98 Vgl. John McCusker und Russell R. Menard, The Economy of British America, 1607–1789, Chapel Hill/NC 1985, S. 191 ff.

99 Dazu Peter G. Rose, Proeve van verandering: nederlandse voedingsgewoonten in de Nieuwe Wereld. A Taste of Change: Dutch Foodways in the New World, in: Alexandra van Dongen (Hg.), »One Man's Trash is another Man's Treasure«. The Metamorphosis of the European Utensil in the New World, Rotterdam 1996, S. 203–213.

100 Vgl. Bernard Lavallé, Das Alltagsleben, in: Pietschmann u. a., Handbuch [wie Anm. 26], S. 526 f.

101 Vgl. Deb Bennett und Robert S. Hoffmann, Ranching in the New World, in: Herman J. Viola und Carolyn Margolis (Hg.), Seeds of Change, Washington/DC 1991, S. 101.

102 Siehe Alexandre Olivier Esquemelin, De americaensche zeerovers, [1678] Laren 1971.

103 Vgl. Bennett und Hoffmann, Ranching, in: Viola und Margolis, Seeds [wie Anm. 101], S. 97.

104 Nach Alfred Crosby, Die Früchte des weißen Mannes. Ökologischer Imperialismus 900–1900, Darmstadt 1991.

105 David W. MacDonald, Auf dem Hof da sind die Löwen los, in: Geo Nr. 8 (August 1989), S. 69.

106 Zu Umweltschäden siehe David Watts, The West Indies: Patterns of Development, Culture and Envirenmental Change since 1492, Cambridge 1987.
107 Vgl. Crosby, Früchte [wie Anm. 104], S. 193–198.
108 Behringer, Lust [wie Anm. 32], S. 174.
109 Crosby, Früchte [wie Anm. 104], S. 198.
110 Vgl. ebd., S. 201.
111 Behringer, Lust [wie Anm. 32], S. 396.
112 Zitiert nach Crosby, Früchte [wie Anm. 104], S. 205.
113 Ebd., S. 204f.
114 Behringer, Lust [wie Anm. 32], S. 417.
115 Vgl. Charles T. Gehring und William A. Starna (Hg.), A Journey into Mohawk and Oneida Country, 1634–1635. The Journal of Harmen Meyndertsz van den Bogaert, Syracuse/NY 1988, S. 52.
116 Zitiert nach Alexandra van Dongen, The Inexhaustible Kettle. De metamorfose van een Europees gebruiksvoorwerp in de wereld van de Noord-Amerikaanse Indianen. The metamorphosis of a European Utensil in the World of the North American Indians, in: dies. (Hg.), One Man's Trash [wie Anm. 99], S. 115–170, S. 168, die zu diesem Thema überaus interessante Informationen liefert.
117 Lindig, Nordamerika [wie Anm. 39], S. 114.
118 Reinhard, Geschichte [wie Anm. 22], S. 162.
119 Davies, North Atlantic World [wie Anm. 91], S. 99.
120 Ebd., S. 102; Abbot E. Smith, Colonists in Bondage: White Servitude and Convict Labor in America, 1607–1776, Chapel Hill/NC 1947, S. 299f.
121 Smith, Colonists [wie Anm. 120], S. 336.
122 David Galenson, White Servitude in Colonial America: an Economic Analysis, Cambridge/Mass. 1981.
123 Aaron Fogleman, Hopeful Journeys: German Immigration, Settlement, and Political Culture in Colonial America, 1717–1775, Philadelphia 1996; Gregg Roeber, »The Origin of whatever is not English among us«. The Dutch-speaking and the German-speaking Peoples of colonial British America, in: Bernard Bailyn und Philipp D. Morgan (Hg.), Strangers within the Realm. Cultural Margins of the first British Empire, Chapel Hill/NC 1991, S. 220–283; Mark Häberlein, Vom Oberrhein zum Susquehanna. Studien zur badischen Auswanderung nach Pennsylvania im 18. Jahrhundert, Stuttgart 1993.
124 Zahlen und Details nach Aaron Fogleman, The Transformation of Immigration into the United States during the Era of the American Revolution, unveröffentl. Manuskript, Cambridge/Mass. 1996, S. 3; Henry A. Gemery, Markets for Migrants: English Indentured Servitude and Emigration in the Seventeenth and Eighteenth Centuries, in: Pieter Emmer (Hg.), Colonialism

and Migration: Indentured Labour before and after Slavery, Dordrecht 1986, S. 33–53.

125 Philip D. Curtin, The Atlantic Slave Trade. A Census, Madison/Wisc. 1969, passim; Johannes Menne Postma, The Dutch in the Atlantic Slave Trade 1600–1815, Cambridge 1990, S. 3.

126 Vgl. Antonello Gerbi, The Dispute of the New World. The History of a Polemic, 1750–1900, [1955] Pittsburgh 1973, S. 67ff.

127 Dazu und generell zur Sklaverei Albert Wirz, Sklaverei und kapitalistisches Weltsystem, Frankfurt a. M. 1984, S. 184–196.

128 Genesis 9,21–27. Vgl. William McKee Evans, From the Land of Canaan to the Land of Guinea: The Strange Odyssey of the »Sons of Ham«, in: American Historical Review 85 (1980), S. 15–43; Ernst van den Boogaart, Colour Prejudice and the Yardstick of Civility: the Initial Dutch Confrontation with Black Africans, 1590–1635, in: Robert Ross (Hg.), Racism and Colonization, Leiden 1982, S. 33–54.

129 Wirz, Sklaverei [wie Anm. 127], S. 27; zur »Brandenburgisch-Africanischen Companie« (1682) oder »Brandenburgisch-Africanisch-Americanischen Companie« (1692) siehe Klaus-Jürgen Matz, Das Kolonialexperiment des Großen Kurfürsten in der Geschichtsschreibung des 19. und 20. Jahrhunderts, in: Gerd Heinrich (Hg.), Ein Sonderbares Licht in Teutschland: Beiträge zur Geschichte des Großen Kurfürsten von Brandenburg 1640–1688 (= Zeitschrift für Historische Forschung, Beiheft 8), Berlin 1990, S. 191–202. Dem brandenburgischen Reinfall war später dubioser Lohn beschieden, als er im Rahmen imperialistischer Propaganda vom Wilhelminischen Kaiserreich zum Anlaß genommen wurde, Ansprüche als Kolonialmacht in Afrika zu stellen.

130 Zahlen nach Postma, The Dutch [wie Anm. 125], passim.

131 Vgl. Wirz, Sklaverei [wie Anm. 127], S. 25.

132 Ebd., S. 36.

133 Zahlen nach Reinhard, Geschichte [wie Anm. 22], S. 141.

134 Vgl. Wirz, Sklaverei [wie Anm. 127], S. 36.

135 Vgl. Ian K. Steele, The English Atlantic 1675–1740. An Exploration of Communication and Community, New York/Oxford 1986, Cressy, Coming over [wie Anm. 17], passim.

136 Geoffrey Atkinson bietet Zahlen, die das bibliophile Interesse an Amerika in Frankreich relativieren. Im 16. Jahrhundert dominierten in Frankreich Bücher zum Thema Türkei, Indien und Ostasien, Americana erschienen unter »ferner liefen«. Geoffrey Atkinson, Les nouveaux horizons de la Renaissance française, Paris 1935, S. 10ff. Davies, North Atlantic World [wie Anm. 91], S. 319, formuliert treffend die Lage: »America could not always be front-page news in the sixteenth century.«

137 Vgl. J. H. Elliott, The Old World and the New, 1492–1650, Cambridge 1972, S. 14.

138 Davies, North Atlantic World [wie Anm. 91], S. 319.

139 Zitiert nach Hans-Joachim Mähl (Hg.), Sebastian Brant. Das Narrenschiff, Stuttgart 1995, S. 239, 241.

140 Zitiert nach Gewecke, Neue Welt [wie Anm. 4], S. 137.

141 Vgl. Uta Lindgren, Wege und Irrwege der Darstellung Amerikas in der frühen Neuzeit, in: Hans Wolff (Hg.), America, das frühe Bild der Neuen Welt, München 1992, S. 145.

142 Vgl. zu diesem Thema Hans-Joachim König, Von den neu gefundenen Inseln, Regionen und Menschen. Zu den Briefen von Christoph Columbus, Américo Vespucci und Hernán Cortés, in: Wolff, America [wie Anm. 141], S. 103–108; Gewecke, Neue Welt [wie Anm. 4], passim.

143 Ist eventuell die Verweiblichung des Kontinents ein Grund für die gelegentlich stark erotische Sprache der Entdecker, die das Land erobern, durchdringen und unterwerfen wollten? Dazu auch: Davies, North Atlantic World [wie Anm. 91], S. 319; Antonello Gerbi, Nature in the New World. From Christopher Columbus to Gonzalo Fernández de Oviedo, Pittsburgh 1985, S. 3f.

144 Gewecke, Neue Welt [wie Anm. 4], S. 100.

145 König, Inseln [wie Anm. 142], S. 106.

146 Vgl. Behringer, Lust [wie Anm. 32], S. 84–110.

147 Vgl. Renate Pieper, Informationszentren im Vergleich. Die Stellung Venedigs und Antwerpens im 16. Jahrhundert, in: Michael North (Hg.), Kommunikationsrevolutionen. Die neuen Medien des 16. und 19. Jahrhunderts, Köln 1995, S. 49.

148 Siehe Hans-Joachim König, Phantastisches und Wirkliches. Die Wahrnehmung Amerikas in den ›Neuen Zeytungen‹, in: Wolff, America [wie Anm. 141], S. 109–110.

149 Siehe Barbour, Works [wie Anm. 81].

150 Vgl. Thomas Gage, A New Survey of the West India's, or the English American … [1648], 2. Aufl. London 1655.

151 Vgl. Richard Ligon, A True & Exact History of the Island of Barbadoes, illustrated with a Map of the Island, as also the Principal Trees and Plants there …, London 1657. Richard Blome, A Description of the Island of Jamaica …, London 1672.

152 Johannes de Laet, Nieuwe Wereldt ofte beschrijvinghe van West-Indien, Leiden 1630; Jacob Steendam, 'T Lof van Nuw-Nederlant…[1661], in: Henry C. Murphy (Hg.), Anthology of New Netherland or Translations from Early Dutch Poets of New York [1865], Ndr. Amsterdam 1966.

153 Über die Beziehungen und Kausalitäten zwischen Amerikanischer und Französischer Revolution haben bereits die Zeitgenossen beiderseits des Atlantiks heftig philosophiert. Die zeitliche Abfolge, die französische Unterstützung der Amerikaner gegen Großbritannien und die Inhalte der Bewegungen legen eine Verwandtschaft nahe und haben in der Forschung eine

Vorstellung von beiden Revolutionen als Teile einer generellen atlantischen Zivilisation, in Anlehnung an Fernand Braudels mediterrane Zivilisation aufkommen lassen. Vgl. dazu Bernard Bailyn, The Idea of Atlantic History, unveröffentl. Manuskript, Cambridge/Mass. 1996, S. 9.

154 Gewecke, Neue Welt [wie Anm. 4], S. 150.

155 Vgl. dazu Gerhard Langemeyer, Die Nähe und die Ferne, in: Stilleben in Europa, Münster 1979, S. 20–43.

156 Vgl. Eckhart G. Franz, Indianer und Insekten. Hessische Beiträge zur Entdeckung und Erforschung der Neuen Welt im 16. und 17. Jahrhundert, in: Dipper und Vogt, Entdeckungen [wie Anm. 6], S. 388 f.

157 Gewecke, Neue Welt [wie Anm. 4], S. 180.

158 Decot, Weltbild [wie Anm. 46], S. 119.

159 Crosby, Früchte [wie Anm. 104], S. 214.

160 Behringer, Lust [wie Anm. 32], S. 120.

161 Vgl. Geoffrey Parker, Die Entstehung des modernen Geld- und Finanzwesens in Europa 1500–1730, in: Carlo M. Cipolla und K. Borchardt (Hg.), Europäische Wirtschaftsgeschichte, Bd. 2, Stuttgart 1983, S. 335–379.

162 Behringer, Lust [wie Anm. 32], S. 25, S. 28 ff.

163 Ebd., S. 39.

164 Vgl. ebd., S. 158.

165 Vgl. John R. Fisher und Horst Pietschmann, Wirtschaft, Handel, Geldwesen, Fiskus und Verkehr, in: Pietschmann u.a., Handbuch [wie Anm. 26], S. 407.

166 Reinhard, Geschichte [wie Anm. 22], S. 100.

167 Vgl. Emmer, Mimler und Partenheimer-Bein u. a., Wirtschaft [wie Anm. 93], S. 426.

168 Nach Reinhard, Geschichte [wie Anm. 22], S. 97 ff.

169 Vgl. J.C.M. Warnsinck, Drie 17e eeuwse admiraals: Piet Heyn, Witte de With, Jan Evertsen, Rotterdam 1977; S.P.L'Honoré Naber und Irene A. Wright (Hg.), Piet Heyn en de zilvervloot. Bescheiden uit nederlandsche en spaansche archieven, Utrecht 1928.

170 Nach Reinhard, Geschichte [wie Anm. 22], S. 96.

171 Vgl. ebd., S. 107.

172 Vgl. Heinz Schilling, Aufbruch und Krise. Deutschland 1517–1648, Berlin 1994, S. 229 ff.

173 Zitiert nach Geoffrey Parker, War and Economic Change: the Economic Costs of the Dutch Revolt, in: ders., Spain and the Netherlands 1559–1659, ten Studies, Glasgow 1979, S. 188.

174 Vgl. Parker, War [wie Anm. 173], S. 188; McAllister, Spain [wie Anm. 73], S. 293 ff.

175 Nach Parker, War [wie Anm. 173], S. 188.

176 Über die Wechselbeziehungen zwischen Edelmetallimporten, Preisrevolutionen, Inflationen und Konjunkturverläufen streitet die Forschung seit lan-

gem, ohne zu einem einhelligen Urteil zu gelangen. Siehe dazu die Darstellungen von Earl J. Hamilton, American Treasure and the Price Revolution in Spain, 1501–1650, [1934] New York 1965; Pierre und Huguette Chaunu, Séville et l'Atlantique (1504–1650), 12 Bde., Paris 1955–1960; Michel Morineau, Incroyables gazettes et fabuleux métaux. Les retours des trésors américains d'après les gazettes hollandaises, Cambridge 1985; Renate Pieper, Die Preisrevolutionen in Spanien 1500–1640, Wiesbaden 1985.

177 Vgl. Wolfgang Reinhard, Parasit oder Partner? Europäische Wirtschaft und Neue Welt 1500–1800 (= Periplus-Texte, hg. von Dietmar Rothermund, Bd. 3) Münster 1997, S. 65; Jacob van Klaveren, Europäische Wirtschaftsgeschichte Spaniens im 16. und 17. Jahrhundert, Stuttgart 1960.

178 Vgl. Frédéric Mauro, Towards an ›Intercontinental Model‹. European Overseas Expansion between 1500 and 1800, in: Economic History Review 14 (1961), S. 1–17; Immanuel Wallerstein, The Modern World System, 2 Bde. New York 1974–1980.

179 Vgl. Sidney Mintz, Die süße Macht. Kulturgeschichte des Zuckers, Frankfurt a. M. 1985.

180 Vgl. Jean Delumeau, Angst im Abendland. Die Geschichte kollektiver Ängste im Europa des 14. bis 18. Jahrhunderts, Hamburg 1989, S. 228 ff.

181 Mintz, Macht [wie Anm. 179], S. 56.

182 Ebd., S. 53.

183 Großes vollständiges Universal-Lexikon aller Wissenschaften und Künste [Zedler], 64 Bde., Halle/Leipzig 1732–1754, Bd. 63, S. 1050.

184 Vgl. Pietschmann, u. a., Handbuch [wie Anm. 26], passim.

185 Zahlen nach Frédéric Mauro, Le Brésil, Paris 1977, S. 56.

186 Vgl. dazu Davies, North Atlantic [wie Anm. 91], S. 185; Frédéric Mauro, Portugal et l'Atlantique au XVIIe siècle (1570–1670), Paris 1960, S. 231; Noel Deerr, The History of Sugar, 2 Bde., London 1949, Bd. 2, S. 454.

187 Vgl. Hans Pohl, Die Portugiesen in Antwerpen (1567–1648). Zur Geschichte einer Minderheit, Wiesbaden 1977.

188 Vgl. zu diesem Themenbereich Richard S. Dunn, The Barbados Census of 1680: Profile of the Richest Colony in English America, in: The William and Mary Quarterly 26 (1969), S. 3–30; ders., Sugar and Slaves. The Rise of the Planter Class in the English West Indies, 1624–1713, London 1973; Richard S. Sheridan, Sugar and Slavery. An Economic History of the British West Indies, 1623–1775, Lodge Hill/Barbados 1974.

189 Mintz, Macht [wie Anm. 179], S. 77.

190 Nach Jonathan I. Israel, Dutch Primacy in World Trade, 1585–1740, 2. Aufl. Oxford 1989, S. 265.

191 Vgl. Mintz, Macht [wie Anm. 179], passim.

192 Zur Eßkultur und zum Einfluß des Zuckers vgl. Norbert Elias, Über den Prozeß der Zivilisation, 2 Bde., Frankfurt a. M. 1969; Massimo Montanari,

Der Hunger und der Überfluß, Kulturgeschichte der Ernährung in Europa, München 1993.

193 Vgl. Robert Latham, (Hg.), The Shorter Pepys, 2. Aufl. London 1987, S. 799.

194 Zu der Diskussion um etwaige Zusammenhänge zwischen Sklavenhandel, Kapitalakkumulation und Industrialisierung vgl. Wirz, Sklaverei [wie Anm. 127], passim; Eric Williams, Capitalism and Slavery, Chapel Hill / NC 1944; Reinhard, Parasit [wie Anm. 177], S. 112 ff.; Barbara L. Solow, Slavery and Colonization, in: dies. (Hg.), Slavery and the Rise of the Atlantic System, Cambridge 1993, S. 21–43.

195 Mintz, Macht [wie Anm. 179], S. 250.

196 Vgl. Gehring und Starna, Journey [wie Anm. 115], passim.

197 Vgl. Montanari, Hunger [wie Anm. 192], S. 160 f.

198 Vgl. William H. McNeill, American Food Crops in the Old World, in: Herman J. Viola und Carolyn Margolis, (Hg.), Seeds of Change, Washington / DC 1991, S. 52.

199 Zedler, Universal-Lexikon [wie Anm. 183], Bd. 8, S. 1514–1519.

200 Zitiert nach Montanari, Hunger [wie Anm. 192], S. 192.

201 Nach McNeill, American Food Crops [wie Anm. 198], S. 46 f.

202 Montanari, Hunger [wie Anm. 192], S. 167.

203 Vgl. Henry Hobhouse, Seeds of Change. Five Plants that Transformed Mankind, New York 1985; McNeill, American Food Crops [wie Anm. 198], S. 43 ff.

204 Vgl. Behringer, Lust [wie Anm. 32], S. 30.

205 Vgl. ebd., S. 37.

206 Zitiert nach Egon Caesar Conte Corti, Geschichte des Rauchens. Die trokkene Trunkenheit. Ursprung, Kampf und Triumph des Rauchens, o. O. 1930, S. 35.

207 Ebd.

208 Vgl. ebd., S. 138.

209 Ebd., S. 240.

210 Ebd., S. 71.

211 Ebd.

212 Vgl. Latham, Pepys [wie Anm. 193], S. 494.

213 Conte Corti, Geschichte [wie Anm. 206], S. 99.

214 Ebd., S. 108.

215 Zitat bei J.G.A. Pocock (Hg.), James Harrington. The Commonwealth of Oceana and a System of Politics, Cambridge 1992, S. 16.

216 Vgl. Jürgen Heideking, Geschichte der USA, Tübingen 1996, passim.

217 Vgl. Hans-Ulrich Wehler, Grundzüge der amerikanischen Außenpolitik, I: 1750–1900. Von den englischen Küstenkolonien zur amerikanischen Weltmacht, Frankfurt a. M. 1983, S. 99 ff.

Zeittafel

1492	Ankunft von Christopher Columbus auf Guanahaní
1493	Papst Alexander VI. teilt die Welt in eine kastilische und eine portugiesische Einflußsphäre
1494	kastilisch-portugiesischer Vertrag von Tordesillas
1496	Gründung von Santo Domingo
1497	Giovanni Caboto (John Cabot) erforscht im Auftrag der englischen Krone die nordamerikanische Ostküste zwischen Maine und Labrador
1501/1502	Reise des Amérigo Vespucci nach Brasilien
1503	Gründung der *Casa de la Contratación* in Sevilla
1505	Spanien bringt schwarze Sklaven in die Neue Welt
1509	Spanier erobern Jamaika und Puerto Rico
1511	Anton Montesino predigt in Santo Domingo gegen die Versklavung der Indianer und deren schlechte Behandlung durch die Spanier
1516	Regierungsbeginn von Carlos I. in Spanien (ab 1519 Kaiser Karl V.)
1517	Luther fordert die Reformation der katholischen Kirche
1518	die spanische Krone wird zum Vikar des Papstes in Amerika
1519–22	Eroberung Mexikos durch Hernán Cortés
1520–22	Aufstand der *Comuneros* in Spanien
1524	der Italiener in französischen Diensten, Giovanni da Verrazzano, erkundet die Ostküste zwischen den Carolinas und Maine
1528	Vertrag zwischen Karl V. und der Augsburger Firma Welser über die Kolonisierung Venezuelas
1531–33	Francisco Pizarro erobert das Gebiet der Inka
1534	der englische König Heinrich VIII. löst sich von der katholischen Kirche und begründet die anglikanische Kirche, als deren Oberhaupt er selbst agiert
1534–35	Jacques Cartier erforscht bei der Suche nach einer Nordwestpassage nach Asien den St. Lorenzstrom
1539–42	Hernán de Soto erkundet den Golf von Mexiko
1542	*Nuevas Leyes de Indias*, spanische Gesetze zum Schutz der Indianer
1546	Gründung der Erzbistümer Santo Domingo, Mexiko und Lima
1551	Gründung der Universität von Mexiko
1552	Las Casas Schrift »Brevísima relación ...« erscheint

1554	Gründung von São Paulo
1555	Kaiser Karl V. dankt ab und verteilt sein Reich an seinen Sohn Philipp II. und seinen Bruder Ferdinand
1565	Zerstörung der hugenottischen Siedlung in Florida durch die Spanier, Gründung des spanischen Forts San Augustin
1566–1648	Niederländischer Aufstand gegen den spanischen Landesherrn
1576	Antwerpen wird von spanischen Truppen geplündert
1581	die nördlichen Provinzen der Niederlande lösen sich von ihrem Landesherrn, dem spanischen König Philipp II. (*Acte van Afzwering*)
1585	englischer Siedlungsversuch auf Roanoke in Virginia, heutiges North Carolina
1588	spanische Armada scheitert beim Angriff auf England
1603–35	Samuel de Champlain erkundet Kanada und Neuengland
1606	Charter für die Virginia Company
1607	Gründung der ersten dauerhaften englischen Siedlung in Nordamerika, Jamestown/Virginia
1608	Samuel de Champlain gründet Quebec
1609–11	Henry Hudson erkundet im Dienste der Niederländischen Ostindischen Gesellschaft (*VOC*) den nach ihm benannten Hudson
1610–12	niederländische Siedlungsversuche in Guyana und am Amazonas
1613	Niederländer gründen Breukelin (= Brooklyn) in Nordamerika
1614	Tabakanbau in Virginia
1619	erste schwarze Sklaven in Virginia
1620	Fahrt der »Mayflower«, Gründung von *Plymouth Plantation*
1621	Gründung der *WIC* (Westindische Compagnie)
1624	Gründung der Kolonie Nieuw Nederland
1624–27	Barbados wird englisch
1626	Pieter Minuit kauft Manhattan
1629	Charter für die *Massachusetts Bay Company*
1630	Nordbrasilien wird zur niederländischen Kolonie Nieuw Holland
1635	Kardinal Richelieu gründet die *Compagnie des Iles d'Amerique*; die Franzosen erobern Guadeloupe, Martinique und Dominica
1636	Gründung von Harvard College in Cambridge/Massachusetts
1637	*WIC* gründet Sklavenhandelsposten in Westafrika
1638	Schweden gründet eine Siedlung am Delaware
·1640	Hugenotten besiedeln Tortuga
1645	Aufstand portugiesischer Pflanzer in Nieuw Holland (Brasilien) gegen die niederländischen Herren
1648	Westfälischer Frieden: Spanien akzeptiert offiziell die Existenz der niederländischen Republik
1649	Hinrichtung des englischen Königs Karl I.

1650	von Barbados aus wird Surinam besiedelt
1651	die Kartoffel erreicht Brandenburg; erste Navigationsakte
1652–54	1. Englisch-Niederländischer Krieg
1654	Fall Pernambucos: niederländische Juden und Christen werden vertrieben
1655	Niederländer erobern die schwedische Siedlung am Delaware
1655	*Western Design*: Engländer erobern Jamaika
1657	sephardische Juden aus Nieuw Holland siedeln in Nieuw Amsterdam
1660	Restauration der englischen Krone, Karl II. wird König
1664	eine englische Flotte überfällt Nieuw Amsterdam
1665–67	2. Englisch-niederländischer Krieg, Friede von Breda
1667	Surinam wird niederländische Kolonie
1670	Gründung der *Hudson's Bay Company*
1671	Ende der alten *WIC*; 1674 Neugründung
1672	Gründung der *Royal African Company*
1672–74	3. Englisch-Niederländischer Krieg, Friede von Westminster
1674	Nieuw Nederland wird New York
1682	Robert Cevalier de la Salle gründet Louisiana
1683	Gründung der *Societeit van Suriname*
1685	Aufhebung des Edikts von Nantes, Hugenotten fliehen in die Niederlande, nach Deutschland und Übersee
1685–89	*Dominion of New England* (Union der neuenglischen Kolonien mit New York)
1688/89	Glorreiche Revolution in England; Beginn des Kriegs zwischen der Allianz unter dem niederländischen Statthalter und englischen König Wilhelm III. gegen Ludwig XIV.
1696	Gründung des *Board of Trade and Plantations in London*
1697	Friede von Rijswijk
1702	Tod Wilhelms III.
1705	Einführung eines Sklavereigesetzes in Virginia
1713	Friede von Utrecht, Großbritannien bekommt den Asiento
1717	Gründung der *Compagnie française d'Occident* zur Besiedlung Louisianas
1718	Gründung von Nouvelle Orleans (= New Orleans) Jahre
1732	Gründung von Georgia
1748	Friede von Aachen
1752	Ende des Asiento
1756–63	Siebenjähriger Krieg; Friede von Paris
1776–83	Amerikanischer Unabhängigkeitskrieg, Friede von Paris

Literatur

Alpers, Svetlana, The Art of Describing. Dutch Art in the Seventeenth Century, Chicago 1983.

Anderson, Arthur J.O. und Charles E. Dibble (Hg.), Bernardino de Sahagún, Florentine Codex: General History of the Things of New Spain, 13 Bde., Santa Fe/NM 1950–1982.

Atkinson, Geoffrey, Les nouveaux horizons de la renaissance française, Paris 1935.

Axtell, James, Beyond 1492. Encounters in Colonial North America, New York 1992.

Bailyn, Bernard, The Idea of Atlantic History, unveröffentlichtes Manuskript, Cambridge/Mass. 1996.

Ders., The Peopling of British America, New York 1988.

Barbour, Philip L. (Hg.), The Complete Works of Captain John Smith (1580–1631), 3 Bde., Chapel Hill/NC 1986.

Behringer, Wolfgang (Hg.), Lust an der Geschichte. Amerika. Die Entdeckung und Entstehung einer neuen Welt. Ein Lesebuch, München 1992.

Bennett, Deb und Robert S. Hoffmann, Ranching in the New World, in: Herman J. Viola und Carolyn Margolis (Hg.), Seeds of Change, Washington/DC 1991, S. 90–111.

Bitterli, Urs, Alte Welt – neue Welt. Formen des europäisch-überseeischen Kulturkontakts vom 15. bis zum 18. Jahrhundert, München 1992.

Ders., Die Entdeckung Amerikas. Von Kolumbus bis Alexander von Humboldt, München 1991.

Ders., Kolumbus und die Wilden, in: Geschichte in Wissenschaft und Unterricht 44 (1993), S. 19–28.

Blome, Richard, A Description of the Island of Jamaica, London 1672.

Boogaart, Ernst van den, Colour Prejudice and the Yardstick of Civility: the Initial Dutch Confrontation with Black Africans, 1590–1635, in: Robert Ross (Hg.), Racism and Colonization, Leiden 1982, S. 33–54.

Boxer, Charles R., The Dutch in Brazil, 1624–1654, Hamden 1973.

Ders., The Dutch Seaborne Empire, 1600–1800, London 1965.

Ders., The Portuguese Seaborne Empire, 1415–1825, New York/London 1969.

Boyd-Bowman, Peter, Patterns of Spanish Emigration to the Indies until 1600, in: Hispanic American Historical Review 56 (1976), S. 580–604.

Ders., Patterns of Spanish Emigration to the New World, 1493–1580, Buffalo/NY 1973.

Breen, Timothy H., Tobacco Culture. The Mentality of the Great Tidewater Planters on the Eve of Revolution, Princeton/NJ 1985.

Ders. und Stephen Foster, Moving to the New World: The Character of Early Massachusetts Immigration, in: Timothy H. Breen, Puritans and Adventurers, New York 1980, S. 46–67.

Chaunu, Pierre, Séville et l'Amérique aux XVIe et XVIIe siècles, Paris 1977.

Chaunu, Pierre und Huguette, Séville et l'Atlantique (1504–1650), 12 Bde., Paris 1955–1960.

Choquette, Leslie, Frenchmen into peasants: Modernity and Tradition in the Peopling of French North America, in: Proceedings of the American Antiquarian Society 104 (1994), S. 27–49.

Coleman, K., Colonial Georgia. A History, New York 1976.

Condon, Thomas, New York Beginnings: The Commercial Origins of New Netherland, New York 1968.

Conte Corti, Egon Caesar, Geschichte des Rauchens. Die trockene Trunkenheit. Ursprung, Kampf und Triumph des Rauchens, o. O. 1930.

Corbin, Alain, Meereslust. Das Abendland und die Entdeckung der Küste, Frankfurt a. M. 1994.

Cressy, David, Coming over. Migration and Communication between England and New England in the Seventeenth Century, 2. Aufl. Cambridge 1989.

Cronon, W., Changes in the Land, New York 1983.

Crosby, Alfred, Die Früchte des weißen Mannes. Ökologischer Imperialismus 900–1900, Darmstadt 1991.

Crouse, Nellie M., French Pioneers in the West Indies, 1624–1664, New York 1940.

Curtin, Philip D., The Atlantic Slave Trade. A Census, Madison/Wisc. 1969.

Davenport, Frances G. (Hg.), European Treaties Bearing on the History of the United States and its Dependancies, 4 Bde., [1929] Ndr. Gloucester/Mass. 1967.

Davies, K. G., The North Atlantic World in the Seventeenth Century, Minneapolis/MN 1974.

Davis, William T. (Hg.), Bradford's History of Plymouth Plantation 1606–1646, New York 1908.

Deckers, Daniel, Die Kontroverse um die Rechtmäßigkeit der Eroberung Amerikas, in: Zeitschrift für Historische Forschung 21 (1994), S. 345–373.

Decot, Rolf, Weltbild und Erdform in der theologischen Betrachtung von 1450–1550, in: Christof Dipper und Martin Vogt (Hg.), Entdeckungen und frühe Kolonisation, Darmstadt 1993, S. 107–134.

Deerr, Noel, The History of Sugar, 2 Bde., London 1949.

Delumeau, Jean, Angst im Abendland. Die Geschichte kollektiver Ängste im Europa des 14. bis 18. Jahrhunderts, Hamburg 1989.

Dipper, Christof, Guanahaní, 12. Oktober 1491: Der welthistorische Augen-

blick, in: ders. und Martin Vogt (Hg.), Entdeckungen und frühe Kolonisation, Darmstadt 1993, S. 135–163.
Dongen, Alexandra van, The Inexhaustible Kettle. De metamorfose van een Europees gebruiksvoorwerp in de wereld van de Noord-Amerikaanse Indianen. The Metamorphosis of a European Utensil in the World of the North American Indians, in: dies. (Hg.), »One Man's Trash is another Man's Treasure«. The Metamorphosis of the European Utensil in the New World, Rotterdam 1996, S. 115–170.
Dumas, Silvio, Les filles du roi en Nouvelle France. Etude historique avec répertoire biographique, Quebec 1972.
Dunn, Richard S., The Barbados Census of 1680: Profile of the richest Colony in English America, in: The William and Mary Quarterly 26 (1969), S. 3–30.
Ders., Sugar and Slaves. The Rise of the Planter Class in the English West Indies, 1624–1713, London 1973.
Dyckerhoff, Ursula, Geschichte der Indianer bis zur Conquista, in: Horst Pietschmann, Walther L. Bernecker, Raymond Th. Buve, u. a. (Hg.), Handbuch der Geschichte Lateinamerikas, Bd. 1, Mittel-, Südamerika und die Karibik bis 1760, Stuttgart 1994, S. 101–203.
Eccles, W. J., Canada under Louis XIV, 1663–1701, London 1964.
Elias, Norbert, Über den Prozeß der Zivilisation, 2 Bde., Frankfurt a. M. 1969.
Elliott, John H., Imperial Spain 1496–1716, [1963] 5. Aufl. Harmondsworth 1976.
Ders., The Old World and the New, 1492–1650, Cambridge 1972.
Ders. (Hg.), The Spanish World: Civilization and Empire, Europe and the Americas, Past and Present, New York 1991.
Elvert, Jürgen, Geschichte Irlands, München 1993.
Emmer, Pieter, Manfred Mimler, Anneli Partenheimer-Bein u. a. (Hg.), Wirtschaft und Handel der Kolonialreiche (= Dokumente zur Geschichte der europäischen Expansion, Bd. 4) München 1988.
Esquemelin, Alexandre Olivier, De Americaensche zeerovers, [1678] Laren 1971.
Fisch, Jörg, Die europäische Expansion und das Völkerrecht. Die Auseinandersetzungen um den Status der überseeischen Gebiete vom 15. Jahrhundert bis zur Gegenwart, Stuttgart 1984.
Fisher, John R., Gold in the Search for the Americas, in: Gold Bulletin 9 (1976), S. 58–63.
Ders. und Horst Pietschmann, Wirtschaft, Handel, Geldwesen, Fiskus und Verkehr, in: Horst Pietschmann, Walther L. Bernecker, Raymond Th. Buve, u. a. (Hg.), Handbuch der Geschichte Lateinamerikas, Bd. 1, Mittel-, Südamerika und die Karibik bis 1760, Stuttgart 1994, S. 400–453.
Fogleman, Aaron, Hopeful Journeys: German Immigration, Settlement, and Political Culture in Colonial America, 1717–1775, Philadelphia 1996.
Ders., The Transformation of Immigration into the United States during the

Era of the American Revolution, unveröffentlichtes Manuskript, Cambridge/Mass. 1996.
Franz, Eckhart G., Indianer und Insekten. Hessische Beiträge zur Entdeckung und Erforschung der Neuen Welt im 16. und 17. Jahrhundert, in: Christof Dipper und Martin Vogt (Hg.), Entdeckungen und frühe Kolonisation, Darmstadt 1993, S. 381–395.
Friderici, Georg, Der Charakter der Entdeckung und Eroberung Amerikas durch die Europäer, 3 Bde., [1925–1936] Ndr. Osnabrück 1969.
Gage, Thomas, A New Survey of the West India's, or the English American ... [1648], 2. Aufl. London 1655.
Galenson, David, White Servitude in Colonial America: an Economic Analysis, Cambridge/Mass. 1981.
Gehring, Charles T. und William A. Starna (Hg.), A Journey into Mohawk and Oneida Country, 1634–1635. The Journal of Harmen Meyndertsz van den Bogaert, Syracuse/NY 1988.
Gemery, Henry A., Markets for Migrants: English Indentured Servitude and Emigration in the Seventeenth and Eighteenth Centuries, in: Pieter Emmer (Hg.), Colonialism and Migration: Indentured Labour before and after Slavery, Dordrecht 1986, S. 33–53.
Gerbi, Antonello, The Dispute of the New World. The History of a Polemic, 1750–1900, [1955] Pittsburgh 1973.
Ders., Nature in the New World. From Christopher Columbus to Gonzalo Fernández de Oviedo, Pittsburgh 1985.
Gewecke, Frauke, Wie die Neue Welt in die Alte kam, München 1992.
Goslinga, Cornelis Ch., The Dutch in the Caribbean and in the Guianas 1680–1791, Assen 1985.
Ders., A Short History of the Netherlands Antilles and Surinam, Den Haag 1979.
Haak, Bob, Das Goldene Zeitalter der holländischen Malerei, Köln 1984.
Haberland, Wolfgang, Amerikanische Archäologie. Geschichte, Theorie, Kulturentwicklung, Darmstadt 1991.
Häberlein, Mark, Vom Oberrhein zum Susquehanna. Studien zur badischen Auswanderung nach Pennsylvania im 18. Jahrhundert, Stuttgart 1993.
Hamilton, Earl J., American Treasure and the Price Revolution in Spain, 1501–1650, [1934] New York 1965.
Heideking, Jürgen, Geschichte der USA, Tübingen/Basel 1996.
Heijer, Henk de, De geschiedenis van de WIC, Zutphen 1994.
Henretta, James A., »Salutary neglect«: Colonial Administration under the Duke of Newcastle, Princeton/NJ 1972.
Hobhouse, Henry, Seeds of Change. Five Plants that Transformed Mankind, New York 1985.
Ingstad, Anne und Helge, The Discovery of a Norse Settlement in America, Oslo 1977.

Israel, Jonathan I., Dutch Primacy in World Trade, 1585–1740, 2. Aufl. Oxford 1989.

Ders., The Dutch Republic and the Hispanic World 1606–1661, 2. Aufl. Oxford 1989.

Jennings, Francis, The Founders of America, New York 1993.

Ders., The Invasion of America. Indians, Colonialism, and the Cant of Conquest, Chapel Hill/NC 1976.

Jensen, Merrill (Hg.), English Historical Documents, Bd. 9: American Colonial Documents to 1776, London 1969.

Julien, Charles-André, Les Français en Amérique au XVIIe siècle, Paris 1976.

Klaveren, Jacob van, Europäische Wirtschaftsgeschichte Spaniens im 16. und 17. Jahrhundert, Stuttgart 1960.

Klöss, Erhard, Die Herren der Welt. Die Entstehung des Kolonialismus in Europa, Köln 1985.

Klueting, Harm, Das konfessionelle Zeitalter 1525–1648, Stuttgart 1989.

Konetzke, Richard, Die Indianerkulturen Altamerikas und die spanisch-portugiesische Kolonialherrschaft, Frankfurt a. M. 1965.

Ders. (Hg.), Lateinamerika seit 1492, Stuttgart 1971.

König, Hans-Joachim, Von den neu gefundenen Inseln, Regionen und Menschen. Zu den Briefen von Christoph Columbus, Amérigo Vespucci und Hernán Cortés, in: Hans Wolff (Hg.), America, das frühe Bild der Neuen Welt, München 1992, S. 103–108.

Ders., Phantastisches und Wirkliches. Die Wahrnehmung Amerikas in den ›Neuen Zeytungen‹, in: Hans Wolff (Hg.), America, das frühe Bild der Neuen Welt, München 1992, S. 109–110.

Kossmann, E. H. und A. F. Mellink, Texts Concerning the Revolt of the Netherlands, Cambridge 1974.

Kùpperman, Karen Ordahl, Roanoke: The Abandoned Colony, Totowa 1984.

Dies., Settling with the Indians. The Meeting of English and Indian Cultures in America, 1580–1640, London 1980.

L'Honoré Naber, S. P. und Irene A. Wright (Hg.), Piet Heyn en de zilvervloot. Bescheiden uit nederlandsche en spaansche archieven, Utrecht 1928.

Laet, Johannes de, Nieuwe Wereldt ofte beschrijvinghe van West-Indien, Leiden 1630.

Langemeyer, Gerhard, Die Nähe und die Ferne, in: Stilleben in Europa, Münster 1979, S. 20–43.

Langenberg, Inge, Die Vinlandfahrten. Die Entdeckung Amerikas von Erik dem Roten bis Kolumbus (1000–1492), Köln/Wien 1977.

Latham, Robert (Hg.), The Shorter Pepys, 2. Aufl. London 1987.

Lavallé, Bernard, Das Alltagsleben, in: Horst Pietschmann, Walther L. Bernekker, Raymond Th. Buve, u. a. (Hg.), Handbuch der Geschichte Lateinamerikas, Bd. 1, Mittel-, Südamerika und die Karibik bis 1760, Stuttgart 1994, S. 521–533.

Lichtenberg, Georg Christoph, Ausgewählte Werke, Bd. 1, Frankfurt a. M. 1976.

Lier, R.A.J. van, Frontier Society. A Social Analysis of the History of Surinam, Den Haag 1971.

Ligon, Richard, A True & Exact History of the Island of Barbadoes, Illustrated with a Map of the Island, as also the Principal Trees and Plants there ..., London 1657.

Lindgren, Uta, Wege und Irrwege der Darstellung Amerikas in der frühen Neuzeit, in: Hans Wolff (Hg.), America, das frühe Bild der Neuen Welt, München 1992, S. 145–160.

Lindig, Wolfgang, Band 1: Nordamerika. Von der Beringstraße bis zum Isthmus von Tehuantepec, in: Wolfgang Lindig und Mark Münzel, Die Indianer. Kulturen und Geschichte, 2 Bde., 5. Aufl. München 1992.

MacDonald, David W., Auf dem Hof da sind die Löwen los, in: Geo Nr. 8 (August 1989), S. 64–74.

Mähl, Hans-Joachim (Hg.), Sebastian Brant. Das Narrenschiff, Stuttgart 1995.

Maltby, William S., The Black Legend in England. The Development of Anti-Spanish Sentiment, 1558–1660, Durham 1968.

Matz, Klaus-Jürgen, Das Kolonialexperiment des Großen Kurfürsten in der Geschichtsschreibung des 19. und 20. Jahrhunderts, in: Gerd Heinrich (Hg.), Ein Sonderbares Licht in Teutschland: Beiträge zur Geschichte des Großen Kurfürsten von Brandenburg 1640–1688, (= Zeitschrift für Historische Forschung, Beiheft 8) Berlin 1990, S. 191–202.

Mauro, Frédéric, Le Brésil, Paris 1977.

Ders., Portugal et l'Atlantique au XVIIe siècle (1570–1670), Paris 1960.

Ders., Towards an ›Intercontinental Model‹. European Overseas Expansion between 1500 and 1800, in: Economic History Review 14 (1961), S. 1–17.

McAllister, Lyle N., Spain and Portugal in the New World 1492–1700, Minneapolis/MN 1984.

McCusker, John und Russell R. Menard, The Economy of British America, 1607–1789, Chapel Hill/NC 1985.

McKee Evans, William, From the Land of Canaan to the Land of Guinea: The Strange Odyssey of the »Sons of Ham«, in: American Historical Review 85 (1980), S. 15–43.

McNeill, William H., American Food Crops in the Old World, in: Herman J. Viola und Carolyn Margolis (Hg.), Seeds of Change, Washington/DC 1991, S. 43–59.

Meiden, Gerard Willem van der, Betwist Bestuur: een eeuw strijd om de macht in Suriname, 1651–1753, Diss. phil. Amsterdam 1986.

Menninger, Annerose, Die Macht der Augenzeugen. Neue Welt und Kannibalen-Mythos, 1492–1600, Stuttgart 1995.

Meyn, Matthias, Manfred Mimler u. a. (Hg.), Der Aufbau der Kolonialreiche, (= Dokumente zur Geschichte der europäischen Expansion, Bd. 3), München 1987.

Mintz, Sidney, Die süße Macht. Kulturgeschichte des Zuckers, Frankfurt a. M. 1985.

Mollat du Jourdin, Michel, Europa und das Meer, München 1993.

Montanari, Massimo, Der Hunger und der Überfluß, Kulturgeschichte der Ernährung in Europa, München 1993.

Montias, M., Artists and Artisans in Delft, Princeton/NJ 1982.

Morgan, Edmund S., American Slavery – American Freedom. The Ordeal of Colonial Virginia, New York 1975.

Morineau, Michel, Incroyables gazettes et fabuleux métaux. Les retours des trésors américains d'après les gazettes hollandaises, Cambridge 1985.

Morus, Thomas, Utopia, [1516] Stuttgart 1987.

North, Michael, Geschichte der Niederlande, München 1997.

Olson, Alison Gilbert, Anglo-American Politics, 1660–1775. The Relationship between Parties in England and Colonial America, New York 1973.

Osterhammel, Jürgen, Kolonialismus. Geschichte – Formen – Folgen, München 1995.

Parker, Geoffrey, Die Entstehung des modernen Geld- und Finanzwesens in Europa 1500–1730, in: Carlo Cipolla und K. Borchardt (Hg.), Europäische Wirtschaftsgeschichte, Bd. 2, Stuttgart 1983, S. 335–379.

Ders., War and Economic Change: the Economic Costs of the Dutch Revolt, in: ders., Spain and the Netherlands 1559–1659, ten Studies, Glasgow 1979, S. 178–203.

Pérez-Lila, Francisco de Solano, Die hispanoamerikanische Stadt, in: Horst Pietschmann, Walther L. Bernecker, Raymond Th. Buve, u. a. (Hg.), Handbuch der Geschichte Lateinamerikas, Bd. 1, Mittel-, Südamerika und die Karibik bis 1760, Stuttgart 1994, S. 555–575.

Pieper, Renate, Hispanoamerika. Die demographische Entwicklung, in: Horst Pietschmann, Walther L. Bernecker, Raymond Th. Buve, u. a. (Hg.), Handbuch der Geschichte Lateinamerikas, Bd. 1, Mittel-, Südamerika und die Karibik bis 1760, Stuttgart 1994, S. 313–328.

Dies., Informationszentren im Vergleich. Die Stellung Venedigs und Antwerpens im 16. Jahrhundert, in: Michael North (Hg.), Kommunikationsrevolutionen. Die neuen Medien des 16. und 19. Jahrhunderts, Köln 1995, S. 45–60.

Dies., Die Preisrevolutionen in Spanien 1500–1640, Wiesbaden 1985.

Pietschmann, Horst, Hispanoamerika. Politisch-administrative Organisation, in: ders., Walter R. Bernecker, Raymond Th. Buve, u. a. (Hg.), Handbuch der Geschichte Lateinamerikas, Bd. 1, Mittel-, Südamerika und die Karibik bis 1760, Stuttgart 1994, S. 328–364.

Pietschmann, Horst, Walther L. Bernecker, Raymond Th. Buve, u. a. (Hg.),

Handbuch der Geschichte Lateinamerikas, Bd. 1, Mittel-, Südamerika und die Karibik bis 1760, Stuttgart 1994.

Pocock, J.G.A. (Hg.), James Harrington. The Commonwealth of Oceana and a System of Politics, Cambridge 1992.

Pohl, Hans, Die Portugiesen in Antwerpen (1567–1648). Zur Geschichte einer Minderheit, Wiesbaden 1977.

Postma, Johannes Menne, The Dutch in the Atlantic Slave Trade 1600–1815, Cambridge 1990.

Potthast-Jutkeit, Barbara, Die Frauen in der Conquista, in: Bericht über die 39. Versammlung deutscher Historiker in Hannover, 23.–26.9.1992, Stuttgart 1994, S. 299–301.

Prem, Hanns, Die Azteken. Geschichte, Kultur, Religion, München 1996.

Quinn, David B. (Hg.), New American World. A Documentary History of North America to 1612, 4 Bde., New York 1979.

Ders., Set Fair for Roanoke: Voyages and Colonies, 1584–1606, Chapel Hill/NC 1985.

Rainbolt, John C., The Absence of Towns in Seventeenth-Century Virginia, in: Journal of Southern History 35 (1969), S. 343–360.

Reinhard, Wolfgang, Geschichte der europäischen Expansion, 4 Bde., Bd. 2: Die Neue Welt, Stuttgart 1985.

Ders., Parasit oder Partner? Europäische Wirtschaft und Neue Welt 1500–1800 (= Periplus-Texte, hg. von Dietmar Rothermund, Bd. 3) Münster 1997.

Ders., Das überseeische Kolonialreich Spaniens, in: Christof Dipper und Martin Vogt (Hg.), Entdeckungen und frühe Kolonisation, Darmstadt 1993, S. 241–271.

Rink, Oliver A., Holland on the Hudson. An Economic and Social History of Dutch New York, Ithaca/NY 1989.

Roeber, Gregg, »The Origin of whatever is not English among us«. The Dutch-speaking and the German-speaking Peoples of Colonial British America, in: Bernard Bailyn und Philipp D. Morgan (Hg.), Strangers within the Realm. Cultural Margins of the first British Empire, Chapel Hill / NC 1991, S. 220–283.

Rose, Peter G., Proeve van verandering: nederlandse voedingsgewoonten in de Nieuwe Wereld. A Taste of Change: Dutch Foodways in the New World, in: Alexandra van Dongen (Hg.), »One Man's Trash is another Man's Treasure«. The Metamorphosis of the European Utensil in the New World, Rotterdam 1996, S. 203–213.

Schama, Simon, Überfluß und schöner Schein. Zur Kultur der Niederlande im Goldenen Zeitalter, München 1988.

Schilling, Heinz, Aufbruch und Krise. Deutschland 1517–1648, Berlin 1994.

Schultz, Helga, Handwerker, Kaufleute, Bankiers. Wirtschaftsgeschichte Europas 1500–1800, Frankfurt a. M. 1997.

Sheridan, Richard S., Sugar and Slavery. An Economic History of the British West Indies, 1623–1775, Lodge Hill/Barbados 1974.
Simmons, R. C., American Colonies, London 1976.
Slicher von Bath, Bernard H., Het stille drama van de Indianen, in: ders., Indianen en Spanjaarden. Een ontmoeting tussen twee werelden, Latijns Amerika, 1500–1800, Amsterdam 1989, S. 87–115.
Smith, Abbot E., Colonists in Bondage: White Servitude and Convict Labor in America, 1607–1776, Chapel Hill/NC 1947.
Solow, Barbara L., Slavery and Colonization, in: dies. (Hg.), Slavery and the Rise of the Atlantic System, Cambridge 1993, S. 21–43.
Spruuit, Ruud, Zout en slaven. De geschiedenis van de Westindische Compagnie, Houten 1988.
Steele, Ian K., The English Atlantic 1675–1740. An Exploration of Communication and Community, New York/Oxford 1986.
Ders., Politics of Colonial Policy. The Board of Trade in Colonial Administration 1696–1720, Oxford 1968.
Steendam, Jacob, 'T Lof van Nuw-Nederlant ... [1661], in: Henry C. Murphy (Hg.), Anthology of New Netherland or Translations from Early Dutch Poets of New York, [1865] Ndr. Amsterdam 1966.
Sturtevant, William C. (Hg.), Handbook of North American Indians, Bd. 15, Washington/DC 1978.
Todorov, Tzvetan, Die Eroberung Amerikas. Das Problem *des Anderen*, Frankfurt a. M. 1985.
Trudel, M., The Beginnings of New France 1524–1663, Toronto 1973.
Turner, Frederick Jackson, The Significance of the Frontier in American History [1893], in: Everett E. Edwards (Hg.), The Early Writings of Frederick Jackson Turner, Madison/Wisc. 1938.
Urlsperger, Samuel, Ausführliche Nachricht von den Saltzburgischen Emigranten. Die sich in America niedergelassen haben, Augsburg 1735.
Verlinden, Charles und Eberhard Schmitt (Hg.), Die mittelalterlichen Ursprünge der europäischen Expansion (= Dokumente zur Geschichte der europäischen Expansion, Bd. 1), München 1986.
Vespucci, Amérigo, Mundus novus. A. Vesputius Laurentio Petri de Medici salutem [...] dicit, o. O. [Rom], o. J. [1502].
Wallerstein, Immanuel, The Modern World System, 2 Bde., New York 1974–1980.
Warnsinck, J.C.M., Drie 17e eeuwse admiraals: Piet Heyn, Witte de With, Jan Evertsen, Rotterdam 1977.
Watts, David, The West Indies: Patterns of Development, Culture and Environmental Change since 1492, Cambridge 1987.
Wehler, Hans-Ulrich, Grundzüge der amerikanischen Außenpolitik, I: 1750–1900. Von den englischen Küstenkolonien zur amerikanischen Weltmacht, Frankfurt a. M. 1983.

Wellenreuther, Hermann, Der Aufstieg des ersten Britischen Weltreiches. England und seine nordamerikanischen Kolonien, 1660–1763, Düsseldorf 1987.

Ders., Land, Herrschaft und Alltag. Die Indianer und die englischen Kolonien vor der Amerikanischen Revolution, in: Hans Thomas (Hg.), Amerika – eine Hoffnung, zwei Visionen, Herford 1991, S. 213–243.

Wellenreuther, Hermann und Carola Wessel (Hg.), Herrnhuter Indianermission in der Amerikanischen Revolution. Die Tagebücher von David Zeisberger 1772 bis 1781, Berlin 1995.

White, Philip L., Municipal Government Comes to Manhattan, in: The New-York Historical Society Quarterly 37 (1953), S. 146–157.

Williams, Eric, Capitalism and Slavery, Chapel Hill/NC 1944.

Wirz, Albert, Sklaverei und kapitalistisches Weltsystem, Frankfurt a. M. 1984.

Wright, Langdon G., Local Government and Central Authority in New Netherland, in: The New-York Historical Society Quarterly 57 (1973), S. 7–29.

[Zedler] Großes vollständiges Universal-Lexikon aller Wissenschaften und Künste, 64 Bde., Halle/Leipzig 1732–1754.

Abbildungsnachweis

Archiv für Kunst und Geschichte, Berlin
Bayerische Staatsbibliothek, München
Koninklijke Bibliotheek, Den Haag
Museum Boijmans Van Beuningen, Rotterdam
Österreichische Nationalbibliothek, Wien
Schielandhuis, Rotterdam

Register

fi 1701 / 7 b

Alvin M. Josephy (Hg.)

AMERIKA 1492

Die Indianervölker vor der Entdeckung

Aus dem Amerikanischen von Brigitte Walitzek

592 Seiten mit 154 Abbildungen. Geb.

Dieser große, mit zahlreichen Bildern und Karten versehene Band über die Indianervölker vor der Entdeckung durch Christoph Kolumbus breitet den ganzen kulturellen Reichtum, die hohe Zivilisation, den Glanz und die Schönheit, aber auch die Härte und Grausamkeit des indianischen Lebens vor dem Leser aus. Das Buch widerlegt aufs glänzendste die landläufige Vorstellung, daß die amerikanischen Kontinente vor der Entdekkung und Eroberung durch die Europäer ödes, wüstes Land waren, bedeckt von Savannen und Urwäldern, bewohnt von einigen wenigen Indianerstämmen mit primitiven Sitten und Gebräuchen. Der Herausgeber des Buches, Alvin M. Josephy, der in den Vereinigten Staaten als einer der besten Kenner der Indianer-Geschichte gilt, hat die bekanntesten Historiker und Anthropologen Amerikas aufgefordert, über jeweils einen bedeutsamen Themenkomplex, entweder über ein bestimmtes Indianervolk oder einen kulturellen Aspekt, zu schreiben. Bei der Lektüre drängt sich der Eindruck auf, daß Amerika vor der Entdeckung bereits ein Kulturniveau besaß, daß sich mit dem Europas durchaus messen konnte.

Robert K. Massie

Die Schalen des Zorns

Großbritannien, Deutschland und das Heraufziehen des Ersten Weltkrieges

Aus dem Englischen von Walter Brumm

Band 13497

Im 19. Jahrhundert beherrschte Großbritannien die Weltmeere. Es war die Ära des Empire und der »Pax Britannica«, in der sich die Briten ihrer Weltherrschaft sicher waren. Voraussetzung des britischen Selbstbewußtseins als Weltmacht war die Unangreifbarkeit der Heimatinseln. Allianzen mit kontinental-europäischen Mächten waren überflüssig – es genügte, den Bestand des europäischen Mächtegleichgewichts zu kontrollieren. Mit dem 1871 gegründeten deutschen Kaiserreich begann den Briten jedoch ein potentieller Gegner zu erwachsen, der die Kräfte des Kontinents gegen Großbritannien zu bündeln in der Lage schien. Nach zunächst freundschaftlichen Beziehungen (das deutsche Kaiserhaus und die englische Königsfamilie waren verwandt) setzten die Thronbesteigung Wilhelms II. 1888 und die Ernennung des Admirals Tirpitz zum Flottenchef 1897 ein unübersehbares Signal: Großbritannien sah sich auf See herausgefordert. Die dramatische Entwicklung dieser Konfrontation, die in den Ersten Weltkrieg mündete, erzählt der Autor mit profunder Sachkenntnis, mit sicherem Blick für historische Zusammenhänge, aber auch für unterhaltsame Anekdoten und in souveräner Quellenkenntnis. Unübertroffen sind seine skizzenhaften und pointierten Porträts der handelnden Personen.

Fischer Taschenbuch Verlag

fi 1108 / 9

Günter Barudio

Gustav Adolf – der Große

Eine politische Biographie

Band 14197

Die Geschichte Europas kennt einige überragende Gestalten, denen der Ehrentitel »der Große« zuerkannt worden ist. Bei näherer Betrachtung der jeweiligen Begründung stellt sich in der Regel heraus, daß vor allem Erfolge in der *Kriegskunst nach außen* und die Bildung von Großreichen für diese Charakterisierung maßgeblich waren. An der *Friedenskunst nach innen* als Gestaltung eines an der Freiheit orientierten Verfassungsstaates haben sich diese Großen selten mit dem gleichen Eifer erprobt – oder neben sich einen Staatsmann von Format dulden wollen. So überdauerten ihre Herrschaftssysteme kaum ihren Tod. In dieser Reihe gibt es eine Ausnahme: Gustav Adolf (1594-1632). Dem König von Schweden wurde zwar auch der Beiname »Der Große« zuerkannt, er konnte sich indessen nicht einbürgern. Ein wesentlicher Grund dafür dürfte in seinem Doppelnamen zu suchen sein und in der Streitfrage, ob er nun »Deutschlands Eroberer« oder »Deutschlands Erretter« war. Sie hat auch von seinen Leistungen in Schweden selbst abgelenkt, die sein Kanzler Axel Oxenstierna (1583-1654), der »größte Staatsmann seiner Zeit« (Hugo Grotius), nach seinem Tod zu sichern verstand. Zum 350. Todestag wurde 1982 eine vielbeachtete Forschungsbiographie vorgelegt. Sie vermittelt nicht nur in fundamentalen Bereichen ein neues Bild, sondern zugleich auch ein einzigartiges Panorama aus der Zeit des 30 Jahre dauernden Teutschen Krieges, in der Deutschland – auch aus eigener Schuld – zum Schlachtfeld Europas geworden ist.

Fischer Taschenbuch Verlag

fi 1980 / 5